汽车
及相关行业
财税实操问答

纪宏奎●著

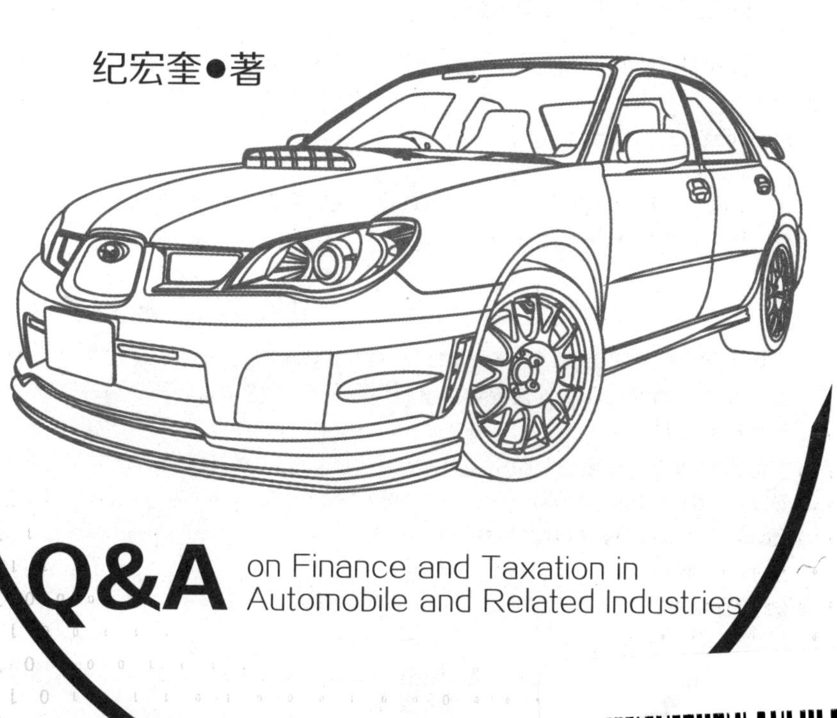

Q&A on Finance and Taxation in Automobile and Related Industries

机械工业出版社
CHINA MACHINE PRESS

汽车行业的发展关系整个国民经济的命脉，汽车行业的税负直接影响着汽车产业的发展。现行税收政策与汽车息息相关的税种包括增值税、消费税、车辆购置税、车船税以及企业所得税等。为鼓励我国汽车行业的发展、创新，在新能源汽车领域和高新技术领域，国家先后出台了相应的税收优惠政策。针对汽车行业最新相关涉税政策以及相关优惠政策，分税种以问答形式编写的《汽车及相关行业财税实操问答》一书，旨在让汽车行业的纳税人了解、掌握税收政策，以用于实践。

图书在版编目（CIP）数据

汽车及相关行业财税实操问答 / 纪宏奎著 .—北京：机械工业出版社，2019.4

ISBN 978-7-111-62535-3

Ⅰ.①汽… Ⅱ.①纪… Ⅲ.①汽车行业－税收管理－中国－问题解答 Ⅳ.① F812.423-44

中国版本图书馆 CIP 数据核字（2019）第 072240 号

机械工业出版社（北京市百万庄大街 22 号　邮政编码 100037）
责任编辑：刘怡丹　　责任校对：李　伟
责任印制：张　博
三河市宏达印刷有限公司印刷
2019 年 5 月第 1 版第 1 次印刷
170mm × 242mm · 14.75 印张 · 155 千字
标准书号：ISBN 978-7-111-62535-3
定价：65.00 元

凡购本书，如有缺页、倒页、脱页，由本社发行部调换

电话服务	网络服务
服务咨询热线：010-88361066	机 工 官 网：www.cmpbook.com
读者购书热线：010-68326294	机 工 官 博：weibo.com/cmp1952
	金 书 网：www.golden-book.com
封面无防伪标均为盗版	教育服务网：www.cmpedu.com

前　言

税收是我国财政收入的主要来源，依法纳税是每个公民、每个企业应尽的义务。汽车行业是我国国民经济的重要组成部分，改革开放以来，汽车制造业获得了飞速发展，并出现了蒸蒸日上的局面。汽车行业作为一个资本技术密集型的产业，在整个国民经济中具有举足轻重的地位，汽车行业的发展必将强有力地拉动上下游产业发展，增加社会就业，促进区域经济增长，被经济专家称为中国经济持续稳定发展的经济纽带。尤其是在税收上，汽车行业的发展直接带动税收收入的增长。汽车行业涉及增值税、消费税、车辆购置税、车船税及企业所得税等。为鼓励发展新能源汽车和高新技术，国家出台了相应的税收优惠政策。本书从税收角度，就汽车行业最新相关涉税政策以及相关优惠政策分税种进行整理，旨在让纳税人掌握税收政策以用于实践。

编　者

目 录

第二章　消费税问答

第三章　企业所得税问答

第四章　车辆购置税问答

第五章 车船税问答

第一章
增值税问答

1.

销售汽车给予的赠品是否视同销售?

问：我公司举办促销活动，在活动期间购买小轿车时我公司无偿赠送一套价值 9999 元的装饰。请问，赠送的实物是否视同销售?

答：首先，从企业所得税法对“买一赠一”的认定进行分析。《中华人民共和国企业所得税法实施条例》(以下简称《企业所得税法实施条例》)第二十五条规定:“企业发生非货币性资产交换，以及将货物、财产、劳务用于捐赠、偿债、赞助、集资、广告、样品、职工福利或者利润分配等用途的，应当视同销售货物、转让财产或者提供劳务，但国务院财政、税务主管部门另有规定的除外。”《国家税务总局关于企业处置资产所得税处理问题的通知》(国税函〔2008〕828 号)第二条规定:“企业将资产移送他人的下列情形，因资产所有权属已发生改变而不属于内部处置资产，应按规定视同销售确定收入。……(五)用于对外捐赠”。《财政部关于加强企业对外捐赠财务管理的通知》(财企〔2003〕95 号)规定，对外捐赠的两个特征是：企业自愿无偿赠送，与生产经营活动没有直接关系。上述规定强调的是“无偿”和“与生产经营无直接关系”。那么,“买一赠一”所赠的商品是否适用该规定呢?《国家税务总局关于确认企业所得税收入若干问题的通知》(国税函〔2008〕875 号)第三条规定，企业以“买一赠一”等方式组合销售本企业商品的，不属于捐赠，应将总的销售金额按各项商品的公允价值的比例来分摊确认各项的销售收入。综前所述，在企业所得税法中,“买一赠一”是将随货赠送视同捆绑销售看待的，不做视同销售。虽然增值税和企业所得税不属于同一税种，但关于“无偿赠送”的认定方面应当是相通的。

其次，从个人所得税法的规定进行分析。《中华人民共和国个人所得税法实施条例》第八条规定，偶然所得需要支付人代扣代缴个人所得税。偶然所得，是指个人得奖、中奖、中彩以及其他偶然性质的所得。《财政部、国家税务总局关于企业促销展业赠送礼品有关个人所得税问题的通知》(财税〔2011〕50 号)规定:“企业在销售商品(产品)和提供服务过程中向个人赠送礼品，属于价格折扣、折让方式、累计积分反馈礼品等情况的，不征收个人所得税。”消费者购买商品时获得的赠品不应作为“偶然所得”项目计征个人所得税。原因在于，税法列举的偶然性所得是个人在非正常情况下得到的不确定性收入。符合这个定义的，应该征收个人所得税，否则就不应该征收个人所得税。假如个人因参加企业的有奖销售活动，如凭票抽中或摇中号码而获得的奖品，那就符合偶然所得的定义，应该缴纳个人所得税。假如企业采用“买一赠一”的方式销售商品，消费者只要购买指定的商品，就事先知道一定能获得哪种赠品，不具有偶然性和不确定性。消费者是先付出了相应对价之后才获得的赠品，是“有偿所得”，不会认为赠品是意外收获，也不可能接受被扣缴相应的个人所得税。所以，消费者获得的赠品不应缴纳个人所得税，这可以从侧面佐证“买一赠一”并非无偿赠送。

然后，从合同法进行分析。《中华人民共和国合同法》（以下简称《合同法》）第一百八十五条规定，赠与合同是赠与人将自己的财产无偿给予受赠人，受赠人表示接受赠与的合同。这就意味着在赠与这种民事行为中，赠与人依约无偿转移其赠与物的所有权于受赠人，受赠人取得赠与物的所有权而不必向赠与人支付相应的对价。但是在“买一赠一”的模式下，消费者必须先承担购物并支付价款的义务，然后才享有“赠一”的权利，这点与赠与合同中无偿转移赠与物的要求明显不符，实质上是商家以赠与的形式实现了买卖行为，消费者对赠品虽未支付钱款，但是赠品的成本实际已经融入付费商品中，并通过购买付费商品的形式实现了赠品所有权的转移。《合同法》第一百九十一条规定，赠与的财产有瑕疵的，赠与人不承担责任；附义务的无偿赠与，赠与的财产有瑕疵的，赠与人在附义务的限度内承担与出卖人相同的责任。也就是说，无偿赠送的财产出现质量问题，不能完全得到赔偿。而“买一赠一”赠送的财产如果出现质量问题，应适用《合同法》第一百二十一条的规定：“受损害方根据标的的性质以及损失的大小，可以合理选择要求对方承担修理、更换、重做、退货、减少价款或者报酬等违约责任。”即赠与人应当承担完全责任，消费者能够得到完全赔偿。两者之间的区别，本质上还是受赠者受赠货物时是否真的“无偿”。

最后，从增值税的法理进行分析，《中华人民共和国增值税暂行条例实施细则》（以下简称《增值税暂行条例实施细则》）第四条第八款规定，将自产、委托加工或者购进的货物无偿赠送其他单位或者个人，视同销售货物。法律意义上的无偿赠送，一般是指出于利润动机以外的财产转移，对于受赠者一般不附加财产义务。而“买一赠一”是销售主货物的同时，附送货物的行为，是出于利润动机的交易行为，只有购买商家的主商品，才能领取相应的赠品，换言之，没有购买商家的主商品，就不能领取赠品。因此，附有财产义务前提的“买一赠一”与不附财产义务的纯粹无偿赠送之间，还是存在本质的差异。增值税应该就货物的增值额征税，而现行增值税实行层层抵扣的政策，因此要按商品的价值计算销项税额。而商品的价值是靠价格反映的，更准确地说是靠公平交易的公允价格反映的。按市场价格销售的商品并附赠的实物行为中包含的两部分商品的理论价值应该为实际从消费者收取的销售款，因此对附赠的实物再视同销售征一遍税就对同一个增值额实施了双重增税。这显然不符合增值税立法原理。

综合上述分析，如果具有合理的商业目的，“买一赠一”的商品赠送行为应不视同销售征收增值税。但“买一赠一”的实质属于实物折扣销售方式。《国家税务总局关于印发〈增值税若干具体问题的规定〉的通知》（国税发〔1993〕154 号）规定：“纳税人采取折扣方式销售货物，如果销售额和折扣额在同一张发票上分别注明的，可以按折扣后的销售额征收增值税；如果将折扣额另开发票，不论在财务上如何处理，均不得从销售额中减除折扣额”。《国家税务总局关于折扣额抵减增值税应税销售额问题通知》（国税函〔2010〕56 号）进一步规定，纳税人采取折扣方式销售货物，销售额和折扣额在同一张发票上分别注明是指销售额和折扣额在同一张发票上的“金额”栏分别注明的，可按折扣后的销售额征收增值税。未在同一张发票“金额”栏注明折扣额，而仅在发票的“备注”栏注明折扣额的，折扣额不得从销售额中减除。所以，为防止引起不必要的税收争议，企业可以在发票上分别开具销售货物和赠送货物的数量、单价和金额，并在同一张发票上开具赠送货物折扣数量的折扣金额，或者企业开具发票时，将销售货物和赠送货物的各自原价和折扣额在同一张发票上注明。经过这样处理后，企业就符合国税发〔1993〕154 号文件规定了，可以按照折扣后的销售额纳税。

2.

分期收款方式销售如何纳税？

问：对于执行《企业会计准则》的企业，《企业会计准则第 14 号——收入》第五条规定，合同或协议价款的收取采用递延方式（在通常情况下时间跨度≥ 3 年），实质上具有融资性质的，应当按照应收的合同或协议价款的公允价值确定销售商品收入金额。应收的合同或协议价款与其公允价

值之间的差额，应当在合同或协议期间内采用实际利率法进行摊销，计入当期损益。请问，分期付款方式销售汽车如何确认增值税纳税义务发生时间？如何确认企业所得税收入？

答：在增值税上，采取分期收款方式销售货物，增值税的纳税义务发生按合同约定的收款日期的当天。同时规定：先开具发票的，开具发票的当天发生增值税纳税义务。因此，采取分期付款方式销售货物，在合同约定到期后不论是否收到货款，均应当在合同约定收款的当天确认增值税纳税义务的发生，并开具相应数额的增值税专用发票。但是如果提前开具发票的，在开票当天即发生增值税纳税义务。

在企业所得税上，《企业所得税法实施条例》规定，以分期收款方式销售货物的，应按合同约定的收款日期确认收入的实现，收入为合同或协议分期收款的金额，并按照收入、成本费用配比原则结转相应成本。分期收款销售在会计和税法规定上存在着明显的差异：一是时间上的差异，会计上考虑了货币的时间价值，在满足销售实现条件时一次性确认收入；而税法上则是根据合同约定的收款日期分次确认收入。二是金额上的差异，会计上采用的是公允价值计量模式，根据销售时商品的公允价值进行计量而不是合同金额；税法上采用的是历史成本原则，根据实际收到的款项即合同金额进行计量。由于存在以上差异，导致企业进行会计和税法处理时，收入、成本、费用在时间和金额的确认上都存在差异，企业在根据会计规定进行正确的会计处理时，也需要根据税法规定进行相应的纳税调整。

3.

无偿更换汽车配件是否视同销售？

问：我公司销售汽车实行“三包”服务，在保修期内免费维修、免费提供消耗的材料或免费更换配件，是否要作为进项税额转出或视同销售？

答：《中华人民共和国增值税暂行条例》(以下简称《增值税暂行条例》)第十条规定，用于简易计税方法计税项目、免征增值税项目、集体福利或者个人消费的购进货物、劳务、服务、无形资产和不动产的进项税额不得从销项税额中抵扣。另据《增值税暂行条例实施细则》第四条的规定，单位或个体经营者将自产、委托加工或购买的货物无偿赠送他人视同销售货物。你公司生产的产品在保修期内出现质量问题，免费维修、免费提供消耗的材料或免费更换配件，属于用于增值税应税项目，不需作为进项税额转出。又由于你公司保修期内免费保修业务是销售合同的一部分，有关收入实际已经在销售时获得，你公司已就销售额缴纳了税款，免费保修时无须再缴纳增值税，维修领用零件也不属于视同销售行为。若不在保修范围内而无偿提供的零部件、零配件，应根据《增值税暂行条例实施细则》第四条的规定视同销售并缴纳增值税。

4.

取得违约赔偿收入是否缴纳增值税?

问：企业在经营过程中收到的违约赔偿收入是否应当缴纳增值税?

答：违约金是指一方当事人由于过错不履行或不完全履行合同，应当依照合同的约定或法律的规定，支付给另一方一定数量的货币。赔偿金则是指合同当事人一方违反合同约定，而给对方造成经济损失的，应给予一定数量的货币进行赔偿。可见不管当事人一方违反合同约定是否给另一方造成损失，只要双方在合同中约定了违约金条款，违约方就必须付给另一方违约金。而给付赔偿金的前提必须是一方违反合同约定，给另一方造成了实际损失。另外，如果约定了违约金方式承担责任的，违约方给另一方造成实际损失超过违约金的，则还应给付赔偿金，以补偿违约金的不足。违约金是否缴纳增值税，应当区分以下四种情形。

一、销售方销售行为已发生而向购货方收取违约赔偿收入。销售方已将所销售货物的所有权及所有权上的主要风险和报酬转移，合同已经履行，销售方的增值税应税劳务已经提供，增值税的纳税义务已经形成，因购买方违约而付给销售方违约赔偿款。增值税政策规定，增值税计税销售额为纳税人销售货物或者应税劳务向购买方收取的全部价款和价外费用，所称价外费用，包括价外向购买方收取的手续费、补贴、基金、集资费、返还利润、奖励费、违约金、滞纳金、延期付款利息、赔偿金、代收款项、代垫款项、包装费、包装物租金、储备费、优质费、运输装卸费以及其他各种性质的价外收费。因此，对于纳税人销售货物或应税劳务的经营行为，因购买方违约而付给销售方的违约金、赔偿金，应当作为价外费用，并入销售方计税销售额计算并缴纳增值税。

例如：甲公司已将产品按合同约定销售给乙公司，但乙公司未能按照合同约定及时支付货款，后双方约定，乙公司支付延期付款违约金 30 万元给甲公司，此违约金从本质上讲属于价外费用。对于甲公司而言，收到的 30 万元应该开具销售发票给乙公司并按规定计算缴纳增值税；对于乙公司而言，支付的 30 万元视情况计入营业外支出，如果收到的是增值税专用发票，还可以按规定计算抵扣进项税额。

二、销售方销售行为未发生而收取的违约赔偿收入。从货物销售收入确认原则来看，其中必须满足“企业已将商品所有权上的主要风险和报酬转移给购货方”，也就是说，收入只有在经济利益很可能流入从而导致企业资产增加或者负债减少且经济利益的流入能够可靠计量时才能予以确认。“赔偿金”列为价外费用计算征收增值税，必须是在销售收入确认的同时以“价外向购买方收取”的形式取得，才能作为依据计算征收增值税；如果销售方所销售货物的所有权及所有权上的主要风险和报酬没有转移，增值税应税劳务未提供，也就不存在销售货物或提供应税劳务的前提，即销售方还没有形成增值税的纳税义务。因此，在此情形下销售方向购买方收取的违约赔偿收入不存在缴纳增值税的问题。

例如：因市场行情变化，乙公司不再需要向甲公司订购产品，甲公司遂向法院提起诉讼，法院判决乙公司赔偿甲公司由此造成的损失 30 万元。在此情形中，甲公司实际上没有销售产品给乙公司，收取的 30 万元赔偿款也不符合《增值税暂行条例》及其实施细则所规定的价外费用的特征。因此，甲公司收取的此 30 万元不存在增值税纳税义务，无须缴纳增值税。所以，对于甲公司而言，其收到的 30 万元应作为营业外收入；对于乙公司而言，支付的 30 万元作为营业外支出。

三、经销企业向生产企业进行的产品质量索赔。生产企业的产品销售之后，一般仍负有“包修、包退、包换”的三包义务。在“三包期”内，消费者向经销商提出免费维修、更换备件等要求后，经销商就发生的维修费用再向生产企业索赔。《国家税务总局关于印发增值税问题解答 [之一] 的通知》(国税函发〔1995〕288 号) 第七条规定，货物的生产企业支付给经销企业修理费用，作为经销企业为用户提供售后服务的费用支出，经销企业从货物的生产企业取得的“三包”收入应按“修理修配”征收增值税。这种所谓的“索赔”实质就是“三包服务”中的包修服务，因为这种包修服务是生产企业委托经销商完成的，因此生产企业应向经销商支付修理费，也就是“三包”索赔支出。因为经销商提供的是修理修配劳务，属于增值税的征税范围，所以可以向生产企业开具增值税专用发票，生产企业可以凭此发票抵扣进项税额。

四、生产企业向供应商进行的产品质量索赔。生产企业在生产过程中，发现产品的质量不符合要求，进而向供应商提出索赔，这种索赔一般根据产品的价款、耗用的工时费、造成的损失等因素综合考虑并确定索赔金额。根据索赔金额的大小，这种索赔又可以分成金额小于产品价款的索赔和金额超过产品价款的索赔：①金额小于产品价款的索赔。生产企业向供应商收取索赔款，实质上就是供应商的产品因质量出现问题而进行销售折让，供应商按照低于正常的销售价格向供应商收取产品价款。对于销售折让，税法规定应由供应商依法开具红字发票（未依法开具红字发票，不得冲减销项税额）。因此，生产企业的索赔收入不能算作生产企业的收入，应该降低采购货物的采购成本。②金额大于产品价款的索赔。如果因为某种产品的质量问题，给生产企业的整个产品造成损失，这时，生产企业向供应商的索赔就带有惩罚性质，其金额会大于产品的价款。这种索赔实质上就是供应商对生产企业的一种损失赔偿。损失赔偿与企业的主营业务并无直接关系，不属于征收增值税的范围，因此，这种索赔不属于发票事项，供应商的赔款不是生产企业的销售收入，而是生产企业的损失补偿，所以生产企业不需要给对方开具发票，而是按赔偿所得开收据给对方即可。

由于产品质量原因支付的赔偿属于非正常损失，相应的进项税额是否应当转出？根据规定，非正常损失的购进货物以及相关的加工修理修配劳务和交通运输服务的进项税额不得从销项税额中抵扣。但增值税相关规定中所称的“非正常损失”是指因管理不善造成货物被盗、丢失、霉烂变质，以及因违反法律法规造成货物或者不动产被依法没收、销毁、拆除的情形。因为产品质量出现问题而给予的赔偿损失不在增值税所列举的非正常损失范围内，因此，其相应的进项税额允许抵扣，无须作进项税额转出。

5.

退换车收取使用补偿费是否缴纳增值税？

问：车子因质量问题被退换，我公司按照汽车“三包”规定，退换车必须收取合理的使用补偿费。请问，我公司收取的车辆使用费是否应当缴纳增值税？

答：《增值税专用发票使用规定》第十三条规定，一般纳税人在开具专用发票当月发生销货退回，收到退回的发票联、抵扣联符合作废条件的，按作废处理。作废专用发票须在防伪税控系统中将相应的数据电文按“作废”处理，在纸质专用发票（含未打印的专用发票）各联次上注明“作废”字样，全联次留存。该规定第十四条规定，一般纳税人取得专用发票后，发生销货退回但不符合作废条件的，应当依法开具红字发票。因此，你公司对退回车辆应当作销货退回处理：不符合作废条件的，应当按照原开具的发票全额开具红字发票（负数发票），全额冲减当期收入。另外收取的车辆使用费补偿收入应当作为其他业务收入。退换车收取使用补偿费的实质为车辆租赁费，《财政部、国家税务总局关于全面推开营业税改征增值税试点的通知》（财税〔2016〕36 号）规定，提供有形动产租赁服务，税率为 17%（2018 年 5 月 1 日后调整为 16%）。所谓有形动产经营性租赁，是指在约定时间内将有形动产转让他人使用且租赁物所有权不变更的业务活动。因此，你公司收取的车辆使用费补偿收入应当归属于“有形动产租赁服务”，应按照 17%（2018 年 5 月 1 日后调整为 16%）的税率计算并缴纳增值税。虽然税率一样，但所适用的增值税税目并不一样。

6.

销售二手车如何缴纳增值税？

问：企业受托代理销售二手车，如何缴纳增值税？

答：二手车的销售方式主要有四种：一是二手车经销企业收购、销售二手车；二是通过拍卖企业以公开竞价的形式将二手车转让给最高应价者；三是通过二手车经纪机构销售二手车；四是二手车直接交易，即二手车所有人不通过经销企业、拍卖企业和经纪机构，将车辆直接出售给买方的交易行为。《国家税务总局关于二手车经营业务有关增值税问题的公告》（国家税务总局公告2012年第23号）规定，自2012年7月1日起，经批准允许从事二手车经销业务的纳税人按照《机动车登记规定》的有关规定，收购二手车时将其办理过户登记到自己名下，销售时再将该二手车过户登记到买家名下的行为，属于《增值税暂行条例》规定的销售货物的行为，应按照现行规定征收增值税。除上述行为以外，纳税人受托代理销售二手车，凡同时具备以下条件的，不征收增值税：①受托方不向委托方预付货款。②委托方将“二手车销售统一发票”直接开具给购买方。③受托方按购买方实际支付的价款和增值税税额（如系代理进口销售货物，则为海关代征的增值税税额）与委托方结算货款，并另外收取手续费（收取的手续费应当按照现代服务缴纳增值税）。不同时具备以上条件的，视同销售征收增值税。因此，企业受托代理销售二手车不同时具备上述不征收增值税条件的，应视同销售征收增值税。也就是说，上述三个条件必须同时具备，缺一不可，才能享受不征收增值税政策，否则一律征收增值税，如受托方向委托方预付货款等。

在发票开具上，《国家税务总局关于统一二手车销售发票式样问题的通知》（国税函〔2005〕693号）规定，二手车经销企业、经纪机构和拍卖企业，在销售、中介和拍卖二手车收取款项时，必须开具“二手车销售统一发票”。“二手车销售统一发票”由以下用票人开具：①从事二手车交易的市场，包括二手车经纪机构和消费者个人之间二手车交易需要开具发票的，由二手车交易市场统一开具。②从事二手车交易活动的经销企业，包括从事二手车交易的汽车生产和销售企业。③从事二手车拍卖活动的拍卖公司。

7.

提现车收取的加急费是否缴纳增值税？

问：我公司销售新上市的车辆，对需要提现车的，除正常收取车辆款外，需额外收取一定数额的提车加急费。请问，收取的加急费是否缴纳增值税？如何开具发票？

答：《增值税暂行条例》第六条规定，增值税计税销售额为纳税人发生应税销售行为收取的全部价款和价外费用，但是不包括收取的销项税额。《增值税暂行条例实施细则》第十二条规定，所称价外费用，包括价外向购买方收取的手续费、补贴、基金、集资费、返还利润、奖励费、违约金、滞纳金、延期付款利息、赔偿金、代收款项、代垫款项、包装费、包装物租金、储备费、优质费、运输装卸费以及其他各种性质的价外收费。因此，你公司对新上市、紧俏车辆提车收取的加急费等，应作为价外费用，合并销售收入缴纳增值税。价外费用和价款在税目确定方面具同质性，也就是说，不管价外费用属于什么性质的收费，它都应当和价款选择同一个税目计缴增值税，使用同一个编码开具发票。

8.

代办汽车按揭服务如何缴纳增值税?

问：我公司销售汽车，并代办按揭以及车辆上牌服务，收取代办按揭、上牌服务收入应当如何缴纳增值税?

答：一项销售行为如果既涉及货物又涉及服务，为混合销售。从事货物的生产、批发或者零售的单位和个体工商户的混合销售行为，按照销售货物缴纳增值税；其他单位和个体工商户的混合销售行为，按照销售服务缴纳增值税。所称从事货物的生产、批发或者零售的单位和个体工商户，包括以从事货物的生产、批发或者零售为主，并兼营销售服务的单位和个体工商户在内。混合销售行为的特点是销售货物与提供非应税劳务是由同一纳税人实现，价款是从一个购买方取得。因此，你公司随汽车销售提供的汽车按揭服务以及上牌服务，属于混合销售行为，提供按揭服务和上牌收入视为销售货物，应当缴纳增值税。

9.

汽车销售企业提供代办保险服务收取的费用是否征收增值税?

问：销售汽车同时代办保险取得的收入如何缴纳增值税?

答：销售货物增值税计税依据为销售货物而收取的全部价款和价外费用。《增值税暂行条例实施细则》第十二条规定，所称价外费用，包括价外向购买方收取的手续费、补贴、基金、集资费、返还利润、奖励费、违约金、滞纳金、延期付款利息、赔偿金、代收款项、代垫款项、包装费、包装物租金、储备费、优质费、运输装卸费以及其他各种性质的价外收费。但价外费用中不包括销售货物的同时代办保险等而向购买方收取的保险费，以及向购买方收取的代购买方缴纳的车辆购置税、车辆牌照费。因此，汽车销售企业代收取的保险费不属于价外费用，不并入增值税应税收入。

代收保险费而取得的返利收入或手续费收入，既不属于销售货物的价外费用，也不属于混合销售行为（混合销售行为的特点是销售货物与提供非应税劳务是由同一纳税人实现，价款从一个购买方取得），而是属于兼营行为。《财政部、国家税务总局关于全面推开营业税改征增值税试点的通知》（财税〔2016〕36号）附件1《营业税改征增值税试点实施办法》附《销售服务、无形资产、不动产注释》第一条第（六）项第8目“商务辅助服务”规定，经纪代理服务，是指各类经纪、中介、代理服务，包括金融代理、知识产权代理、货物运输代理、代理报关、法律代理、房地产中介、职业中介、婚姻中介、代理记账、拍卖等。因此，保险代理收取的服务费收入，应按照“现代服务—商务辅助服务—经纪代理服务”税目缴纳增值税。

10.

销售使用过的试驾车如何缴纳增值税?

问：我公司将试驾小轿车销售。请问，销售使用过的试驾车是否可以简易计税?

答：营改增之前，根据《增值税暂行条例实施细则》第二十五条的规定，纳税人自用的应征消费税的摩托车、汽车、游艇，其进项税额不得从销项税额中抵扣。但自2013年8月1日起，在全国范围内开展交通运输业和部分现代服务业营改增试点，《财政部、国家税务总局关于将铁路运输和邮政业纳入营业税改征增值税试点的通知》（财税〔2013〕106号）附件2《营业税改征增值税试点有关事项的规定》规定，原增值税一般纳税人自用的应征消费税的摩托车、汽车、游艇，其进项税额准予从销项税额中抵扣。因此，企业2013年8月1日以后购买的应征消费税的摩托车、汽车、游艇，均可以按照取得机动车销售统一发票注明的增值税额抵扣。《国家税务总局关于简并增值税征收率有关问题的公告》（国家税务总局公告2014年第36号）规定，一般纳税人销售自己使用过的属于不得抵扣且未抵扣进项税额的固定资产，可按简易办法依3%征收率减按2%征收率征收增值税，同时不得开具增值税专用发票。因此，你公司销售使用过的试驾车如果属于2013年8月1日以前购买，则可以选择简易计税，按照3%减按2%缴纳增值税，同时不得开具增值税专用发票（选择按照 3% 缴纳增值税的，则可以开具增值税专用发票）；如果销售使用过的试驾车属于 2013 年 8 月 1 日以后购买，则应当按照适用税率计算并缴纳增值税。

11.

代购汽车配件是否并入收入缴纳增值税？

问：我公司修理车辆时，对需要换件的，由我公司统一代购，于结算时一并收取。请问，收取的代购汽车配件费用是否并入收入计算缴纳增值税？

答：《财政部、国家税务总局关于增值税、营业税若干政策规定的通知》（财税字〔1994〕26 号）规定，代购货物行为，凡同时具备以下条件的，不征收增值税；不同时具备以下条件的，无论会计制度规定如何核算，均征收增值税：①受托方不垫付资金；②销货方将发票开具给委托方，并由受托方将该项发票转交给委托方；③受托方按销售方实际收取的销售额和增值税额（如系代理进口货物则为海关代征的增值税额）与委托方结算货款，并另外收取手续费。你公司的此项业务符合上述规定，对于代购货物不需缴纳增值税。《财政部、国家税务总局关于全面推开营业税改征增值税试点的通知》（财税〔2016〕36 号）附件 1《营业税改征增值税试点实施办法》附《销售服务、无形资产、不动产注释》第一条第（六）项第 8 目“商务辅助服务”规定，经纪代理服务，是指各类经纪、中介、代理服务，包括金融代理、知识产权代理、货物运输代理、代理报关、法律代理、房地产中介、职业中介、婚姻中介、代理记账、拍卖等。因此，代购配件收取的手续费收入，应按照“现代服务—商务辅助服务—经纪代理服务”税目缴纳增值税。

12.

房屋转租收入如何缴纳增值税？

问：我公司是增值税一般纳税人，整体租赁另外一家公司的房屋（被租赁房屋于 2016 年 4 月 30 日前取得），本公司将其中部分闲置房屋对外转租。请问，房屋转租是否适用简易计税办法？

答：一般纳税人房屋出租收入的增值税适用税率为11%（2018年5月1日后适用税率为10%），但《国家税务总局关于发布<纳税人提供不动产经营租赁服务增值税征收管理暂行办法>的公告》（国家税务总局2016年第16号）第三条规定，一般纳税人出租其2016年4月30日前取得的不动产，可以选择适用简易计税方法，按照5%的征收率计算应纳税额。因此，你公司整体租赁行为如果发生在4月30日以前，在租赁合同未到期之前的对外转租收入，可以选择简易计税办法，即“老合同老办法”。但如果整体租赁行为发生在5月1日以后，则对外转租收入不能选择简易计税办法，要按照适用税率计算增值税，相应承租房屋取得的增值税专用发票可以抵扣。

13.

集团内部资金池往来利息收入是否缴纳增值税？

问：我集团公司为加强企业经济核算，将所有下设单位（包括子公司、分公司）的资金统一汇总在一个资金池内，统一调度集团内部的资金使用，并向上划资金的下属单位支付利息，同时向使用资金的下属单位收取利息。请问，收取成员单位的利息收入是否缴纳增值税？成员单位上划资金收取的利息收入是否缴纳增值税？

答：《财政部、国家税务总局关于全面推开营业税改征增值税试点的通知》（财税〔2016〕36号）附件1《营业税改征增值税试点实施办法》附《销售服务、无形资产、不动产注释》第一条第（五）项规定，贷款服务，是指将资金贷与他人使用而取得利息收入的业务活动。各种占用、拆借资金取得的收入，包括金融商品持有期间（含到期）利息（保本收益、报酬、资金占用费、补偿金等）收入、信用卡透支利息收入、买入返售金融商品利息收入、融资融券收取的利息收入，以及融资性售后回租、押汇、罚息、票据贴现、转贷等业务取得的利息及利息性质的收入，按照贷款服务缴纳增值税。根据上述规定，自2016年5月1日起，集团下无论是总分公司还是独立的法人机构之间借款均属于将资金贷与他人使用的行为，均应按“贷款服务”征收增值税。集团资金池业务中收取利息的一方将资金贷与他人使用而取得的利息收入应该缴纳增值税，但如果符合统借统还条件所收取的利息收入则免征增值税。集团公司资金实行集中管理，内部使用后产生的利息收入不符合统借统还业务免征增值税的条件，产生的利息收入应该按照“贷款服务”征收增值税。

财税〔2016〕36号文件附件2《营业税改征增值税试点有关事项的规定》规定，存款利息属于不征收增值税项目。这里的存款利息是否仅指银行存款利息？河北省国税局解答如下：存款利息是指按照《中华人民共和国商业银行法》的规定，经国务院银行业监督管理机构审查批准，具有吸收公众存款业务的金融机构支付的存款利息。而非金融企业之间、企业和个人之间借贷涉及的利息，不包括在上述“存款利息”范围之内。所以，对占用资金而收取的利息收入也应当缴纳增值税。

14.

非金融机构贴现收入是否缴纳增值税？

问：我公司以85万元成本收购一张面值100万的商业承兑汇票。请问，非金融机构票据贴现收入是否缴纳增值税？

答：票据贴现是贷款人以购买借款人未到期商业票据的方式发放的贷款，贴现表面形式是票据的买卖，但实质上是信用业务，即通过贴现间接贷款给票据的收款人或被背书人，在贴现日一次性收取贷款利息，因此，贴现日为按合同约定贴现人（票据收款人或被背书人）应付利息的日期。《财政部、国家税务总局关于全面推开营业税改征增值税试点的通知》（财税〔2016〕36号）所附《销售服务、无形资产、不动产注释》规定，票据贴现业务取得的利息及利息性质的收入，按照贷款服务缴纳增值税。税率为6%。

增值税纳税义务发生的时间为，纳税人发生应税行为并收讫销售款项或者取得索取销售款项凭据的当天；先开具发票的，为开具发票的当天。收讫销售款项是指纳税人销售服务、无形资产、不动产过程中或者完成后收到款项。取得索取销售款项凭据的当天是指书面合同确定的付款日期；未签订书面合同或者书面合同未确定付款日期的，为服务、无形资产转让完成的当天或者不动产权属变更的当天。办理票据贴现业务，贴现日属于书面合同确定的付款日期，取得的贴现利息，应一次性计缴增值税，不能按照权责发生制确认的利息收入分期计缴增值税。

需要说明的是，《财政部、国家税务总局关于建筑服务等营改增试点政策的通知》（财税〔2017〕58 号）第五条规定：“自 2018 年 1 月 1 日起，金融机构开展贴现、转贴现业务，以其实际持有票据期间取得的利息收入作为贷款服务销售额计算缴纳增值税。此前贴现机构已就贴现利息收入全额缴纳增值税的票据，转贴现机构转贴现利息收入继续免征增值税。”该规定仅限于“金融企业金融机构开展贴现、转贴现业务”，并不包括非金融企业，因此，非金融企业从事的贴现业务仍然应当于取得贴现息时一次性计缴增值税，不能按照权责发生制确认的利息收入分期计缴增值税。另外，收取的贴现利息应向贴现人开具增值税普通发票。贴现人支付的贴现利息属于购入贷款服务，不能抵扣。

15.

资产用于公益性捐赠是否缴纳增值税？

问：企业以资产用于公益性捐赠，是否视同销售，缴纳增值税？

答：根据《增值税暂行条例实施细则》的有关规定，将自产、委托加工或者购进的货物无偿赠送其他单位或者个人视同销售货物。因此，企业以自产、委托加工或外购的货物用于公益性捐赠应视同销售，缴纳增值税。但是税法对某些特殊情形也给予了增值税的优惠政策，例如《财政部、海关总署、国家税务总局关于支持汶川地震灾后恢复重建有关税收政策问题的通知》（国发〔2008〕21 号）中就对单位和个体经营者将自产、委托加工或购买的货物通过公益性社会团体、县级以上人民政府及其部门捐赠给受灾地区的，实行了免征增值税政策。同时，用于免征增值税项目的购进货物或应税劳务的进项税额不能从销项税额中抵扣。

纳税人提供服务、无偿转让无形资产或者不动产用于公益性事业与货物有所区别。《财政部、国家税务总局关于全面推开营业税改征增值税试点的通知》（财税〔2016〕36 号）的附件 1 规定，销售服务、无形资产或者不动产，是指有偿提供服务、有偿转让无形资产或者不动产。单位或者个体工商户向其他单位或者个人无偿提供服务、无偿转让无形资产或者不动产应视同销售缴纳增值税，但用于公益事业或者以社会公众为对象的除外。因此，纳税人提供服务、无偿转让无形资产或者不动产用于公益性事业的无偿行为，属于“不征增值税”的范畴，其相应购进货物、加工修理修配劳务、服务、无形资产和不动产应当允许从销项税额中抵扣。

16.

统借统还免征增值税应符合什么条件?

问：统借统还免征增值税必须具备什么条件？关联企业之间统借统还是否可以享受免征增值税优惠政策？

答：此问题涉及企业集团的概念。国家工商行政管理总局《企业集团登记管理暂行规定》(工商企字〔1998〕59号)规定，企业集团指以资本为主要联结纽带的母子公司为主体，以集团章程为共同行为规范的母公司、子公司、参股公司及其他成员企业或企业共同组建而成的具有一定规模的企业法人联合体。企业集团应持有工商行政管理机关颁发的“企业集团登记证”，企业集团本身不具有企业法人资格，其名称可以在宣传和广告中使用，但不得以企业集团名义订立经济合同，从事经营活动；企业集团的母公司注册资本在5 000万元以上，并至少拥有5家子公司；母公司和其子公司的注册资本总和在1亿元以上；集团成员单位均具有法人资格。判断相关企业是否属于同一企业集团，最直观、最简单的办法，就是看母公司是否持有“企业集团登记证”。有些企业联合体虽然对外称为“集团”或“集团公司”，但并未办理“企业集团登记证”，只是单纯的股权投资与被投资关系，该类企业并非真正意义上的企业集团。

企业集团统借统还业务主要有两种方式：一是企业集团或者企业集团中的核心企业向金融机构借款或对外发行债券取得资金后，将所借资金分拨给下属单位(包括独立核算单位和非独立核算单位)，并向下属单位收取用于归还金融机构或债券购买方本息的业务。二是企业集团向金融机构借款或对外发行债券取得资金后，由集团所属财务公司与企业集团或者集团内下属单位签订统借统还贷款合同并分拨资金，并向企业集团或者集团内下属单位收取本息，再转付企业集团，由企业集团统一归还金融机构或债券购买方的业务。企业债券是指企业依照法定程序发行(由证券经营机构承销)、约定在一定期限内还本付息的有价证券。企业债券持有人有权按照约定期限取得利息、收回本金，但是无权参与企业的经营管理且对企业的经营状况不承担责任。企业以支付利息为条件取得债券资金，对债券持有人而言，就是将持有的社会闲散资金以债权性投资形式提供给发行债券的企业使用，从而取得回报即利息收入的一种行为。可见，统借方利用发行债券资金开展统借统还业务，实质也是一种利用贷款资金开展统借统还业务的行为，与向金融机构借款后开展的统借统还业务相同，仅是提供资金的贷款主体不同而已。

《财政部、国家税务总局关于全面推开营业税改征增值税试点的通知》（财税〔2016〕36号）的附件3《营业税改征增值税试点过渡政策的规定》规定，统借统还业务中，企业集团或企业集团中的核心企业以及集团所属财务公司按不高于支付给金融机构的借款利率水平或者支付的债券票面利率水平，向企业集团或者集团内下属单位收取的利息免征增值税。统借方向资金使用单位收取的利息，高于支付给金融机构借款利率水平或者支付的债券票面利率水平的，应全额缴纳增值税。由此可见，统借统还免征增值税有三个前提条件：一是资金借贷双方必须同属于一个企业集团；二是由企业集团或企业集团中的核心企业以及集团所属财务公司向金融机构借款（或发行债券统一取得资金）后将所借资金分拨给下属单位或与借款企业签订统借统还贷款合同并分拨所借入的资金；三是向借款企业收取利息的利率不高于支付给金融机构的利率（或债券票面利率）。这是非金融企业之间资金借贷业务免征增值税的条件，三者缺一不可。如果不能同时符合上述三项条件，则不能享受免征增值税的优惠。对不符合统借统还条件的，相应统借方从借款方取得的利息应视为销售贷款服务全额征收增值税，而不能片面理解为收取的利息中用于归还金融企业的利息免征增值税，超过标准多收取的贷款利息才缴纳增值税。

不属于同一企业集团的关联企业即普通股权投资关系的关联企业（以下简称普通关联企业）之间的借款业务，不能按照企业集团统借统还业务免征增值税。企业集团内的企业之间均系关联企业，但并非所有关联企业就一定同属于一个企业集团。普通关联企业尤其是单纯母子公司与企业集团在形式上很容易混为一谈，两者之间均以股权为纽带，或以股东身份投资另一企业，或母公司控股子公司，或同属一个母公司，但不能只以相互之间的股权关系来判别，更不能只看企业名称是否有“集团”二字。有些企业联合体虽然对外称为“集团”或“集团公司”，但并未办理“企业集团登记证”，只是单纯的股权投资与被投资关系，该类企业并非真正意义上的企业集团，其相关企业之间借贷资金产生的利息即使没有高于银行借款利率，也不符合免征增值税的条件。普通关联企业之间的资金借贷业务应视为贷款业务，对资金借出方取得的全部利息依法缴纳增值税。

17.

有偿收取职工就餐费是否缴纳增值税？

问：我公司向职工提供餐饮服务并收取的就餐费是否缴纳增值税？

答：《财政部、国家税务总局关于全面推开营业税改征增值税试点的通知》（财税〔2016〕36号）第十条规定，销售服务、无形资产或者不动产，是指有偿提供服务、有偿转让无形资产或者不动产，但属于下列非经营活动的情形除外：①行政单位收取的同时满足以下条件的政府性基金或者行政事业性收费。②单位或者个体工商户聘用的员工为本单位或者雇主提供取得工资的服务。③单位或者个体工商户为聘用的员工提供服务。由此可见，单位为聘用的员工提供餐饮服务，即使收取了货币资金，但不认定为经营活动，不属于增值税征税范围，不缴纳增值税。如果既对内又对外提供餐饮服务，即便对内对外是同一价格，其对外提供的餐饮服务也属于增值税征税范围，应当缴纳增值税。

18.

转让土地使用权如何缴纳增值税？

问：实行营改增之后，一般纳税人或小规模纳税人转让土地使用权时应当如何缴纳增值税？

答：《财政部、国家税务总局关于全面推开营业税改征增值税试点的通知》（财税〔2016〕36号）规定，转让土地使用权应当按照销售无形资产——自然资源使用权（土地使用权）缴纳增值税，税率为11%（2018年5月1日后为10%，下同），征收率为3%。但营改增后转让土地使用权，区分营改增前取得和营改增后取得，并且房地产企业和非房地产企业也有所区别，具体如下。

一、转让2016年4月30日前取得的土地使用权。《财政部、国家税务总局关于进一步明确全面推开营改增试点有关劳务派遣服务、收费公路通行费抵扣等政策的通知》（财税〔2016〕47号）规定，转让2016年4月30日前取得的土地使用权，不论是一般纳税人还是小规模纳税人，不论是房地产企业还是非房地产企业，均可以选择适用简易计税方法，并且可差额缴纳增值税，即以取得的全部价款和价外费用减去取得该土地使用权原价后的余额为销售额，按照 5% 的征收率计算缴纳增值税。小规模纳税人不选择差额计税的，则应当按取得的全部价款和价外费用按照 3% 的征收率计算并缴纳增值税。

二、非房地产企业纳税人转让 2016 年 5 月 1 日后取得的土地使用权。由于现行政策中，对转让 2016 年 5 月 1 日以后取得的土地使用权并无差额纳税的规定，所以，非房地产企业的一般纳税人转让 2016 年 5 月 1 日以后取得的土地使用权或建造房屋后销售，应当以取得的全部价款和价外费用为销售额（不得扣除土地价款），按照 11% 计算增值税销项税额。非房地产企业纳税人的小规模纳税人转让 2016 年 5 月 1 日后取得的土地使用权，以取得的全部价款和价外费用为销售额，按照 3% 的征收率计算应纳增值税税额。

三、房地产企业转让 2016 年 5 月 1 日后取得的土地使用权。《国家税务总局关于发布〈房地产开发企业销售自行开发的房地产项目增值税征收管理暂行办法〉的公告》（国家税务总局公告 2016 年第 18 号）规定，房地产开发企业中的一般纳税人销售自行开发的房地产项目，适用一般计税方法计税，按照取得的全部价款和价外费用，扣除当期销售房地产项目对应的土地价款后的余额计算销售额。所谓自行开发，是指在依法取得土地使用权的土地上进行基础设施和房屋建设。由此可见，房地产公司销售“自行开发”的房地产项目，在适用一般计税方法的情况下，考虑到受让土地价款不能取得增值税抵扣凭证，采取了一种变通的做法，即支付的土地价款可以抵减销售额。但如果房地产企业中的一般纳税人于 2016 年 5 月 1 日后取得土地使用权后未在依法取得土地使用权的土地上进行基础设施和房屋建设，即受让土地未进行开发而直接转让，则应当按照转让无形资产缴纳增值税，不能从计税销售额中抵减土地价款。房地产企业中的小规模纳税人转让 2016 年 5 月 1 日后取得土地使用权，以取得的全部价款和价外费用为销售额，按照 3% 的征收率计算应纳增值税税额。

19.

纳税人销售使用过的资产如何缴纳增值税？

问：纳税人销售使用过的不动产、固定资产（动产）、物品以及旧货应当如何缴纳增值税？

答：一、处置使用过的不动产与增值税。所称取得的不动产，包括以直接购买、接受捐赠、接受投资入股、自建以及抵债等各种形式取得的不动产。在正常情况下，一般纳税人处置使用过的不动产，税率为11%。但《国家税务总局关于发布〈纳税人转让不动产增值税征收管理暂行办法〉的公告》（国家税务总局公告2016年第14号）规定，一般纳税人销售其2016年4月30日前取得（不含自建）的不动产，选择适用简易计税方法，以取得的全部价款和价外费用减去该项不动产购置原价或者取得不动产时的作价后的余额为销售额，按照5%的征收率计算应纳税额；一般纳税人销售其2016年4月30日前取得的不动产（包括自建），选择一般计税方法计税的，以取得的全部价款和价外费用为销售额计算应纳税额；一般纳税人销售其2016年4月30日前自建的不动产，可以选择适用简易计税方法，以取得的全部价款和价外费用为销售额，按照5%的征收率计算应纳税额；一般纳税人销售其2016年5月1日后取得（包含自建）的不动产，应适用一般计税方法，以取得的全部价款和价外费用为销售额计算应纳税额。

小规模纳税人转让其取得的不动产，除个人转让其购买的住房外，按照以下规定缴纳增值税：小规模纳税人转让其取得（不含自建）的不动产，以取得的全部价款和价外费用扣除不动产购置原价或者取得不动产时的作价后的余额为销售额，按照5%的征收率计算应纳税额；小规模纳税人转让其自建的不动产，以取得的全部价款和价外费用为销售额，按照5%的征收率计算应纳税额。

个人购买不同地区的住房，对外销售时的增值税政策有所区别。适用于北京市、上海市、广州市和深圳市的增值税政策：个人将购买不足2年的住房对外销售的，按照5%的征收率全额缴纳增值税；个人将购买2年以上（含2年）的非普通住房对外销售的，以销售收入减去购买住房价款后的差额按照5%的征收率缴纳增值税；个人将购买2年以上（含2年）的普通住房对外销售的，免征增值税。适用于北京市、上海市、广州市和深圳市之外地区的增值税政策：个人将购买不足2年的住房对外销售的，按照5%的征收率全额缴纳增值税；个人将购买2年以上（含2年）的住房对外销售的，免征增值税。《国家税务总局关于发布<纳税人转让不动产增值税征收管理暂行办法>的公告》（国家税务总局公告2016年第14号）第五条规定：个人转让其购买的住房，按照有关规定全额缴纳增值税的，以取得的全部价款和价外费用为销售额，按照5%的征收率计算应纳税额；个人转让其购买的住房，按照有关规定差额缴纳增值税的，以取得的全部价款和价外费用扣除购买住房价款后的余额为销售额，按照5%的征收率计算应纳税额。

需要说明的是：上述销售不动产选择简易计税办法的，不论是差额纳税还是全额纳税，除向其他个人转让其取得的不动产不得开具或申请代开增值税专用发票外，均可以全额开具或者由税务机关代开增值税专用发票。另外，差额征税必须取得符合法律、行政法规和国家税务总局规定的合法有效凭证，否则以取得的全部价款和价外费用为销售额计算缴纳增值税。合法有效凭证包括税务部门监制的发票，法院判决书、裁定书、调解书及仲裁裁决书、公证债权文书，以及国家税务总局规定的其他凭证。

二、处置使用过的固定资产（动产）与增值税。这里的固定资产，是指使用期限超过12个月的机器、机械、运输工具以及其他与生产经营有关的设备、工具、器具等有形动产，不包括不动产。使用过的固定资产，是指纳税人根据财务会计制度已经计提折旧的固定资产。非营改增一般纳税人销售自己使用过的属于《增值税暂行条例》第十条规定不得抵扣且未抵扣进项税额的固定资产，按简易办法依照3%征收率减按2%征收增值税。自2009年1月1日起，纳税人销售自己使用过的固定资产（以下简称已使用过的固定资产），应区分不同情形征收增值税：①销售自己使用过的2009年1月1日以后购进或者自制的固定资产，按照适用税率征收增值税；②2008年12月31日以前未纳入扩大增值税抵扣范围试点的纳税人，销售自己使用过的2008年12月31日以前购进或者自制的固定资产，按照3%征收率减按2%征收增值税；③2008年12月31日以前已纳入扩大增值税抵扣范围试点的纳税人，销售自己使用过的在本地区扩大增值税抵扣范围试点以前购进或者自制的固定资产，按照3%征收率减按2%征收增值税；销售自己使用过的在本地区扩大增值税抵扣范围试点以后购进或者自制的固定资产，按照适用税率征收增值税。另据《国家税务总局关于营业税改征增值税试点期间有关增值税问题的公告》（国家税务总局公告2015年第90号）的规定，纳税人销售自己使用过的固定资产，适用简易办法依照3%征收率减按2%征收增值税政策的，可以放弃减税，按照简易办法依照3%征收率缴纳增值税，并可以开具增值税专用发票。但营改增纳税人销售使用过的固定资产有所区别。《财政部、国家税务总局关于全面推开营业税改征增值税试点的通知》（财税〔2016〕36号）附件2《营业税改征增值税试点有关事项的规定》规定："一般纳税人销售自己使用过的、纳入营改增试点之日前取得的固定资产，按照现行旧货相关增值税政策执行。"即营改增一般纳税人销售营改增之前取得的固定资产，是按照销售旧货（而非按照销售使用过的固定资产）处理，销售旧货虽然也是按照简易办法3%征收率减按2%征收增值税，但不能选择放弃减税，只能开具普通发票，不能自行开具或者由税务机关代开增值税专用发票。当然，营改增一般纳税人销售营改增后购买的、属于不得抵扣且未抵扣进项税额的固定资产，按简易办法依照3%征收率减按2%征收增值税；也可以放弃减税，按照简易办法依照3%征收率缴纳增值税，并可以开具增值税专用发票。

小规模纳税人（不包括其他个人）销售使用过的固定资产，不论该使用过的固定资产为营改增之前购进或者自制的固定资产，还是营改增之后购进或者自制的固定资产，均应遵循一般规定。即营改增的小规模纳税人销售使用过的固定资产应按照3%减按2%征税率申报纳税，但可以放弃减税，按照简易办法依照3%征收率缴纳增值税，并可以开具增值税专用发票。

根据《增值税暂行条例》及其实施细则的规定，其他个人（仅限于自然人，不包括个体户、独资企业、合伙企业）销售自己使用过的物品免增增值税。这里的物品当然包括固定资产在内，所以，对其他个人销售使用过的固定资产免征增值税。

三、处置固定资产以外的物品与增值税。根据《财政部、国家税务总局关于部分货物适用增值税低税率和简易办法征收增值税政策的通知》（财税〔2009〕9号）的规定，一般纳税人销售自己使用过的除固定资产以外的物品，应当按照适用税率征收增值税。营改增一般纳税人处置固定资产之外的物品，不论该物品是营改增之前购买，还是营改增之后购买，不论营改增之后购买的物品是否抵扣或是否允许抵扣，也不考虑营改增之前未抵扣的因素，均采取"一刀切"政策，即按照适用税率计算缴纳增值税，可以开具增值税专用发票。销售未抵扣并且是非纳税人原因未抵扣的物品按照适用税率计算缴纳增值税，明显加重了纳税人的税收负担。在实务中，有的地方做出了比较合理的规定。如湖北省国家税务局规定，采取简易计税方法的建筑工程老项目，在2016年5月1日后竣工的，处置结余的4月30日前购入的工程物资，所取得的收入可以按照简易计税方法计算缴纳增值税；采取简易计税方法的建筑工程老项目，在5月1日后购进的工程材料，发生转让、变卖和处置等应税行为的，要按照货物的适用税率计算缴纳增值税。

营改增小规模纳税人（不包括其他个人）销售固定资产物品以外的物品，不论该物品为营改增之前取得还是营改增之后取得，均应按3%的征收率缴纳增值税，并且可以开具增值税专用发票。其他个人销售自己使用过的固定资产资产之外的物品，同样免征增值税。

四、处置旧货与增值税。根据《财政部、国家税务总局关于部分货物适用增值税低税率和简易办法征收增值税政策的通知》（财税〔2009〕9号）以及《财政部、国家税务总局关于简并增值税征收率政策的通知》（财税〔2014〕57号）的规定，纳税人销售旧货，按照简易办法依照3%征收率减按2%征收增值税。所称旧货，是指进入二次流通的具有部分使用价值的货物（含旧汽车、旧摩托车和旧游艇），但不包括“自己使用过的物品”。纳税人取得该物品时即为已使用过的物品，再销售时作为销售旧货，按照简易办法依照3%征收率减按2%征收增值税；纳税人购买的旧货投入使用后再销售时，即属于销售自己使用过的物品，应当适用税率（或征收率）计算缴纳增值税。比如销售以旧换新的货物，《国家税务总局关于印发<增值税若干具体问题的规定>的通知》（国税发〔1993〕154号）第二条第三项规定，纳税人采取以旧换新方式销售货物，应按新货物的同期销售价格确定销售额。因此，采取以旧换新方式销售货物，应按货物的同期销售价格计算缴纳增值税。换入的旧货再销售，属于销售旧货，按照简易办法依照3%征收率减按2%征收增值税。在具体实务中，有的地方税务机关要求必须是持有旧货业“特种行业许可证”的纳税人才能选择简易计税。但文件规定中并没有该附加条件。按照实质重于形式原则，销售以旧换新的旧货可以采用简易计税办法缴纳增值税。再比如，一般纳税人于营改增之后购买了一台旧车，使用了两年后对外销售。虽然是购买的旧货，但自己使用一段时间后再销售则不能选择简易计税，应当按照适用税率计算缴纳增值税。

20.

企业购买理财产品持有至到期后取得的收益是否缴纳增值税？

问：我公司为一般纳税人，主营担保业务。我公司将闲散资金购买银行发行的保本浮动收益型理财产品（注：只保本金，收益不保，为浮动收

益）到期后产生的资金收益，是否需要缴纳增值税？

答：《财政部、国家税务总局关于明确金融、房地产开发、教育辅助服务等增值税政策的通知》（财税〔2016〕140 号）规定："金融商品持有期间（含到期）取得的非保本的上述收益，不属于利息或利息性质的收入，不征收增值税。"因此，企业投资理财产品是否缴纳增值税应区分以下情况：如果合同中明确承诺到期本金可全部收回的，则其持有到期所取得的投资收益应当按照贷款服务缴纳增值税；如果合同中明确承诺不保本的理财产品，到期后取得的投资收益，则不属于增值税征税范围。

21.

一般纳税人在哪些情况下可以简易计税？

问：根据增值税的相关规定，在特定情形下，一般纳税人可适用简易办法征税。简易计税办法的增值税征收率除了财政部和国家税务总局另有规定外，增值税的征收率统一为 3%。从相关文件规定中，财政部和国家税务总局另行确定了 5% 的征收率。一般纳税人适用 3% 和 5% 征收率的增值税应税项目包括哪些？

答：一般纳税人适用 5% 征收率的增值税应税项目包括以下情形：

（1）一般纳税人转让其2016年4月30日前取得（不含自建）的不动产，可以选择适用简易计税方法计税，以取得的全部价款和价外费用扣除不动产购置原价或者取得不动产时的作价后的余额为销售额，按照 5% 的征收率计算应纳税额。所称取得的不动产，包括以直接购买、接受捐赠、接受投资入股、自建以及抵债等各种形式取得的不动产，不包括房地产开发企业销售自行开发的房地产项目。销售不动产是指转让不动产所有权的业务活动。不动产是指不能移动或者移动后会引起性质、形状改变的财产，包括建筑物、构筑物等。建筑物包括住宅、商业营业用房、办公楼等可供居住、工作或者进行其他活动的建造物。构筑物包括道路、桥梁、隧道、水坝等建造物。转让建筑物有限产权或者永久使用权的，转让在建的建筑物或者构筑物所有权的，以及在转让建筑物或者构筑物时一并转让其所占土地的使用权的，按照销售不动产缴纳增值税。

（2）一般纳税人转让其 2016 年 4 月 30 日前自建的不动产，可以选择适用简易计税方法计税，以取得的全部价款和价外费用为销售额，按照 5%

的征收率计算应纳税额。

（3）一般纳税人销售自行开发的房地产老项目，可以选择适用简易计税方法按照5%的征收率计税。一经选择简易计税方法计税的，36个月内不得变更为一般计税方法计税。房地产老项目是指：①“建筑工程施工许可证”注明的合同开工日期在2016年4月30日前的房地产项目；②“建筑工程施工许可证”未注明合同开工日期或者未取得“建筑工程施工许可证”，但建筑工程承包合同注明的开工日期在2016年4月30日前的建筑工程项目。

（4）一般纳税人出租其2016年4月30日前取得的不动产，可以选择适用简易计税方法，按照5%的征收率计算应纳税额。取得的不动产，包括以直接购买、接受捐赠、接受投资入股、自建以及抵债等各种形式取得的不动产。纳税人以经营租赁方式将土地出租给他人使用，按照不动产经营租赁服务缴纳增值税；车辆停放服务、道路通行服务(包括过路费、过桥费、过闸费等)等按照不动产经营租赁服务缴纳增值税。但这里不包括纳税人提供道路通行服务。

（5）一般纳税人提供劳务派遣服务，可以按照取得的全部价款和价外费用为销售额，按照一般计税方法计算缴纳增值税；也可以选择差额纳税，以取得的全部价款和价外费用，扣除代用工单位支付给劳务派遣员工的工资、福利和为其办理社会保险及住房公积金后的余额为销售额，按照简易计税方法依5%的征收率计算缴纳增值税。选择差额纳税的纳税人，向用工单位收取用于支付给劳务派遣员工工资、福利和为其办理社会保险及住房公积金的费用，不得开具增值税专用发票，可以开具普通发票。劳务派遣服务是指劳务派遣公司为了满足用工单位对于各类灵活用工的需求，将员工派遣至用工单位，接受用工单位管理并为其工作的服务。

（6）一般纳税人收取试点前开工的一级公路、二级公路、桥、闸通行费，可以选择适用简易计税方法，按照5%的征收率计算缴纳增值税。试点前开工是指相关施工许可证注明的合同开工日期在2016年4月30日前。通行费是指有关单位依法或者依规设立并收取的过路、过桥和过闸费用。

（7）一般纳税人提供人力资源外包服务，可以选择适用简易计税方法，按照5%的征收率计算缴纳增值税。纳税人提供人力资源外包服务，按照经纪代理服务缴纳增值税，其销售额不包括受客户单位委托代为向客户单位员工发放的工资和代理缴纳的社会保险、住房公积金。向委托方收取并代为发放的工资和代理缴纳的社会保险、住房公积金，不得开具增值税专用发票，可以开具普通发票。

（8）一般纳税人转让 2016 年 4 月 30 日前取得的土地使用权，可以选择适用简易计税方法，以取得的全部价款和价外费用减去取得该土地使用权的原价后的余额为销售额，按照 5% 的征收率计算缴纳增值税。

（9）一般纳税人 2016 年 4 月 30 日前签订的不动产融资租赁合同，或以 2016 年 4 月 30 日前取得的不动产提供的融资租赁服务，可以选择适用简易计税方法，按照 5% 的征收率计算缴纳增值税。

（10）一般纳税人提供安全保护服务，可以按照取得的全部价款和价外费用为销售额，按照一般计税方法计算缴纳增值税；也可以选择差额纳税，以取得的全部价款和价外费用，扣除代用工单位支付给安全保护员工的工资、福利和为其办理社会保险及住房公积金后的余额为销售额，按照简易计税方法依 5% 的征收率计算缴纳增值税。选择差额纳税的纳税人，向用工单位收取用于支付给安全保护员工工资、福利和为其办理社会保险及住房公积金的费用，不得开具增值税专用发票，可以开具普通发票。

（11）房地产开发企业中的一般纳税人于 2016 年 5 月 1 日以后完工的房地产老项目，在选择简易计税办法的情况下，相应进项税额不能抵扣，所以，《财政部、国家税务总局关于进一步明确全面推开营改增试点有关再保险、不动产租赁和非学历教育等政策的通知》（财税〔2016〕68 号）做出补充规定，房地产开发企业中的一般纳税人，出租自行开发的房地产老项目，可以选择适用简易计税方法，按照 5% 的征收率计算应纳税额。也就是说，房地产企业一般纳税人出租自行开发的老项目，不论房屋竣工为何时，如果房地产企业对所开发的房地产老项目选择简易计税方法的，其房屋出租收入也可以选择简易计税方法依 5% 的征收率计算缴纳增值税。但如果房地产公司对开发的老项目选择一般计税方法的，相应其出租收入也必须按照一般计税办法计算缴纳增值税。

一般纳税人适用 3% 征收率的增值税应税项目包括以下情形：

（1）一般纳税人销售自己使用过的属于增值税规定不得抵扣且未抵扣进项税额的固定资产，按简易办法依 3% 征收率减按 2% 征收增值税；营改增试点纳税人中的一般纳税人，销售本地区试点实施之日以前购进或者自制的、自己使用过的固定资产，按简易办法依 3% 征收率减按 2% 征收增值税；原增值税纳税人，购进或者自制固定资产时为小规模纳税人，认定为一般纳税人后，销售自己使用过的固定资产，按简易办法依3%征收率减按2%征收增值税；按简易计税办法征收增值税的原增值税一般纳税人，销售其按照规定不得抵扣且未抵扣进项税额的固定资产，按简易办法依3%征收率减按2%征收增值税。纳税人销售自己使用过的固定资产，适用简易办法依照3%征收率减按2%征收增值税政策的，可以放弃减税，按照简易办法依照3%征收率缴纳增值税，并可以开具增值税专用发票。以上所称的固定资产，是指使用期限超过12个月的机器、机械、运输工具以及其他与生产经营有关的设备、工具、器具等有形动产，不包括不动产。这和企业所得税法中的固定资产完全不同。

（2）纳税人销售旧货，按照简易办法依照3%征收率减按2%征收增值税。所称旧货，是指进入二次流通的具有部分使用价值的货物（含旧汽车、旧摩托车和旧游艇），但不包括自己使用过的物品。

（3）一般纳税人销售自产的下列货物，可选择按照简易办法依照3%征收率计算缴纳增值税：①县级及县级以下小型水力发电单位生产的电力。小型水力发电单位，是指各类投资主体建设的装机容量为5万千瓦以下(含5万千瓦)的小型水力发电单位。②建筑用和生产建筑材料所用的砂、土、石料。③以自己采掘的砂、土、石料或其他矿物连续生产的砖、瓦、石灰(不含黏土实心砖、瓦)。④用微生物、微生物代谢产物、动物毒素、人或动物的血液或组织制成的生物制品。⑤自来水。自来水是指自来水公司及工矿企业经抽取、过滤、沉淀、消毒等工序加工后，通过供水系统向用户供应的水。⑥商品混凝土(仅限于以水泥为原料生产的水泥混凝土)。

（4）一般纳税人销售货物属于下列情形之一的，暂按简易办法依照3%征收率计算缴纳增值税：寄售商店代销寄售物品（包括居民个人寄售的物品在内）；典当业销售死当物品；经国务院或国务院授权机关批准的免税商店零售的免税品[注:《财政部、国家税务总局关于出口货物劳务增值税和消费税政策的通知》（财税〔2012〕39号）规定，此条款2012年7月1日起废止]；对属于一般纳税人的自来水公司销售自来水。

（5）拍卖行受托拍卖增值税应税货物，向买方收取的全部价款和价外费用，应当按照3%的征收率征收增值税。拍卖货物属免税货物范围的，经拍卖行所在地县级主管税务机关批准，可以免征增值税。

（6）属于增值税一般纳税人的药品经营企业销售生物制品，可以选择简易办法按照生物制品销售额和 3% 的征收率计算缴纳增值税。药品经营企业是指取得（食品）药品监督管理部门颁发的“药品经营许可证”，获准从事生物制品经营的药品批发企业和药品零售企业。

（7）自 2016 年 4 月 1 日起，属于增值税一般纳税人的兽用药品经营企业销售兽用生物制品，可以选择简易办法按照兽用生物制品销售额和 3% 的征收率计算缴纳增值税。兽用药品经营企业是指取得兽医行政管理部门颁发的“兽药经营许可证”，获准从事兽用生物制品经营的兽用药品批发和零售企业。

（8）属于增值税一般纳税人的单采血浆站销售非临床用人体血液，可以按照简易办法依照 3% 征收率计算应纳税额，但不得对外开具增值税专用发票。

（9）自 2015 年 9 月 1 日起至 2016 年 6 月 30 日，增值税一般纳税人销售的库存化肥，允许选择按照简易计税方法依照 3% 征收率征收增值税。所称的库存化肥，是指纳税人 2015 年 8 月 31 日前生产或购进的尚未销售的化肥。

（10）公路经营企业中的一般纳税人收取试点前开工的高速公路的车辆通行费，可以选择适用简易计税方法，减按 3% 的征收率计算应纳税额。试点前开工的高速公路是指相关施工许可证明上注明的合同开工日期在 2016 年 4 月 30 日前的高速公路。

（11）一般纳税人提供公共交通运输服务，可选择按照简易办法依照 3% 征收率计算缴纳增值税。公共交通运输服务包括轮客渡、公交客运、地铁、城市轻轨、出租车、长途客运、班车。班车是指按固定路线、固定时间运营并在固定站点停靠的运送旅客的陆路运输服务。

（12）经认定的动漫企业为开发动漫产品提供的动漫脚本编撰、形象设计、背景设计、动画设计、分镜、动画制作、摄制、描线、上色、画面合成、配音、配乐、音效合成、剪辑、字幕制作、压缩转码(面向网络动漫、手机动漫格式适配)服务，以及在境内转让动漫版权(包括动漫品牌、形象或者内容的授权及再授权)可选择按照简易办法依照 3% 征收率计算缴纳增值税。

（13）电影放映服务、仓储服务、装卸搬运服务、收派服务和文化体育服务可选择按照简易办法依照 3% 征收率计算缴纳增值税。

（14）以纳入营改增试点之日前取得的有形动产为标的物提供的经营租赁服务可选择按照简易办法依照3%征收率计算缴纳增值税。

（15）在纳入营改增试点之日前签订的尚未执行完毕的有形动产租赁合同可选择按照简易办法依照3%征收率计算缴纳增值税。

（16）一般纳税人以清包工方式提供的建筑服务，可选择按照简易办法依照3%征收率计算缴纳增值税。以清包工方式提供建筑服务是指施工方不采购建筑工程所需的材料或只采购辅助材料，并收取人工费、管理费或者其他费用的建筑服务。

（17）一般纳税人为甲供工程提供的建筑服务，可选择按照简易办法依照3%征收率计算缴纳增值税。甲供工程是指全部或部分设备、材料、动力由工程发包方自行采购的建筑工程。一般纳税人销售电梯的同时提供安装服务，其安装服务可以按照甲供工程选择适用简易计税方法计税。

（18）一般纳税人为建筑工程老项目提供的建筑服务，可选择按照简易办法依照3%征收率计算缴纳增值税。建筑工程老项目，是指：①“建筑工程施工许可证”注明的合同开工日期在2016年4月30日前的建筑工程项目；②未取得“建筑工程施工许可证”的，建筑工程承包合同注明的开工日期在2016年4月30日前的建筑工程项目。

（19）农村信用社、村镇银行、农村资金互助社、由银行业机构全资发起设立的贷款公司、法人机构在县（县级市、区、旗）及县以下地区的农村合作银行和农村商业银行提供金融服务收入，可以选择适用简易计税方法按照3%的征收率计算缴纳增值税；中国农业银行纳入“三农金融事业部”改革试点的各省、自治区、直辖市、计划单列市分行下辖的县域支行和新疆生产建设兵团分行下辖的县域支行（也称县事业部），提供农户贷款、农村企业和农村各类组织贷款取得的利息收入，可以选择适用简易计税方法按照3%的征收率计算缴纳增值税。

（20）一般纳税人提供非学历教育服务，可以选择适用简易计税方法按照3%征收率计算应纳税额。

（21）提供物业管理服务的纳税人，向服务接受方收取的自来水水费，以扣除其对外支付的自来水水费后的余额为销售额，按照简易计税方法依3%的征收率计算缴纳增值税。

（22）出售电梯同时也提供安装服务，不论是销售自产的电梯还是外购的电梯，安装服务收入可以按照甲供材选择简易计税，适用 3% 的征收率计算缴纳增值税。

22.

不得抵扣的进项税额如何进项转出?

问：增值税法规定，进项税额不得从销项税额中抵扣包括以下七种情形：一是用于简易计税方法计税项目、免征增值税项目、集体福利或者个人消费的购进货物、加工修理修配劳务、服务、无形资产和不动产。其中涉及的固定资产、无形资产、不动产，仅指专用于上述项目的固定资产、无形资产（不包括其他权益性无形资产）、不动产。纳税人的交际应酬消费属于个人消费。二是非正常损失的购进货物，以及相关的加工修理修配劳务和交通运输服务。三是非正常损失的在产品、产成品所耗用的购进货物（不包括固定资产）、加工修理修配劳务和交通运输服务。四是非正常损失的不动产，以及该不动产所耗用的购进货物、设计服务和建筑服务。五是非正常损失的不动产在建工程所耗用的购进货物、设计服务和建筑服务。六是购进的旅客运输服务、贷款服务、餐饮服务、居民日常服务和娱乐服务。七是财政部和国家税务总局规定的其他情形。增值税一般纳税人已抵扣进项税额的购进货物、劳务、服务、无形资产、不动产发生不得抵扣情形时，如何进行进项税额转出?

答：一、适用一般计税方法的纳税人，兼有简易计税方法计税项目、免征增值税项而无法划分不得抵扣的进项税额转出。适用一般计税方法的纳税人，兼有简易计税方法计税项目、免征增值税项目而无法划分不得抵扣的进项税额，按照下列公式计算不得抵扣的进项税额：不得抵扣的进项税额＝当期无法划分的全部进项税额 ×（当期简易计税方法计税项目销售额＋免征增值税项目销售额）÷ 当期全部销售额。主管税务机关可以按照上述公式依据年度数据对不得抵扣的进项税额进行清算。

举例：某建筑施工企业为一般纳税人，提供建筑服务，其中有适用一般计税方法，有选择适用简易计税方法。该纳税人于 2017 年 1 月缴纳当月发生电费、出差费用、日常办公费用等取得增值税专用发票并于当月认证抵扣，且该进项税额无法在货物运输服务和装卸搬运服务间划分，无法分清的进项税额为 10 万元。该纳税人当月简易计税办法的应税收入为 400

万元，一般计税方法的应税收入为 100 万元。纳税人因兼营简易计税项目而无法划分所取得进项税额的，按照下列公式计算应转出的进项税额：应转出的进项税额 = 10 × 400 ÷（400+100）= 8（万元）。但在实务中，简易计税方法计税项目、免征增值税项和应税项目收入并非是均衡的，当期收入也许只有简易计税收入而无一般计税应税收入，或者只有一般计税应税收入而无简易计税收入，如果仅按照当期的收入占比计算不得抵扣进项税额，则有失公允。因此，现行政策规定，税务机关可以按照年度数据对不得抵扣的进项税额进行清算。这里的年度笔者认为应当为连续的 12 个月。

但房地产公司开发的房地产项目，兼有简易计税方法计税、免征增值税的房地产项目而无法划分不得抵扣的进项税额转出按照“建设规模”占比转出。根据《国家税务总局关于发布 < 房地产开发企业销售自行开发的房地产项目增值税征收管理暂行办法 > 的公告》(国家税务总局公告 2016 年第 18 号)的规定，一般纳税人销售自行开发的房地产项目，兼有一般计税方法计税、简易计税方法计税、免征增值税的房地产项目而无法划分不得抵扣的进项税额的，应以“建筑工程施工许可证”上注明的“建设规模”为依据进行划分。不得抵扣的进项税额 = 当期无法划分的全部进项税额 ×（简易计税、免税房地产项目建设规模 ÷ 房地产项目总建设规模）。房地产公司开发的房地产项目，兼有一般计税方法计税、简易计税方法计税、免征增值税的房地产项目而无法划分不得抵扣的进项税额的，应以“建筑工程施工许可证”上注明的“建设规模”为依据进行划分。而此处的“建设规模”是建筑面积。

举例：某房地产公司开发 A、B 两个楼盘，A 项目适用简易计税方法，B 楼盘适用一般计税方法。2016 年 7 月发生广告费 106 万元（取得专用发票，税额为 6 万元)，假设该广告费无法区分专门针对哪个楼盘。A 楼盘已符合交房条件，当月确认销售收入为 5 000 万元。B 楼盘尚处于预售阶段，当月预售房款为 2 000 万元。两个楼盘建设规模分别为 2 万平方米和 4 万平方米，则不得抵扣的进项税额为 2 万元 [6 × 2 ÷ (2+4)]。

二、已抵扣进项税额的购进货物(不含固定资产)、劳务、服务发生不得抵扣情形的进项税额转出。对于已抵扣进项税额的购进货物(不含固定资产)、劳务、服务，发生不得抵扣情形(简易计税方法计税项目、免征增值税项目除外)的，应当将该进项税额从当期进项税额中扣减；无法确定该进项税额的，按照当期实际成本计算应扣减的进项税额。

举例：A公司（一般纳税人）购买一批物资于年终发放给职工，所购买物资已取得增值税专用发票。按照增值税的相关规定，购买用于职工福利或个人消费的货物的进项税额不得从销项税额中抵扣。但取得的增值税发票应当进行认证。在认证之后再从当期进项税额中转出。实际工作中，经常存在纳税人当期购进的货物、劳务、服务事先并未确定将用于生产或非生产经营，但其进项税额已在当期销项税额中进行了抵扣的情况，当已抵扣进项税额的购进货物、劳务、服务改变用途，用于非应税项目、免税项目、集体福利或个人消费等，购进货物发生非正常损失，在产品和产成品发生非正常损失时，应将购进货物或应税劳务的进项税额从当期发生的进项税额中扣除。比如某生产企业将生产经营用的外购白糖作为职工福利发放给员工。外购的白糖在购买的当期已认证并抵扣，后期用于职工福利，用于职工福利时的实际成本为10万元，则进行抵扣时按照用于职工福利的白糖的实际成本10万元与13%的税率计算，应转出进项税额为1.3万元。应当注意的是，购进货物、劳务用于不得抵扣情形的进项税额转出还应当包括购进货物、劳务相应承担的交通运输服务中所包含的增值税。以上述为例，假设当期运输白糖发生运费的实际成本为1 000元，相应还应当转出运费的进项税额1 000×11%=110（元）。

三、已抵扣进项税额的固定资产、无形资产或者不动产发生不得抵扣情形的进项税额转出。固定资产、无形资产和不动产为生产商品、提供劳务对外出租或经营管理而持有的，使用寿命超过一个会计年度，所以，其发生的成本费用应当以折旧或摊销方式分期计入当期损益。对于已抵扣进项税额的固定资产、无形资产或者不动产，发生不得抵扣情形的，按照下列公式计算不得抵扣的进项税额：不得抵扣的进项税额＝固定资产、无形资产或者不动产净值 × 适用税率。固定资产、无形资产或者不动产净值是指纳税人根据财务会计制度计提折旧或摊销后的余额。

举例：某企业为一般纳税人，2016年5月1日购进复印机一台，在会计上作为固定资产核算，折旧期为五年，取得增值税专用发票上列明的货物金额为1万元，于当月认证抵扣。2016年12月，该纳税人因管理不善，复印机被盗，该非正常损失导致购买的固定资产不得进项抵扣，应于发生的次月按下列公式计算不得抵扣的进项税额：固定资产的净值=10 000–（10 000÷5÷12×6）=9 000（元），应转出的进项税额=9 000×17%=1 530（元）。

应当注意：①已抵扣进项税额的固定资产发生不得抵扣情形的进项税额转出还应当包括购进固定资产相应承担的交通运输服务中所包含的增值税。在会计处理上，购买固定资产所发生的运费属于直接费用，应当予以资本化。在计算该项固定资产进项税额转出时，还应当包括购买固定资产所发生的运输费用。②购买不动产用于不得抵扣情形的进项税额转出仅限于不动产，以及该不动产所耗用的货物（构成不动产实体的材料和设备，包括建筑装饰材料和给排水、采暖、卫生、通风、照明、通信、煤气、消防、中央空调、电梯、电气、智能化楼宇设备及配套设施）、设计服务和建筑服务。所以，如果属于营改增后购买的不动产并依法抵扣的，适用税率按照 11% 计算进项税额转出；如果属于营改增后自建的不动产，因为建筑服务、设计服务以及自购材料、设备等适用税率各不相同，在确定不得抵扣的适用税率时，应当按照各自占比确定相应的适用税率。比如不动产原值为 1 000 万元，其中自购材料适用 17% 的价款为 500 万元，建筑服务适用 11% 的价款为 480 万元，设计服务适用 6% 的价款为 20 万元。该房屋发生不得抵扣时的净值为 500 万元，由此计算不得抵扣的进项税额 =（500 ÷ 1 000）× 500 × 17%+（480 ÷ 1 000）× 500 × 11%+（20 ÷ 1 000）× 500 × 6%=42.5+26.4+0.6=69.5（万元）。

23.

不动产如何进行进项税额抵扣?

问：取得的不动产应当如何抵扣进项税额?

答： 增值税一般计税方法的应纳税额为当期销项税额抵扣当期进项税额后的余额。所以，增值税进项税额抵扣越充分，一般纳税人的税负就越轻。2009 年实施生产型增值税向消费型增值税的转型改革，仅就固定资产中的机器设备纳入抵扣范围，因为不动产不属于增值税征税范围，一般纳税人取得的不动产以及不动产在建工程未列入增值税抵扣之列。全面试行营改增后，将不动产纳入抵扣范围，自此，无论是制造业、商业等原增值税纳税人，还是营改增试点纳税人，都可抵扣不动产以及不动产在建工程所支付或负担的增值税。本文就不动产抵扣的相关细节问题分析如下。

一、不动产进项税额分两年抵扣。 一般来说，一般纳税人在取得增值税扣税凭证的当期一次性抵扣，但由于将不动产纳入抵扣范围后，不动产价值高，一次性当期抵扣对增值税的影响巨大，并且会导致国家收入不均衡，因此规定不动产以及不动产在建工程分两年从销项税额中抵扣：60% 的部分于取得扣税凭证的当期从销项税额中抵扣；40% 的部分于取得扣税凭证的当月起第 13 个月从销项税额中抵扣。

（1）取得的不动产的抵扣。增值税一般纳税人于 2016 年 5 月 1 日后取得并在会计制度上按固定资产核算的不动产，其进项税额分两年从销项税额中抵扣。取得的不动产，包括以直接购买、接受捐赠、接受投资入股以及抵债等各种形式取得的不动产。相应扣税凭证为对方开具的销售不动产增值税专用发票。

（2）新建不动产的抵扣。增值税一般纳税人于 2016 年 5 月 1 日后新建不动产，其购进货物和设计服务、建筑服务直接用于新建不动产的，其进项税额的 60% 于取得扣税凭证的当期直接申报抵扣；剩余 40% 的部分转入待抵扣，于取得扣税凭证的当月起第 13 个月申报抵扣。由于新建不动产购进货物和设计服务、建筑服务取得的增值税专用发票先后不一，相应就每次取得扣税凭证分别确认抵扣时间。在纳税人购进货物时未决定是否用于新建不动产（如可能用于销售）的情况下，进项税额在购进当期全额抵扣，当将该货物用于新建不动产时，已抵扣进项税额的 40% 部分，应于转用的当期从进项税额中转出，记入“待抵扣进项税额”科目，并于转用的当月起第 13 个月从销项税额中抵扣。

（3）不动产更新改造等后续支出超过一定额度时也必须分两年抵扣。增值税一般纳税人 2016 年 5 月 1 日后用于改建、扩建、修缮、装饰不动产购进货物和设计服务、建筑服务并增加不动产原值超过 50% 的，其进项税额分两年从销项税额中抵扣。反之，如果增加不动产原值未超过 50% 以上的，允许在发生当期一次性抵扣。不动产原值是指取得不动产时的购置原价或作价金额。在不动产更新改造等后续支出无法预知是否超过不动产原值 50% 以上的情况下，纳税人购进货物和设计服务、建筑服务，可在取得扣税凭证的当期全部抵扣进项税额，待后续支出超过固定资产原值 50% 后，应将已抵扣进项税额的 40% 转入“待抵扣进项税额”科目，并于转入的当月起第 13 个月从销项税额中抵扣。

需要注意：一是不动产在建工程分两年抵扣仅限于购进货物和设计服务、建筑服务。购进货物，是指构成不动产实体的材料和设备，包括建筑装饰材料和给排水、采暖、卫生、通风、照明、通信、煤气、消防、中央空调、电梯、电气、智能化楼宇设备及配套设施。不动产在建工程在“在建工程”这个会计科目中核算，主要用来归集和核算企业建设、改造不动产的价值，需要通过这个科目核算的项目很多，包括人工、材料、机械费用等。本着有利于纳税人核算方便的原则，分两年抵扣的不动产在建工程项目范围仅限于构成不动产实体的货物以及与不动产联系直接的设计服务、建筑服务。除此外施工期间发生的直接费用，比如工程监理费用等允许一次性抵扣。二是纳税人销售其取得的不动产或者不动产在建工程时，尚未抵扣完毕的待抵扣进项税额，允许于销售的当期从销项税额中抵扣。三是纳税人注销税务登记时，其尚未抵扣完毕的待抵扣进项税额于注销清算的当期从销项税额中抵扣。四是纳税人应建立不动产和不动产在建工程台账，分别记录并归集不动产和不动产在建工程的成本、费用、扣税凭证及进项税额抵扣情况，留存备查。

二、不动产允许一次性抵扣的特定情形。不动产是指不能移动或者移动后会引起性质、形状改变的财产，包括建筑物、构筑物以及一并转让其所占土地的使用权。对下列不动产不执行分期抵扣政策：

（1）房地产开发企业自行开发的房地产项目。房地产开发企业中的一般纳税人自行开发的房地产项目，虽然也是不动产，但不执行“纳税人自建不动产”进项税额分期抵扣政策。由于房地产开发项目往往时间跨度大，建设周期长，建设期内往往只有进项，无销项，对其实行分年抵扣失去了应有之意，因此应当一次性抵扣。这里特指房地产开发企业，所谓房地产开发企业，是指按照城市房地产管理法的规定，以营利为目的，从事房地产开发和经营的企业。按房地产开发业务在企业经营范围中地位的不同，房地产开发企业分为房地产开发专营企业、兼营企业和项目公司。设立房地产开发企业，应当具备下列条件：①有自己的名称和组织机构。②有固定的经营场所。③有符合国务院规定的注册资本。④有足够的专业技术人员。⑤法律、行政法规规定的其他条件。所谓“自行开发”，即适用对象是第一次进入流通领域的“一手房”。“房地产项目”一般是对土地和地上建筑物进行的投资开发建设项目。房地产企业外购不动产的进项税额抵扣仍适用分年抵扣政策。

（2）融资性租入不动产。在融资租赁的方式下，与租赁不动产有关的主要风险和报酬已由出租人转归承租人。企业采用融资租赁方式租入不动产，尽管从法律形式上不动产的所有权在租赁期间仍然属于出租方，但由于不动产租赁期基本上包括了不动产有效使用年限，承租企业获得了租赁不动产所提供的主要经济利益，同时承担了与不动产有关的风险，因此，企业应将融资租入不动产作为购入固定资产计价入账，同时确认相应的负债。融资租入不动产具有融资性质，虽然实质是分期付款买卖，但毕竟在诸多方面与分期付款不同，融资租赁期限与不动产的寿命期限相当，每期进项均按照两年抵扣进行调整，工作量之大不适于分期抵扣，因此于融资租赁当期一次性抵扣进项税额。

（3）临时建筑物、构筑物。施工现场修建的临时建筑物、构筑物虽然也属于不动产的范畴，但存续时间短，施工结束后即要拆除清理，其性质与生产过程中的中间投入物更为接近。因此，施工现场修建的临时建筑物、构筑物所购进货物、设计和建筑服务允许一次性抵扣进项税额。

（4）投资性房地产。增值税一般纳税人取得并在“会计制度”上按“固定资产”核算的不动产，其进项税额分两年从销项税额中抵扣。《企业会计制度》（财会〔2000〕25号）第二十五条规定，固定资产是指企业使用期限超过1年的房屋、建筑物、机器、机械、运输工具以及其他与生产、经营有关的设备、器具、工具等。《企业会计准则第3号——投资性房地产》第二条规定，投资性房地产是指为赚取租金或资本增值，或两者兼有而持有的房地产。湖北省国家税务局规定，在会计制度上不按“固定资产”核算（如投资性房地产）的不动产或者不动产在建工程，其进项税额可以一次性全额抵扣。

三、不动产和不动产在建工程不得抵扣的情形。纳税人取得并在会计制度上按固定资产核算的不动产，以及发生的不动产在建工程支付或者负担的增值税额准予从销项税额中抵扣，但下列项目的进项税额不得从销项税额中抵扣：

（1）用于简易计税方法计税项目、免征增值税项目、集体福利和个人消费的不动产和不动产在建工程。比如，A公司提供仓储服务，选择简易计税方法，则其购买的不动产不得从销项税额中抵扣。需要说明的是：不得从销项税额中抵扣的不动产仅指专用于上述项目的不动产，对于既用于应征增值税项目，又用于上述项目的不动产，其进项税额允许从销项税额中抵扣。

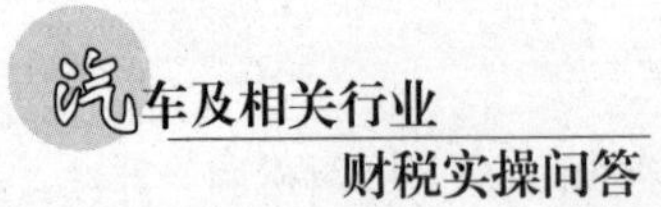

（2）非正常损失的不动产和不动产在建工程所耗用的购进货物、设计服务和建筑服务的进项税额不得从销项税额中抵扣。所谓非正常损失，是指违反法律法规造成货物或者不动产被依法没收、销毁、拆除的情形。比如，A公司自行建造的不动产，后因违规被依法拆除，由此原已抵扣的增值税应当作进项税额转出处理，其待抵扣进项税额不得抵扣。

四、已抵扣后发生不得抵扣情形的不动产和不动产在建工程的进项税额转出。已抵扣进项税额的不动产，发生非正常损失或者改变用途，专用于简易计税方法计税项目、免征增值税项目、集体福利或者个人消费的，按照下列公式计算不得抵扣的进项税额：不得抵扣的进项税额 =（已抵扣进项税额 + 待抵扣进项税额）× 不动产净值率。不动产净值率 =（不动产净值 ÷ 不动产原值）× 100%。不得抵扣的进项税额小于或等于该不动产已抵扣进项税额的，应于该不动产改变用途的当期，将不得抵扣的进项税额从进项税额中扣减。不得抵扣的进项税额大于该不动产已抵扣进项税额的，应于该不动产改变用途的当期，将已抵扣进项税额从进项税额中扣减，并从该不动产待抵扣进项税额中扣减不得抵扣进项税额与已抵扣进项税额的差额。但不动产在建工程发生非正常损失的，其所耗用的购进货物、设计服务和建筑服务已抵扣的进项税额应于当期全部转出，并且待抵扣进项税额也不得抵扣。

举例：2016年5月1日，某公司买了一座楼用于办公，不含税价为1 000万元，进项税额为50万元。在正常情况下，应在5月当月抵扣60%，即抵扣30万元，2017年5月（第13个月）再抵扣剩余的20万元。假设该公司2017年4月将办公楼改造成员工食堂，属于集体福利范畴。如果2017年4月该不动产的净值为800万元，不动产净值率就是80%，不得抵扣的进项税额为40万元（50×80%），大于已抵扣的进项税额30万元，按照政策规定，这时应将已抵扣的30万元进项税额转出，并在待抵扣进项税额20万元中扣减不得抵扣进项税额与已抵扣进项税额的差额10万元（40-30），余额为10万元（20-10），在2017年5月允许抵扣；如果2017年4月该不动产的净值为500万元，不动产净值率为50%，不得抵扣的进项税额为25万元（50×50%），小于已抵扣的进项税额30万元，按照政策规定，这时将已抵扣的30万元中转出25万元，待抵扣的25万元仍在第13个月进行抵扣。

五、不得抵扣的不动产恢复成可以抵扣后进项税额的计算。此前，不得抵扣的机器设备等固定资产发生用途改变，用于允许抵扣进税项目，是否应当计算可抵扣增值税的问题并未进行明确。营改增后，已明确原未抵扣的不动产可以追索抵扣。按照规定，不得抵扣进项税额的不动产发生用途改变，用于允许抵扣进项税额项目的，按照下列公式在改变用途的次月计算可抵扣进项税额。可抵扣进项税额＝增值税扣税凭证注明或计算的进项税额 × 不动产净值率。依照规定计算的可抵扣进项税额应取得 2016 年 5 月 1 日后开具的合法有效的增值税扣税凭证。在此特别提醒：取得不动产的当初即便属于不得抵扣范围，也应当在取得扣税凭证时进行认定，再作进项税额转出处理，以防止以后改变用途进行抵扣时，因未及时认证而丧失了抵扣的权利。

举例：A 公司于 2016 年 6 月 20 日购进办公楼专用于进行技术开发使用，取得的收入均为免税收入。购买大楼取得三份发票：增值税专用发票一份并认证相符，专用发票注明的金额为 1 000 万元，税额为 50 万元；增值税专用发票一份一直未认证，专用发票注明的金额为 600 万元，税额为 30 万元；增值税普通发票一份，普通发票注明的金额为 420 万元，税额为 0 元。该大楼应确认原值为 2 050 万元（1 000+600+30+420），并于次月开始计提折旧，假定分 10 年计提，无残值。2017 年 6 月，纳税人将该大楼改变用途，用于允许抵扣项目，则需按照不动产净值计算可抵扣进项税额后分期抵扣。不动产净值率＝[2 050 － 2 050 ÷（10 × 12）× 12] ÷ 2 050 ＝ 90%。A 公司购进该大楼时共计取得三份增值税发票，其中两份增值税专用发票属于增值税扣税凭证，但其中一份增值税专用发票在用途改变前仍未认证相符，属于不得抵扣的增值税扣税凭证。因此，该大楼允许抵扣的增值税扣税凭证注明税额为 50 万元。可抵扣进项税额＝增值税扣税凭证注明的税额 × 不动产净值率＝ 50 × 90% ＝ 45（万元）。该 45 万元可抵扣进项税额由于可以恢复抵扣，应全部从不动产原值中转出。该 45 万元进项税额中的 60% 于改变用途次月的抵扣，剩余 40% 于改变用途次月的第 13 个月抵扣。计算该大楼本期应抵扣的进项税额：45 × 60% ＝ 27（万元）。该 27 万元应于 2017 年 7 月申报期申报 6 月份增值税时从销项税额中抵扣，剩余的 18 万元在第 13 个月从销项税额中抵扣。

六、购买房屋所含土地价款是否分两年抵扣。一般来说，增值税一般纳税人购进货物、加工修理修配劳务、服务、无形资产或者不动产，支付或者负担的增值税额，在取得抵扣凭据的当期一次性抵扣，并且自 2017 年

7月1日起，增值税一般纳税人取得的2017年7月1日及以后开具的增值税专用发票和机动车销售统一发票，应自开具之日起360日内认证或登录增值税发票选择确认平台进行确认，并在规定的纳税申报期内，向主管国税机关申报抵扣进项税额。超过360天未认证抵扣的，原则上不得再认证抵扣。实行营改增后，不动产也纳入了增值税的抵扣范围。但考虑到不动产金额巨大，购买不动产所支付或者负担的增值税一次性从销项税额中抵扣对国家财政收入影响之大，并会造成税收收入的不均衡。因此，《国家税务总局关于发布〈不动产进项税额分期抵扣暂行办法〉的公告》（国家税务总局公告2016年第15号）规定，增值税一般纳税人2016年5月1日后新建不动产，或者用于改建、扩建、修缮、装饰不动产并增加不动产原值超过50%的，其进项税额分两年从销项税额中抵扣。新建、改建、扩建、修缮、装饰不动产分两年抵扣的内容具体包括三项：一是购进货物；二是设计服务；三是建筑服务。除此外，构建不动产直接成本，比如工程监理费等的进项税额允许一次性从销项税额中抵扣；另外新建不动产受让土地所支付或者负担的增值税也不需要两年抵扣。对购进货物实行列举式，具体包括建筑装饰材料和给排水、采暖、卫生、通风、照明、通信、煤气、消防、中央空调、电梯、电气、智能化楼宇设备及配套设施。但增值税一般纳税人2016年5月1日后外购的不动产，在会计制度上按“固定资产”核算的，其进项税额应分两年从销项税额中抵扣。由此可见，外购房屋所包含的土地价款的抵扣应视土地价款是否记入“固定资产”核算。根据《企业会计准则第6号——无形资产》应用指南，外购土地及建筑物支付的价款应当在建筑物与土地使用权之间进行分配，难以合理分配的，应当全部作为固定资产。也就是说，购买的房屋如果将土地价款一并作为固定资产进行会计核算，则支付或承担的进项税额应当分两年从销项税额中抵扣；如果将土地价款进行了单独核算，即将土地价款计入无形资产核算的，则土地价款所包含的增值税应当一次性从销项税额中抵扣。

24.

会议过程中发生的餐费是否允许抵扣？

问：我公司在酒店召开会议过程中发生的餐费是否可以统一开具为会议费一并抵扣进项税额？

答：《财政部、国家税务总局关于全面推开营业税改征增值税试点的通知》（财税〔2016〕36号）规定，会议展览服务是指为商品流通、促销、展示、经贸洽谈、民间交流、企业沟通、国际往来等举办或者组织安排的各类展览和会议的业务活动。《财政部、国家税务总局关于明确金融、房地产开发、教育辅助服务等增值税政策的通知》（财税〔2016〕140号）规定："宾馆、旅馆、旅社、度假村和其他经营性住宿场所提供会议场地及配套服务的活动，按照'会议展览服务'缴纳增值税。"因为"餐饮服务"的进项税额不得从销项税额中抵扣，所以，在实务中，会议过程中发生的餐饮费用是否允许抵扣，各地国税机关存在两种不同执行口径：一种是必须餐饮费与会议费应当分别开具；另一种是可以全部开成会议费。如海南国税规定：若会议服务中还包含餐饮服务、住宿服务收入，应分别按照会议服务、餐饮服务、住宿服务征税，餐饮服务不得开具增值税专用发票。湖北国税规定：酒店业纳税人对提供会议服务中包含的餐饮服务、住宿服务收入，可一并按会议服务核算计税，开具增值税发票。

会议服务中所包含的餐饮服务是否一并开具增值税专用发票进行抵扣？《中央和国家机关会议费管理办法》（财行〔2013〕286号）第十四条规定，会议费开支范围包括会议住宿费、伙食费、会议室租金、交通费、文件印刷费、医药费等。也就是说，会议过程中发生的正常餐饮费用属于会议费用范畴，会计上应当作为会议费核算，并且在企业所得税上也是作为会议费进行税前扣除的，会议过程中发生的正常餐饮费用与单纯接受餐饮服务有着本质的不同，所以，笔者倾向于抵扣的观点。但鉴于各地执行口径不一，具体执行中以各地规定为准。

25.

企业统一定制的西服是否允许抵扣增值税？

问：我公司为了打造企业形象、规范员工行为、提升企业凝聚力以及宣传企业文化等的需要，统一在厂家定制西服，员工上班时统一着装。企业统一购买并要求员工统一着装的西服是否允许抵扣增值税？一种观点认为：企业购买的西服，要求员工穿着，应属于"集体福利"，属于不得抵扣增值税进项税额的规定事项，因此不允许抵扣增值税。另有一种观点认为：企业购买的西服，应属于"个人消费"，同样属于不得抵扣增值税的范围，

因此不允许抵扣。还有一种观点认为：企业购买的西服，要求员工统一穿戴，属于劳保用品范畴，因此可以抵扣进项税额。请问，购买西装所支付或承担的增值税是否允许从销项税额中抵扣？

答：企业购买的西服能否抵扣进项税额，首先要看其是否属于不允许抵扣的项目。《增值税暂行条例》第十条规定，下列项目的进项税额不得从销项税额中抵扣：①用于简易计税方法计税项目、免征增值税项目、集体福利或者个人消费的购进货物、劳务、服务、无形资产和不动产；②非正常损失的购进货物，以及相关的劳务和交通运输服务；③非正常损失的在产品、产成品所耗用的购进货物（不包括固定资产）、劳务和交通运输服务；④国务院规定的其他项目。企业定制西服不能抵扣可以划归为“集体福利”和“个人消费”。企业统一购买并统一着装的西服费用是否属于“集体福利”？《国家税务总局关于企业所得税若干问题的公告》（国家税务总局公告2011年第34号）第二条规定，企业根据其工作性质和特点，由企业统一制作并要求员工工作时统一着装所发生的工作服饰费用，根据《企业所得税法实施条例》第二十七条的规定，可以作为企业合理的支出给予税前扣除。从税务的观点来看，企业统一制作并要求员工工作时统一着装所发生的工作服饰费用，并非属于“职工福利费”，而是作为企业合理支出，并允许全额在企业所得税税前扣除。

企业购买并统一着装的工作服饰费用是否属于“个人消费”呢？比如，办公室的桶装水，如果取得增值税专用发票，进项税额能不能抵扣？桶装水是员工个人喝掉的，属于个人消费，应该不能抵扣吧？这实际上误读了“个人消费”。个人消费≠人的消费。个人消费的消费性质属于个人，其对应的是“因公消费”。在判断个人消费时，重点是判断消费的性质，究竟是企业的消费，还是个人的消费。员工对办公室桶装水的消费是符合商业常规的一项办公开支，不仅普遍存在并且有一定必要性。不能因为水是个人喝的，就理解为是个人消费，故不能认为其进项税额不得抵扣。当然，办公室准备的零食、甜点，至少在现阶段的中国，还是超越了商业常规的，缺乏必要性与合理性，应该将其归为个人消费行为或者职工福利行为。对于个人消费掉的物品或服务，精确区分个人消费与因公消费是困难的，因为界线并不明确。大体说来，符合商业常规的，对公务来说有一定必要性与合理性的消费支出，就属于因公消费支出；反之，不符合商业常规，对公务来说并非必要、合理的消费支出，就属于个人消费支出。交际应酬等业务招待费虽然也是因公消费，但却被《财政部、国家税务总局关于全面推开营业税改征增值税试点的通知》（财税〔2016〕36号）专门、硬性地归于“个人消费”范畴，属于特殊政策规定。企业统一着装的主要目的是为了统一企业形象、规范员工行为、提升企业凝聚力以及宣传企业文化等需要，属于商业常规，并且在实践中，企业统一定制的服装是作为企业财产管理的，所以，企业购买服装并非因个人需求，不属于个人消费范畴。

那么，定制西服允许抵扣进项税额是否因为其属于劳保产品呢？要搞清这个问题，必须先搞清什么是劳保用品。劳保用品是指保护劳动者在生产过程中的人身安全与健康所必备的一种防御性装备。它分为特种劳动防护用品和一般劳动防护用品。企业统一购置工装并要求员工穿戴，是为了对员工进行劳动防护吗？当然，很多企业统一购买的工装，譬如工作服，确实出于劳动防护的需要。但是，更多的企业购买工装是为了统一企业形象、规范员工行为、提升企业凝聚力以及宣传企业文化等，而不是出于劳动防护的需求。所以，工装属于劳保用品这个命题本身就是错误的，扩大了劳保用品的定义。单纯将工装划归劳保用品，并以此作为允许抵扣进项税额的理由，属于对工装的错误认识。是否抵扣与是否为劳保用品无关，只与是否属于增值税不得抵扣的项目有关。

总之，企业统一购买并要求员工统一穿着的工作服，不属于“集体福利”，又不属于“个人消费”等其他不得抵扣的项目。企业购买的工作服，无论是出于管理宣传需要，还是劳动保护需要，都属于企业合理的支出，作为企业的一项“合理支出”，其对应的增值税进项税额进行抵扣自然天经地义。

26.

出差包车费用是否允许抵扣进项税额？

问：我公司因出公差人员较多，在汽车租赁公司包租了一台专车。请问，我公司支付租赁费后取得的专用发票是否允许抵扣？

答：交通运输业指使用运输工具将货物或者旅客送达目的地，使其空间位置得到转移的业务活动。它包括陆路运输服务、水路运输服务、航空运输服务和管道运输服务。陆路运输服务是指通过陆路（地上或者地下）运送货物或者旅客的运输业务活动，包括公路运输、缆车运输、索道运输及其他陆路运输。租车公司提供车辆及司机，属于提供陆路运输服务。运输服务包括旅客运输服务和货物运输服务。根据《财政部、国家税务总局关于全面推开营业税改征增值税试点的通知》（财税〔2016〕36号）的规定，购进的旅客运输服务的进项税额不能抵扣。你公司连人带车租赁车辆，属于购进旅客运输服务，而不是购进租赁服务，因此，即使汽车租赁公司开具了增值税专用发票，也不得抵扣进项税额。

27.

租入应税项目和免税项目共用的设备是否允许全额抵扣？

问：租入设备既用于应税项目又用于免税项目，租入设备的进项税额是否允许全额抵扣？

答：《财政部、国家税务总局关于租入固定资产进项税额抵扣等增值税政策的通知》（财税〔2017〕90号）第一条规定："自2018年1月1日起，纳税人租入固定资产、不动产，既用于一般计税方法计税项目，又用于简易计税方法计税项目、免征增值税项目、集体福利或者个人消费的，其进项税额准予从销项税额中全额抵扣。"该政策是对《财政部、国家税务总局关于全面推开营业税改征增值税试点的通知》（财税〔2016〕36号）相关规定的补充，根据财税〔2016〕36号文件附件1第二十七条和二十九条的规定，兼用于不同计税方法项目的进项税额可以全额抵扣的，只限于纳税人购进的固定资产、无形资产和不动产。而租入的固定资产和不动产，属于纳税人购买的"现代服务"中的"租赁服务"，兼用于不同计税方法计税项目或用途的购进"租赁服务"的进项税额是否可以全额抵扣，此前政策并未明确。而根据新规定，兼用的固定资产、不动产，无论是购入还是租入，进项税额都可全额抵扣。

28.

通行费电子发票是否可以抵扣？

问：我单位办理ETC并收到了通行费电子发票，如何进行抵扣？

答：通行费电子发票分为两种：一种是左上角标识"通行费"字样，且税率栏次显示适用税率或征收率的通行费电子发票，即征税发票；另一种是左上角无"通行费"字样，且税率栏次显示"不征税"的通行费电子发票，即不征税发票。《交通运输部、国家税务总局关于收费公路通行费增值税电子普通发票开具等有关事项的公告》（交通运输部、国家税务总局公告 2017 年第 66 号）规定，ETC 预付费客户可以自行选择在充值后索取发票或者实际发生通行费用后索取发票：在充值后索取发票的，在发票服务平台取得由 ETC 客户服务机构全额开具的不征税发票，实际发生通行费用后，ETC 客户服务机构和收费公路经营管理单位均不再向其开具发票；在充值后未索取不征税发票，在实际发生通行费用后索取发票的，通过经营性收费公路的部分，在发票服务平台取得由收费公路经营管理单位开具的征税发票；通过政府还贷性收费公路的部分，在发票服务平台取得暂由 ETC 客户服务机构开具的不征税发票。

增值税一般纳税人取得的不征税通行费电子发票不得抵扣，但取得的通行费电子发票的抵扣与增值税专用发票的认证抵扣政策一样，《交通运输部、国家税务总局关于收费公路通行费增值税电子普通发票开具等有关事项的公告》（交通运输部公告 2017 年第 66 号）规定，增值税一般纳税人取得符合规定的通行费电子发票后，应当自开具之日起 360 日内登录本省（区、市）增值税发票选择确认平台，查询、选择用于申报抵扣的通行费电子发票信息。同时，《财政部、国家税务总局关于租入固定资产进项税额抵扣等增值税政策的通知》（财税〔2017〕90 号）规定，纳税人支付的道路通行费，按照收费公路通行费增值税电子普通发票上注明的增值税额抵扣进项税额。

29.

产品质量罚款可以开具红字发票吗？

问：我公司销售汽车配件一套 10 万元，当时已给购买方开具了 17% 的增值税专用发票并已经抵扣，后期因产品质量的问题，对方扣款 1 万元。请问，我公司是否可以对产品质量罚款开具红字发票？

答：供货方支付给购货方的质量罚款，其实质为产品出现质量问题而发生的折让行为。《国家税务总局关于红字增值税发票开具有关问题的公告》（国家税务总局公告 2016 年第 47 号）规定，增值税一般纳税人开具增值税专用发票后发生销售折让，购买方取得专用发票已用于申报抵扣的，购买方可在增值税发票管理新系统填开并上传“开具红字增值税专用发票信息表”，在填开“开具红字增值税专用发票信息表”时不填写相对应的蓝字专用发票信息，应暂依“开具红字增值税专用发票信息表”所列增值税税额从当期进项税额中转出，待取得销售方开具的红字专用发票后，与“开具红字增值税专用发票信息表”一并作为记账凭证。主管税务机关通过网络接收纳税人上传的“开具红字增值税专用发票信息表”，系统自动校验通过后，生成带有“红字发票信息表编号”的“开具红字增值税专用发票信息表”，并将信息同步至纳税人端系统中。销售方凭税务机关系统校验通过的“开具红字增值税专用发票信息表”开具红字专用发票，在新系统中以销项负数开具。红字专用发票应与“开具红字增值税专用发票信息表”一一对应。因此，你公司向购货单位支付“罚款”，可按上述规定开具红字增值税专用发票。

30.

生产新能源汽车有什么税收优惠政策？

新能源汽车是指除汽油、柴油发动机之外所有其他能源汽车。它包括燃料电池汽车、混合动力汽车、氢能源动力汽车和太阳能汽车等。目前中国市场上在售的新能源汽车多是混合动力汽车和纯电动汽车。由于新能源汽车废气排放量比较低，为了节能降排，国家出台了相应优惠政策。新能源汽车税收优惠政策包括以下两大类：

一、针对购买者的税收优惠政策

（1）车辆购置税。《财政部、国家税务总局、工业和信息化部关于免征新能源汽车车辆购置税的公告》（财政部、国家税务总局、工业和信息化部公告 2014 年第 53 号）规定，自 2014 年 9 月 1 日至 2017 年 12 月 31 日，对购置的新能源汽车免征车辆购置税。免征车辆购置税的新能源汽车包括纯电动汽车、插电式（含增程式）混合动力汽车、燃料电池汽车（与财政扶持的口径一致）。国家税务总局等四部门联合发布的《关于免征新能源汽车车辆购置税的公告》（财政部公告 2017 年第 172 号）规定，自 2018 年 1 月 1 日至 2020 年 12 月 31 日，对购置的新能源汽车免征车辆购置税。对免征车辆购置税的新能源汽车，通过发布《免征车辆购置税的新能源汽车车型目录》（以下简称《目录》）实施管理。2017 年 12 月 31 日之前已列入《目录》的新能源汽车，对其免征车辆购置税政策继续有效。2018 年 1 月 1 日起列入《目录》的新能源汽车须同时符合以下条件：①获得许可在中国境内销售的纯电动汽车、插电式（含增程式）混合动力汽车、燃料电池汽车。②符合新能源汽车产品技术要求。③通过新能源汽车专项检测，达到新能源汽车产品专项检验标准。④新能源汽车生产企业或进口新能源汽车经销商在产品质量保证、产品一致性、售后服务、安全监测、动力电池回收利用等方面符合相关要求。

（2）车船税。《财政部、国家税务总局关于节约能源、使用新能源车船税优惠政策的通知》（财税〔2015〕51号）规定，对使用新能源车船，免征车船税。免征车船税的使用新能源汽车是指纯电动商用车、插电式（含增程式）混合动力汽车、燃料电池商用车。纯电动乘用车和燃料电池乘用车不属于车船税征税范围，对其不征车船税。不在征收范围的纯电动乘用车和燃料电池乘用车，可根据车辆"燃料种类"为"纯电动""燃料电池"，"排气量"为"空"或"0"以及"核定载客"为"9人（含）以下"等条件判断。免征车船税的使用新能源汽车（不含纯电动乘用车和燃料电池乘用车），应同时符合以下标准：①获得许可在中国境内销售的纯电动商用车、插电式（含增程式）混合动力汽车、燃料电池商用车；②纯电动续驶里程符合新能源汽车纯电动续驶里程及专项检验标准；③使用除铅酸电池以外的动力电池；④插电式混合动力乘用车综合燃料消耗量（不计电能消耗）与现行的常规燃料消耗量国家标准中对应目标值相比小于60%；插电式混合动力商用车（含轻型、重型商用车）燃料消耗量（不含电能转化的燃料消耗量）与现行的常规燃料消耗量国家标准中对应限值相比小于60%；⑤通过新能源汽车专项检测，符合新能源汽车纯电动续驶里程及专项检验标准。符合上述标准的使用新能源汽车，由财政部、国家税务总局、工业和信息化部不定期联合发布《享受车船税减免优惠的节约能源　使用新能源汽车车型目录》（以下简称《目录》）予以公告。列入《目录》的节约能源、使用新能源汽车，自《目录》公告之日起，按《目录》和优惠政策通知相关规定享受车船税减免优惠政策；《目录》公告后取得的节约能源、使用新能源汽车，属于第一批、第二批《节约能源使用新能源车辆减免车船税的车型目录》，但未列入《目录》的，不得享受相关优惠政策；《目录》公告前，已取得的列入第一批、第二批《节约能源使用新能源车辆减免车船税的车型目录》的节约能源、使用新能源汽车，不论是否转让，可继续享受车船税减免优惠政策。

（3）增值税。《营业税改征增值税试点有关事项的规定》（财税〔2013〕106号附件2）规定，增值税一般纳税人购进自用的应征消费税的摩托车、汽车、游艇，其进项税额可以抵扣。该文件自2013年8月1日起执行。

二、针对生产厂家的税收优惠政策

（1）消费税。根据“消费税税目税率表”，乘用车消费税税率按汽缸容量划分为7个档次，1%、3%、5%、9%、12%、25%、40%；中轻型商用客车税率为5%。可见，乘用车以汽缸容量为征税依据，不管是否属于新能源，有汽缸就征消费税，没汽缸就免征。电动汽车是用电机带动车轮，没有气缸，所以，电动汽车未纳入消费税征收范围，不征收消费税。

（2）增值税。《国家税务总局关于中央财政补贴增值税有关问题的公告》（国家税务总局公告2013年第3号）规定，“纳税人取得的中央财政补贴，不属于增值税应税收入，不征收增值税。”《财政部、科技部、工业和信息化部、发改委关于继续开展新能源汽车推广应用工作的通知》（财建〔2013〕551号）规定：“纳入中央财政补贴范围的新能源汽车车型应是符合要求的纯电动汽车、插电式混合动力汽车和燃料电池汽车。重点加大政府机关、公共机构、公交等领域新能源汽车推广力度。”因此，取得新能源汽车的中央财政补贴不征收增值税。

（3）企业所得税。《国家重点支持的高新技术领域》中第八节“高新技术改造传统产业”中，专列了“汽车行业相关技术”，包括汽车发动机零部件技术、汽车关键零部件技术、汽车电子技术、汽车零部件前端技术。这些技术与新能源汽车关联非常紧密，如果符合高新技术企业认定条件，就能享受企业所得税低税率优惠，按15%税率计缴企业所得税。

31.

向境外支付特许权使用费的涉税处理

问：境内单位或个人支付境外单位或个人的特许权使用费，除签订双边税收协定后享受税收协定待遇外，应当扣缴哪些税费？境内企业支付境外费用是否允许税前扣除？

答：特许权使用费是一个综合性的概念，是指权利人提供专利权、非专利技术、商标权、著作权以及其他特许权的使用而向非权利人收取的费用。

一、增值税及附加税费扣缴义务。特许权属于无形资产范畴，《财政部、国家税务总局关于全面推开营业税改征增值税试点的通知》（财税〔2016〕36号）规定，在境内销售无形资产（自然资源使用权除外），无形资产的销售方或者购买方只要有任何一方在境内，均应当缴纳增值税，但境外单位或者个人向境内单位或者个人销售完全在境外使用的无形资产除外。因此，境外单位或个人向境内单位或个人转让特许权并在境内使用，应当在我国境内缴纳增值税。转让特许权使用费应当按“销售无形资产”税目征收增值税，适用税率为6%。为便于源泉控管，境外单位或者个人在境内发生应税行为，在境内未设有经营机构的，以购买方为增值税扣缴义务人。扣缴义务人按照下列公式计算应扣缴税额：应扣缴税额＝购买方支付的价款 ÷（1+税率）× 税率。即支付境外单位或个人代扣增值税时，一律不考虑纳税人是否为小规模纳税人，直接按照适用税率计算代扣增值税。“购买方支付的价款”是指境外销售方收取的含增值税的价款。凡合同中直接明确“含增值税价款”的，可以直接适用以上公式计算代扣增值税税额。另外，对随增值税征收的城建税和教育费附加，支付方一并负有法定扣缴义务。

支付方为增值税一般纳税人的，其按规定扣缴的增值税可以作为增值税进项税额抵扣其销项税额。纳税人应当凭完税凭证抵扣进项税额，但应当具备书面合同、付款证明和境外单位的对账单或者发票。资料不全的，其进项税额不得从销项税额中抵扣。

二、企业所得税扣缴义务。根据《中华人民共和国企业所得税法》（以下简称《企业所得税法》）的规定，非居民企业在中国境内未设立机构、场所的，或者虽设立机构、场所但取得的所得与其所设机构、场所没有实际联系的，应当就其来源于中国境内的所得缴纳企业所得税。特许权使用费所得，按照负担、支付所得的企业或者机构、场所所在地确定来源地，或者按照负担、支付所得的个人的住所地确定来源地。所以，非居民企业向境内企业转让特许权取得的所得，属于从中国境内取得的所得，应当向我国缴纳企业所得税。

在应纳税所得额的确定上，特许权使用费所得，以收入全额为应纳税所得额。收入全额是指非居民企业向支付人收取的全部价款和价外费用。

根据《国家税务总局关于营业税改征增值税试点中非居民企业缴纳企业所得税有关问题的公告》（国家税务总局公告 2013 年第 9 号）的规定，在计算非居民企业企业所得税时，应以不含增值税的收入全额作为应纳税所得额。

在税率的确定上，非居民企业企业所得税的法定税率为 20%。但对非居民企业在中国境内未设立机构、场所的，或者虽设立机构、场所但取得的所得与其所设机构、场所没有实际联系的，应当就其来源于中国境内的所得，减按 10% 的税率征收企业所得税。

非居民企业取得特许权使用费应缴纳的企业所得税实行源泉扣缴，以支付人为扣缴义务人，由扣缴义务人在每次支付或者到期应支付时，从支付或到期应支付的款项中扣缴。中国境内企业和非居民企业签订特许权使用费所得有关的合同或协议，如果未按照合同或协议约定的日期支付所得款项，或者变更、修改合同，或者协议延期支付，但已计入企业当期成本、费用，并在企业所得税年度纳税申报中做税前扣除的，应在企业所得税年度纳税申报时按照企业所得税法有关规定代扣代缴企业所得税；如果企业到期未支付的所得款项，不是一次性计入当期成本、费用，而是计入相应资产原价或企业筹办费，在该类资产投入使用或开始生产经营后分期摊入成本、费用，分年度在企业所得税前扣除的，应在企业计入相关资产的年度代扣代缴企业所得税。

在实务中，境内单位支付境外单位或个人的特许权使用费价款是“裸价”，即合同约定税款均由境内单位或个人承担。相应地在计算代扣增值税以及企业所得税时要进行换算。举例：境内企业应支付境外企业的特许权使用费的税后价款为 100 万元，该价款既不包含增值税也不包含城建税、教育费附加以及企业所得税。由于增值税为价外税，城建税及教育费附加为价内税，需将不含所有税费的价款 100 万元还原成不含增值税的价款。假设不含增值税的价款为 X，那么 X-6%×（7%+3%）X-10%X=100，计算得出不含增值税的价款：X=100÷（1-10%-6%×10%）=111.86（万元），由此计算应当扣缴的企业所得税：111.86×10%=11.19（万元）；应当扣缴的增值税：111.86×6%=6.71（万元）；应当扣缴的城建税及教育费附加：6.71×（7%+3%）=0.67（万元）。境内企业应代扣代缴的税费合计：11.19+6.71+0.67=18.57（万元）

三、支付对象为外籍个人应当扣缴个人所得税。根据《中华人民共和国个人所得税法》(以下简称《个人所得税法》)以及《个人所得税法实施条例》的规定，在中国境内无住所又不居住或者无住所而在境内居住不满一年的个人，从中国境内取得的所得，应当缴纳个人所得税。许可各种特许权在中国境内使用而取得的所得，不论支付地点是否在中国境内，均为来源于中国境内的所得。因此，境外个人向境内单位或个人许可各种特许权取得的所得应当缴纳个人所得税。个人所得税以所得人为纳税义务人，以支付所得的单位或者个人为扣缴义务人。

特许权使用费所得，以一项特许权的一次许可使用所取得的收入为一次，定额或定率减除规定费用后的余额为应纳税所得额。如果该次转让取得的收入是分笔支付的，则应将各笔收入相加为一次的收入，计征个人所得税。每次收入不超过 4 000 元的，定额减除费用 800 元；每次收入在 4 000 以上的，定率减除 20% 的费用。根据《财政部、国家税务总局关于个人所得税若干政策问题的通知》(财税字〔1994〕20 号)的规定，对个人从事技术转让中所支付的中介费，若能提供有效的合法凭证，允许从所得中扣除。另外还应当包括转让特许权使用费缴纳的相关税费，但缴纳的增值税属于价外费用，应当以不含税收入作为个人所得税收入。提供特许权过程中发生的中介费和相关税费从收入中扣除之后，再扣除法定扣除标准。

四、境内企业支付特许权使用费的税前扣除。《企业所得税法》规定，企业实际发生的与取得收入有关的、合理的支出，包括成本、费用、税金、损失和其他支出，准予在计算应纳税所得额时扣除。但企业与其关联方之间的业务往来，不符合独立交易原则而减少企业或者其关联方应纳税收入或者所得额的，税务机关有权按照合理方法调整。根据《国家税务总局关于企业向境外关联方支付费用有关企业所得税问题的公告》(国家税务总局公告 2015 年第 16 号)的规定，企业使用境外关联方提供的无形资产需支付特许权使用费的，应当考虑关联各方对该无形资产价值创造的贡献程度，确定各自应当享有的经济利益。企业如需向境外关联方支付技术、品牌等无形资产特许权使用费，应当通过分析关联各方在该无形资产的开发、价值提升、维护、保护、应用和推广中履行的功能、投入的资产及承担的风险，判定关联各方对该无形资产价值创造的贡献程度，以确定各自应当享有的经济利益，并按照独立交易原则确定企业是否应当向境外关联方支付特许权使用费，应当支付多少特许权使用费。企业向仅拥有无形资产法律所有权而未对其价值创造做出贡献的关联方支付特许权使用费，不符合独立交易原则的，在计算企业应纳税所得额时不得扣除。

32.

汽车用于试验是否视同销售？

问：汽车生产企业将本企业自产汽车移送企业下设的汽车维修厂进行碰撞实验，是否属于将自产货物用于非应税项目？是否视同销售？

答：《增值税暂行条例实施细则》规定，单位或者个体工商户的下列行为，视同销售货物：①将货物交付其他单位或者个人代销；②销售代销货物；③设有两个以上机构并实行统一核算的纳税人，将货物从一个机构移送其他机构用于销售，但相关机构设在同一县（市）的除外；④将自产或者委托加工的货物用于非增值税应税项目；⑤将自产、委托加工的货物用于集体福利或者个人消费；⑥将自产、委托加工或者购进的货物作为投资，提供给其他单位或者个体工商户；⑦将自产、委托加工或者购进的货物分配给股东或者投资者；⑧将自产、委托加工或者购进的货物无偿赠送其他单位或者个人。所称非增值税应税项目，是指提供非增值税应税劳务、转让无形资产、销售不动产和不动产在建工程。全面实行营改增后，非增值税应税项目已不复存在。根据上述规定，企业将自产汽车用于本企业管理部门使用及碰撞试验，不属于上述视同销售货物的规定范围，不需要视同销售。

33.

自产自用小轿车如何纳税？

问：汽车公司将自己生产的小汽车作固定资产使用，自产自用小汽车是否缴纳增值税、消费税、车购税以及企业所得税是否视同销售处理？

答：一、增值税。是否作增值税销售处理，要看是否属于增值税视同销售行为。《增值税暂行条例实施细则》第四条规定："单位或者个体工商户的下列行为，视同销售货物：（一）将货物交付其他单位或者个人代销；（二）销售代销货物；（三）设有两个以上机构并实行统一核算的纳税人，将货物从一个机构移送其他机构用于销售，但相关机构设在同一县（市）的除外；

（四）将自产或者委托加工的货物用于非增值税应税项目;（五）将自产、委托加工的货物用于集体福利或者个人消费;（六）将自产、委托加工或者购进的货物作为投资，提供给其他单位或者个体工商户;（七）将自产、委托加工或者购进的货物分配给股东或者投资者;（八）将自产、委托加工或者购进的货物无偿赠送其他单位或者个人。”从增值税的原理来说，自产产品转为固定资产自用也不属于视同销售，分析如下：之所以规定视同销售，是因为增值税是“链条税”，某一环节允许抵扣进项税额了，那么为了保持链条的完整，也必须产生销项税额。从上述 8 条规定（尤其是后 5 条规定）来看，购进环节已经抵扣进项税额，如果不视同销售的话，该环节是不能产生销项税额的，因此税法规定，要视同销售产生销项税额，以保持增值税链条的完整。同时，自产的产品由库存商品转为固定资产的过程中，既没有发生增值也没有流转出企业，也不符合增值税的定义，因此自产产品转为自用的固定资产不属于视同销售，不需缴纳增值税。现行政策规定，增值税一般纳税人自用的应征消费税的摩托车、汽车、游艇，其进项税额准予从销项税额中抵扣。因此，生产小轿车购进货物等的进项税额允许抵扣。

二、消费税。《中华人民共和国消费税暂行条例实施细则》第六条规定，纳税人自产自用的应税消费品，用于连续生产应税消费品的，不纳税；用于其他方面的，于移送使用时纳税。用于连续生产应税消费品，是指纳税人将自产自用的应税消费品作为直接材料生产最终应税消费品，自产自用应税消费品构成最终应税消费品的实体。用于其他方面，是指纳税人将自产自用应税消费品用于生产非应税消费品、在建工程、管理部门、非生产机构、提供劳务、馈赠、赞助、集资、广告、样品、职工福利、奖励等方面。因此，汽车公司将自产小轿车作为自用应于移送使用时产生消费税纳税义务。在计税依据的确认上，根据《中华人民共和国消费税暂行条例》（以下简称《消费税暂行条例》）第七条的规定，纳税人自产自用的应税消费品，按照纳税人生产的同类消费品的销售价格计算纳税；没有同类消费品销售价格的，按照组成计税价格计算纳税。组成计税价格 =（成本 + 利润）÷（1– 比例税率）。

三、车辆购置税。《中华人民共和国车辆购置税暂行条例》第一条、第二条规定，在中华人民共和国境内购置本条例规定的车辆的单位和个人，为车辆购置税的纳税人，应当缴纳车辆购置税。所称购置，包括购买、进口、自产、受赠、获奖或者以其他方式取得并自用应税车辆的行为。因此，企业自产自用的小轿车应当在移送使用环节缴纳车辆购置税。在计税依据的确定上，纳税人自产并自用的应税车辆的计税价格，由主管税务机关参照国家税务总局规定的最低计税价格核定。

四、企业所得税。视同销售的行为，在判定企业所得税时，关键要看产品的所有权是否转移。《国家税务总局关于企业处置资产所得税处理问题的通知》（国税函〔2008〕828 号）规定："企业发生下列情形的处置资产，除将资产转移至境外以外，由于资产所有权属在形式和实质上均不发生改变，可作为内部处置资产，不视同销售确认收入，相关资产的计税基础延续计算。（一）将资产用于生产、制造、加工另一产品；（二）改变资产形状、结构或性能；（三）改变资产用途（如自建商品房转为自用或经营）；（四）将资产在总机构及其分支机构之间转移；（五）上述两种或两种以上情形的混合；（六）其他不改变资产所有权属的用途。"因此，自产小轿车转为自用固定资产属于国税函〔2008〕828 号文件规定的内部处置资产情形，申报企业所得税时也不需要作视同销售处理。

第二章

消费税问答

1.

小汽车的消费税税率是多少？

答：《消费税暂行条例》规定，小汽车中的乘用车区分不同气缸容量分别适用不同消费税税率：①气缸容量（排气量，下同）在 1.0 升以下（含 1.0 升）的为 1%；②气缸容量在 1.0 升以上至 1.5 升（含 1.5 升）的为 3%；③气缸容量在 1.5 升以上至 2.0 升（含 2.0 升）的为 5%；④气缸容量在 2.0 升以上至 2.5 升（含 2.5 升）的为 9%；⑤气缸容量在 2.5 升以上至 3.0 升（含 3.0 升）的为 12%；⑥气缸容量在 3.0 升以上至 4.0 升（含 4.0 升）的为 25%；⑦气缸容量在 4.0 升以上的为 40%。小汽车中的中轻型商用客车消费税税率为 5%。另《财政部、国家税务总局关于对超豪华小汽车加征消费税有关事项的通知》(财税〔2016〕129 号）规定，自 2016 年 12 月 1 日起，对每辆零售价 130 万元（不含增值税）及以上的乘用车和中轻型商用客车，在生产（进口）环节按现行税率征收消费税基础上，在零售环节加征 10% 的消费税。纳税人为零售企业，由零售企业在零售环节申报缴纳。国内汽车生产企业直接销售给消费者的超豪华小汽车，消费税税率按照生产环节税率和零售环节税率加总计算。消费税应纳税额计算公式如下：应纳税额 = 销售额 ×（生产环节税率 + 零售环节税率）。

2.

纳税人生产销售两种税率以上的小轿车，未分别核算，如何缴纳消费税？

答：纳税人生产销售两种税率以上的小轿车，应当分别核算不同税率应税消费品的销售额、销售数量；未分别核算销售额、销售数量销售的，从高适用税率。

3.

自产自用小轿车是否缴纳消费税？

答：纳税人自产自用的应税消费品，用于连续生产应税消费品的，不纳税；用于其他方面的，于移送使用时纳税。所称纳税人自产自用的应税消费品，是指依照规定于移送使用时纳税的应税消费品。所称用于连续生产应税消费品，是指纳税人将自产自用的应税消费品作为直接材料生产最终应税消费品，自产自用应税消费品构成最终应税消费品的实体。所称用于其他方面，是指纳税人将自产自用应税消费品用于生产非应税消费品、在建工程、管理部门、非生产机构、提供劳务、馈赠、赞助、集资、广告、样品、职工福利、奖励等方面。

4.

自产自用小轿车如何确定销售价格？

答：纳税人自产自用的应税消费品，按照纳税人生产的同类消费品的销售价格计算纳税；没有同类消费品销售价格的，按照组成计税价格计算纳税。实行从价定率办法计算纳税的组成计税价格计算公式：组成计税价格 =（成本 + 利润）÷（1– 比例税率）。所称同类消费品的销售价格，是指纳税人当月销售的同类消费品的销售价格，如果当月同类消费品各期销售价格高低不同，应按销售数量加权平均计算。但销售的应税消费品有下列情况之一的，不得列入加权平均计算：①销售价格明显偏低并无正当理由的；②无销售价格的。如果当月无销售或者当月未完结，应按照同类消费品上月或者最近月份的销售价格计算纳税。

5.

销售小轿车收取的价外费用是否计入消费税计税依据？

答：消费税计税依据为纳税人销售应税消费品向购买方收取的全部价款和价外费用（不包括应向购货方收取的增值税税款）。价外费用是指价外向购买方收取的手续费、补贴、基金、集资费、返还利润、奖励费、违约金、滞纳金、延期付款利息、赔偿金、代收款项、代垫款项、包装费、包装物租金、储备费、优质费、运输装卸费以及其他各种性质的价外收费。但下列项目不包括在内：

（1）同时符合以下条件的代垫运输费用：①承运部门的运输费用发票开具给购买方的；②纳税人将该项发票转交给购买方的。

（2）同时符合以下条件代为收取的政府性基金或者行政事业性收费：

①由国务院或者财政部批准设立的政府性基金，由国务院或者省级人民政府及其财政、价格主管部门批准设立的行政事业性收费；②收取时开具省级以上财政部门印制的财政票据；③所收款项全额上缴财政。

6.

进口小轿车如何确认消费税计税价格?

答：进口的应税消费品，按照组成计税价格计算纳税金额。实行从价定率办法计算纳税的组成计税价格计算公式如下：组成计税价格 =（关税完税价格 + 关税）÷（1– 消费税比例税率）；实行复合计税办法计算纳税的组成计税价格计算公式如下：组成计税价格 =（关税完税价格 + 关税 + 进口数量 × 消费税定额税率）÷（1– 消费税比例税率）。进口的应税消费品的消费税由海关代征，应当向报关地海关申报纳税。

7.

消费税的纳税义务发生时间如何确定?

答：（1）纳税人销售应税消费品的，按不同的销售结算方式分别确定纳税义务发生时间：①采取赊销和分期收款结算方式的，为书面合同约定的收款日期的当天，书面合同没有约定收款日期或者无书面合同的，为发出应税消费品的当天；②采取预收货款结算方式的，为发出应税消费品的当天；③采取托收承付和委托银行收款方式的，为发出应税消费品并办妥托收手续的当天；④采取其他结算方式的，为收讫销售款或取得索取销售款凭据当天。

（2）纳税人自产自用应税消费品的，为移送使用的当天。

（3）纳税人委托加工应税消费品的，为纳税人提货的当天。

（4）纳税人进口应税消费品的，为报关进口的当天。

8.

销售小轿车如何确定消费税纳税地点?

答：纳税人销售的应税消费品，以及自产自用的应税消费品，除国务院财政、税务主管部门另有规定外，应当向纳税人机构所在地的主管税务机关申报纳税。进口的应税消费品，由进口人或者其代理人向报关地海关申报纳税。

9.

总机构与分支机构不在同一县市，是否可以汇总缴纳消费税?

答：纳税人的总机构与分支机构不在同一县（市）的，应当分别向各自机构所在地的主管税务机关申报纳税；经财政部、国家税务总局或者其授权的财政、税务机关批准，可以由总机构汇总向总机构所在地的主管税务机关申报纳税。

10.

跨地区销售小轿车如何确定消费税纳税地点?

答：纳税人到外县（市）销售或者委托外县（市）代销自产应税消费品的，于应税消费品销售后，向机构所在地主管税务机关申报纳税。

第三章 企业所得税问答

1.

预收房屋租金如何进行财税处理?

问：企业预收房屋租金如何进行会计处理？预收房屋租金如何确认增值税、房产税、印花税纳税义务发生时间？如何确认企业所得税应税收入？

答：一、预收房屋租金的会计处理。会计核算应当遵循权责发生制，所谓权责发生制，是指会计核算中确定本期收益和费用的方法。即凡属本期的收入，不论款项是否收到，均作为本期收入处理；不属本期的收入，即使本期收到的款项也只作为预收款项处理，而不作为本期收入。凡属本期的费用，不论款项是否支出，均作为本期费用处理；不属本期的费用，即使在本期支出，也不能列入本期费用。经营性租赁出租的房屋适用《企业会计准则第 3 号——投资性房地产》，但投资性房地产的租金收入仍适用《企业会计准则第 21 号——租赁》。根据《企业会计准则第 21 号——租赁》，出租企业应当在租赁期内各个期间按照直线法确认为当期损益；假若适合本企业的其他方法更为系统、合理，也可以采用其他方法。对于出租人提供免租期的，出租人应当将租金总额在不扣除免租期的整个租赁期内，按直线法或其他合理的方法进行分配，即免租期内出租人应当确认租金收入。

另外，出租房屋的后续计量分为成本模式和公允价值模式。采用成本模式计量的房屋，出租人应当采用类似房屋的折旧政策计提折旧。但对有确凿证据表明投资性房地产的公允价值能够持续可靠取得的，可以对投资性房地产采用公允价值模式进行后续计量。采用公允价值模式计量的，不对投资性房地产计提折旧，应当以资产负债表日投资性房地产的公允价值为基础调整其账面价值，公允价值与原账面价值之间的差额计入当期损益。

二、预收房屋租金发生增值税纳税义务。增值税一般为销售服务并取得收入款项或取得索取收入款项的当天发生纳税义务，但提前收取房租属于特定情形。《财政部、国家税务总局关于全面推开营业税改征增值税试点的通知》（财税〔2016〕36 号）附件 1《营业税改征增值税试点实施办法》第四十五条第（二）项规定，纳税人提供租赁服务采取预收款方式的，其增值税纳税义务发生时间为收到预收款的当天。基于此规定，纳税人在收取预收租金，也就是预收账款的当天就发生了增值税的纳税义务时间。《纳税人提供不动产经营租赁服务增值税征收管理暂行办法》（国家税务总局公告2016年第16号）第三条第（一）项规定："一般纳税人出租其2016年4月30日前取得的不动产，可以选择适用简易计税方法，按照5%的征收率计算应纳税额。不动产所在地与机构所在地在同一县（市、区）的，纳税人应向机构所在地主管国税机关申报纳税。"根据以上规定，企业一次性收取的租金收入属预收款性质，应按规定在收到预收款的当天确认纳税义务发生，而并非是以财务会计制度确认收入时确认纳税义务的发生。

注意：免租期不视同销售。《国家税务总局关于土地价款扣除时间等增值税征管问题的公告》（国家税务总局公告2016年第86号）规定，纳税人出租不动产，租赁合同中约定免租期的，不属于视同销售服务。

三、预收房屋租金发生房产税纳税义务。《中华人民共和国房产税暂行条例》第三条规定："房产出租的，以房产租金收入为房产税的计税依据。"第七条规定："房产税按年征收、分期缴纳。纳税期限由省、自治区、直辖市人民政政府规定。"《国家税务总局关于房产税城镇土地使用税有关政策规定的通知》（国税发〔2003〕89号）第二条第（三）项规定："纳税人出租、出借房产，自交付出租、出借房产之次月起计征房产税。"基于以上规定，房产税按年征收、分期缴纳，这一规定适用于依照房产原值计算缴纳房产税的纳税人。纳税人出租房产的，应以实际收取的租金收入作为房产税计税依据，出租人提前收取房屋租金，房产税的纳税义务发生时间为收到款项的当天，计税依据为全部房租收入（含预收）。预收的房租，不可分期申报缴纳房产税。另外应当注意房产税的计税依据。《财政部、国家税务总局关于营改增后契税、房产税、土地增值税、个人所得税计税依据问题的通知》（财税〔2016〕43号）第二条规定："房产出租的，计征房产税的租金收入不含增值税。"因此，从租计征房产税时，必须将出租房产租金中的增值税进行扣除。

另外需注意的是免租期缴纳房产税的问题。《财政部、国家税务总局关于安置残疾人就业单位城镇土地使用税等政策的通知》（财税〔2010〕121号）第二条规定，对出租房产，租赁双方签订的租赁合同约定有免收租金期限的，免收租金期间产权所有人按照房产原值缴纳房产税。因此，企业在免租期内应当正常按照从价方式计算缴纳房产税。但笔者认为该规定欠妥：免租期并非是真正意义上的免租，而是从以后收取的租金中得到补偿。

所以，参照国家税务总局公告2016年第86号的规定，笔者认为免租期不应当缴纳房产税。

四、房屋租金应当按照租赁协议标的金额一次性缴纳印花税。印花税属于行为税，与会计收入确认以及增值税应税收入的确认没有关系。《中华人民共和国印花税暂行条例》第七条规定，应纳税凭证应当于书立或者领受时贴花。《中华人民共和国印花税暂行条例施行细则》第十四条规定，印花税暂行条例第七条所说的书立或者领受时贴花，是指在合同签订时、书据立据时、账簿的启用时和证照的领受时贴花。因此，根据上述规定，出租方和承租方应当在签订租赁协议时，分别按租赁协议标的金额一次性缴纳印花税。

五、预收房屋租金收入确认与企业所得税的差异。《企业所得税法实施条例》第九条规定，企业应纳税所得额的计算，以权责发生制为原则，属于当期的收入和费用，不论款项是否收付，均作为当期的收入和费用；不属于当期的收入和费用，即使款项已经在当期收付，均不作为当期的收入和费用。根据这条规定，确认企业所得税应税收入的基本原则为权责发生制。即只要是当期的收入，不论款项是否收到都要作当期收入；不属于当期收入的，即使收到款项，也不作为当期收入。但是《中华人民共和国企业所得税法实施细则》第十九条又规定，租金收入，按照合同约定的承租人应付租金的日期确认收入的实现。根据第十九条的规定，企业预收的租金收入，要按照收付实现制的原则确认收入。

针对上述问题，《国家税务总局关于贯彻落实企业所得税法若干税收问题的通知》（国税函〔2010〕79号）第一条对租金收入的确认做了更加明确的规定，如果交易合同或协议中规定租赁期限跨年度且租金提前一次性支付的，根据《企业所得税法实施条例》第九条规定的收入与费用配比原则，出租人“可”对上述已确认的收入，在租赁期内分期均匀计入相关年度收入。

也就是说，在应纳税所得额的时间确认上有两种处理方法：一是按照收付实现制的原则确认收入，即出租方按照交易合同或者协议规定的承租人应付租金的日期确认收入。此项规定适用于出租方与承租方虽然签订了跨年度租赁合同，但是合同约定租金不是提前一次性支付的，而是分期支付或者在租赁期满后一次性支付租金的情形。二是按照权责发生制原则确认收入，即出租方对提前一次性收取的租金，可以在合同规定的租赁期内，按照收入与费用配比的原则，分期均匀计入相关年度。因此，租赁期限跨年度的租金可以分期均匀计入相关年度收入的条件有两个：一是交易合同或协议中规定租赁期限跨年度；二是租金提前一次性支付。两个条件均符合的，可根据收入与费用配比原则，出租人对已收取的租金收入，在租赁期内，分期均匀计入相关年度收入，分期纳税。这与会计收入确认保持了一致性。应当注意的是：国税函〔2010〕79号文件有关租金收入确认的规定，是对《企业所得税法实施条例》第十九条第二款规定的补充，不存在与《企业所得税法实施条例》第十九条第二款相矛盾的问题。国税函〔2010〕79号文件对交易合同或协议中规定租赁期限跨年度，且提前一次性支付的租金收入，规定可分期均匀计入相关年度收入，这里用了一个“可”字，表示税法给出租人在确定租金收入年度时充分的自由选择权，出租人既可选择分期均匀计入相关年度收入，也可以按照交易合同或协议中规定日期确认租金收入年度。交易合同或协议中规定租赁期限跨年度，但只是提前收取了部分租金或是租赁期满及之后一次性收取租金的，出租人没有确认租金收入年度的自由选择权，不能分期确认收入年度，只能按《企业所得税法实施条例》第十九条第二款的规定，按交易合同或协议规定的承租人应付租金的日期确认收入的实现。

另外，在房屋折旧费用的税前扣除上，不论会计上适用成本模式还是公允价值模式，均应当按照房屋的折旧政策计提折旧并允许税前扣除。企业按照公允价值模式所确认的公允价值与原账面价值之间的差额计入当期损益的部分，调增或调减应纳税所得额。

2.

企业权益性投资收益如何进行企业所得税处理?

问：投资企业取得的权益性投资收益以及持有期间被投资企业的亏损应当如何进行企业所得税处理?

答：所谓权益性投资，是指企业为获取其他企业的权益或净资产所进行的投资。如对其他企业的普通股股票投资、为获取其他企业股权的联营投资等，均属权益性投资。企业进行这种投资是为取得对另一企业的控制权，或实施对另一个企业的重大影响。一般来说股权投资通常获得两种收益：一种是投资人在持股期间从被投资企业分得的股息、红利(也称“持有收益”)；另一种是投资人最终转让或处置股权时所获得的一次性股权收益(也称“处置收益”)。我国税法上把前者称为股权投资所得，后者称为股权转让收益。权益性投资收益在进行企业所得税处理时区分以下情况。

一、持有收益的企业所得税处理。权益性投资收益是指企业因权益性投资从被投资方取得的税后利润分配收入。

（1）符合条件的股息、红利等权益性投资收益属于免税收入。对居民企业之间的股息、红利收入免征企业所得税，是国际上消除法律性双重征税的通行做法。因为股息、红利是税后利润分配形成的，即其已经在被投资企业缴纳了企业所得税。为了体现税收效率和中性原则，避免重复征税，《企业所得税法》规定，符合条件的居民企业之间的股息、红利等权益性投资收益为免税收入。所称符合条件的居民企业之间的股息、红利等权益性投资收益，是指居民企业直接投资于其他居民企业取得的投资收益。所谓居民企业，是指依法在中国境内成立，或者依照外国（地区）法律成立但实际管理机构在中国境内的企业。依法在中国境内成立的企业，包括依照中国法律、行政法规在中国境内成立的企业、事业单位、社会团体以及其他取得收入的组织。直接投资是指投资者直接投入投资项目。通过直接投资，投资者便可以拥有全部或一定数量的企业资产及经营的所有权，直接进行或参与投资的经营管理。连续持有居民企业公开发行并上市流通的股票在一年（12个月）以上取得的投资收益。鉴于以股票方式取得且连续持有时间较短（短于12个月）的投资，并不以股息、红利收入为主要目的，主要是从二级市场获得股票转让收益，而且买卖和变动频繁，税收管理难度大。因此，《企业所得税法》将持有上市公司股票的时间短于12个月的股息红利收入排除在免税范围之外。所以，居民企业之间的股息、红利等权益性投资收益作为免税收入必须同时符合以下三个条件：一是必须是居民企业之间的权益性投资，不包括居民企业投资到合伙企业、非居民企业取得的股息、红利；二是必须是直接投资，不包括间接投资；三是如果是持有居民企业公开发行并上市流通的股票，必须是连续持有12个月以上取得的投资收益。不符合条件的股息、红利等权益性投资收益，即使是税后分配，仍然计入投资人收入总额计算缴纳企业所得税。

（2）符合免税条件的股息红利权益性投资收益不再参与弥补亏损。根据原规定，投资方企业从联营企业分回的税后利润按规定应补缴所得税的，如果投资方企业发生亏损，其分回的利润可先用于弥补亏损，弥补亏损后仍有余额的，再按规定补缴企业所得税。《企业所得税法实施条例》第十条规定，《企业所得税法》第五条所称亏损，是指企业依照《企业所得税法》和该条例的规定将每一纳税年度的收入总额减除不征税收入、免税收入和各项扣除后小于零的数额。因为符合条件的居民企业之间的股息、红利等权益性投资收益收入为免税收入，所以符合免税条件的股息、红利等权益性投资收益不再参与弥补亏损，并且在预缴企业所得税时，应当按照月度或者季度的实际利润额。实际利润是在企业按照会计制度核算的利润总额的基础上，加上特定业务计算的应纳税所得额，减去不征税收入、免税收入、减征或免征应纳税所得额以及弥补以前年度亏损后的余额，它也是企业所得税预缴的计税依据。所以，分回的符合条件的权益性投资收益不用弥补当期亏损。

（3）股利、红利等权益性投资收益不再补税率差。原《国家税务总局关于企业股权投资业务若干所得税问题的通知》（国税发〔2000〕118号）规定，企业的股权投资所得是指企业通过股权投资从被投资企业所得税后累计未分配利润和累计盈余公积金中分配取得股息性质的投资收益。凡投资方企业适用的所得税税率高于被投资企业适用的所得税税率的，除国家税收法规规定的定期减税、免税优惠以外，其取得的投资所得应按规定还原为税前收益后，并入投资企业的应纳税所得额，依法补缴企业所得税。依据《国家税务总局关于公布全文失效废止部分条款失效废止的税收规范性文件目录的公告》（国家税务总局公告2011年第2号），国税发〔2000〕118号文件已自动失效。在现行企业所得税法中，企业投资于西部大开发、高新技术企业和小型微利企业等实行低税率的企业，不符合免税条件的股利、红利所得，应当全额作为应纳税收入不再补税率差，但属于免税收入的，也不用补缴税率差额部分的企业所得税。

（4）股利、红利等权益性投资收益确认时间。《企业所得税法实施条例》第十七条规定，股息、红利等权益性投资收益，除国务院财政、税务主管部门另有规定外，按照被投资方做出利润分配决定的日期确认收入的实现。另据《国家税务总局关于贯彻落实企业所得税法若干税收问题的通知》（国税函〔2010〕79号）的规定，企业权益性投资取得股息、红利等收入，应以被投资企业股东会或股东大会做出利润分配或转股决定的日期，确定收入的实现。被投资企业将股权（票）溢价所形成的资本公积转为股本的，不作为投资方企业的股息、红利收入，投资方企业也不得增加该项长期投资的计税基础。取消了国税发〔2000〕118 号文件以被投资企业会计账务上实际做利润分配处理（包括以盈余公积和未分配利润转增资本）时，作为投资方企业应确认投资所得的实现的规定。

（5）符合条件的股息、红利等权益性投资收益免税收入应当向主管税务机关报备。符合条件的居民企业之间的股息、红利等权益性投资收益符合免税收入条件，虽然不需要行政审批，但纳税人须在企业所得税年度汇算清缴申报前，将相关资料报主管税务部门备案。办理备案时一般要求提交下列资料："企业所得税优惠项目备案登记表"；投资合同或协议书；连续持有上市股票 12 个月以上的证明材料；被投资企业做出利润分配决定的董事会决议、公告等利润分配相关证明材料；申请免税的收入明细；主管税务机关要求报送的其他资料。

二、持有期间被投资企业亏损的处理。《国家税务总局关于企业股权投资损失所得税处理问题的公告》（国家税务总局公告 2010 年第 6 号）规定，企业对外进行股权投资所发生的损失，在经确认的损失发生年度，作为企业损失在计算企业应纳税所得额时一次性扣除。值得注意的是，《国家税务总局关于企业所得税若干问题的公告》（国家税务总局公告 2011 年第 34 号）规定，被投资企业发生的经营亏损，由被投资企业按规定结转弥补；投资企业不得调整减低其投资成本，也不得将其确认为投资损失。投资期间被投资企业发生严重亏损的情况下，企业所得税是否允许税前扣除？投资期间被投资企业发生的亏损是否确认投资损失应当视适用的会计处理方法。长期股权投资的后续计量方法有两种：一是成本法；二是权益法。成本法适用范围包括：①企业能够对被投资单位实施控制的长期股权投资；②企业对被投资单位不具有控制、共同控制或重大影响，且在活跃市场没有报价、公允价值不能可靠计量的长期股权投资。而权益法适用的范围包括：①共同控制；②重大影响。成本法注重的是初始投资成本，在投资期间，不论被投资企业发生的亏损还是盈利，投资企业一般不做账务调整，只有在被投资企业分配股息、红利时确认投资收益。而权益法核算根据被投资企业的所有者权益的变动而变动：只要被投资企业的所有者权益变动了，投资企业也随之进行调整。所以，投资期间，被投资企业发生亏损，如果投资企业适用成本法核算的，投资企业不用做账务处理；而如果适用权益法核算，投资企业确认被投资企业发生的净亏损，以股权投资账面价值减记至零为限，如果是超额亏损的，还应依次冲减长期应收款和确认预计负债，待实现净利润后反方向冲回各个科目的金额。比如，被投资单位发生净亏损1 000万元，按照持股比例25%确认应该享有的份额，会计处理为借记“投资收益”，贷记“长期股权投资——损益调整”，长期股权投资账面价值减到零后，借记“投资收益”，贷记“长期应收款”，如果按照投资协议规定需要承担额外义务的，需要确认预计负债，借记“投资收益”，贷记“预计负债”。由此可见，在权益法核算下，投资期间发生的损失并非是通过“营业外支出”科目，而是通过“投资收益”科目。“投资收益”属于损益类科目，组成利润要素，直接影响投资企业的会计利润。

但在企业所得税的处理上，企业投资期间被投资企业发生的亏损是否允许税前扣除，应当区分不同情况。《财政部、国家税务总局关于企业资产损失税前扣除政策的通知》(财税〔2009〕57号)规定，企业持有股权投资期间，符合所规定的五项条件之一时，减除可收回金额后确认的无法收回的股权投资，可以作为股权投资损失在计算应纳税所得额时扣除。五项条件分别为：①被投资方已依法宣告破产、撤销、关闭或被注销、吊销工商营业执照；②被投资方财务状况严重恶化，累计发生巨额亏损，已连续停止经营三年以上，且无重新恢复经营的改组计划等；③被投资方财务状况严重恶化，累计发生巨额亏损的情况。如清算期超过三年以上，即使未完成清算，也可确认为资产损失；④对被投资方不具有控制权，投资期限届满或者投资期限已超过10年，且被投资单位因连续三年经营亏损导致资不抵债的；⑤国务院财政、税务主管部门规定的其他条件。也就是说，投资企业在投资期间，只有符合上述五个条件之一的情况下，其投资期间发生的损失才允许企业所得税前扣除，否则即便是会计上已确认投资损失，但企业所得税上不允许税前扣除。《企业资产损失所得税税前扣除管理办法》(国家税务总局公告2011年第25号)第四十一条明确规定，企业股权投资损失应依据以下相关证据材料确认：①股权投资计税基础证明材料；②被投资企业破产公告、破产清偿文件；③工商行政管理部门注销、吊销被投资单位营业执照文件；④政府有关部门对被投资单位的行政处理决定文件；

⑤被投资企业终止经营、停止交易的法律或其他证明文件；⑥被投资企业资产处置方案、成交及入账材料；⑦企业法定代表人、主要负责人和财务负责人签章证实有关投资（权益）性损失的书面申明；⑧会计核算资料等其他相关证据材料。该办法四十六条规定，下列股权和债权不得作为损失在税前扣除：①债务人或者担保人有经济偿还能力，未按期偿还的企业债权；②违反法律、法规的规定，以各种形式、借口逃废或悬空的企业债权；③行政干预逃废或悬空的企业债权；④企业未向债务人和担保人追偿的债权；⑤企业发生非经营活动的债权；⑥其他不应当核销的企业债权和股权。

三、权益性投资处置收益的企业所得税处理。虽然股权的“持有收益”与“处置收益”界限很清楚，但实际上是存在交叉的，这体现在股权“处置收益”中很可能包含着一部分股息性质的所得。

（1）股权转让收入不得扣除被投资企业留存收益中所可能分配的金额。《国家税务总局关于贯彻落实企业所得税法若干税收问题的通知》（国税函〔2010〕79号）规定，企业转让股权收入，应于转让协议生效且完成股权变更手续时，确认收入的实现。转让股权收入扣除为取得该股权所发生的成本后，为股权转让所得。企业在计算股权转让所得时，不得扣除被投资企业未分配利润等股东留存收益中按该项股权所可能分配的金额。也就是说，在股权转让中，没有实际分配的留存收益不能作为免税收入予以扣除。例如，A公司持有M公司100%的股权，初始投资成本为100万元，M公司的留存收益（包含未分配利润和盈余公积）为150万元，2016年A公司将M公司的100%股权作价300万元转让给了B公司，则股权转让所得为：300–100=200（万元）。

（2）清算与撤、减资允许扣除被投资企业留存收益中所可能分配的金额。《国家税务总局关于企业所得税若干问题的公告》（国家税务总局公告2011年第34号）规定，投资企业从被投资企业撤回或减少投资，其取得的资产中，相当于初始出资的部分，应确认为投资收回；相当于被投资企业累计未分配利润和累计盈余公积按减少实收资本比例计算的部分，应确认为股息所得；其余部分确认为投资资产转让所得。也就是说，对于企业撤资或收回投资的情形，被投资企业累计留存收益视同其已经分配，按其减少实收资本的比例确认为股息所得。相应按比例确认的股息所得，可以作为免税收入从撤资所得的收入中予以扣除，不计算企业所得税。例如，A

公司 2014 年以 1 000 万元注册 M 公司，占 M 公司 30% 的股份，2016 年 1 月经股东会决议，同意 A 公司抽回其投资，A 公司分得现金 2 500 万元。截至 2015 年年底，M 公司共有未分配利润和盈余公积 3 000 万元，按照 A 公司注册资本比例计算，A 公司应该享有 900 万元。则 A 公司股权撤资所得 =2 500–1 000–900=600（万元）。

为什么股权转让所得中所包含的股息所得不能从转让所得中扣除？在股权转让的情形下，接受股权转让方作为新股东在被投资企业分配利润时，取得该部分留存收益，作为股息所得是可以享受免税优惠的。如果股权转让方在股权转让时确认股息所得，享受免税优惠，受让股权人分配时再次确认为企业所得税免税收入，就会重复享受税收优惠。因为企业权益性投资取得股息、红利等收入，应以被投资企业股东会或股东大会做出利润分配或转股决定的日期，确定收入的实现。所以，《企业所得税法》规定在转让环节不确认股息所得。当然，被投资企业可以选择股权转让之前先行分配给股权持有人，享有免税待遇（特别是法人股转给自然人股，务必“先分后转”）。如果被投资企业不分配，这些保留盈余就会导致股权转让价格增高，这样就使股息性所得转化为全额征税的股权转让所得，即“处置收益”中含有的“持有收益”不属于免税范围，股息未分之前转让股权，相应加大受让股权人的计税投资成本，允许以后再处置时进行税前扣除。

（3）股权投资入股的企业所得税处理。非货币性资产是指现金、银行存款、应收账款、应收票据以及准备持有至到期的债券投资等货币性资产以外的资产。由此可见，股权属于非货币性资产范畴，以股权投资入股属于股权转让范畴。《财政部、国家税务总局关于非货币性资产投资企业所得税政策问题的通知》（财税〔2014〕116 号）规定，企业以非货币性资产对外投资，应对非货币性资产进行评估并按评估后的公允价值扣除计税基础后的余额，计算确认非货币性资产转让所得。财税〔2014〕116 号文件同时规定，企业发生非货币性资产投资，符合《财政部、国家税务总局关于企业重组业务企业所得税处理若干问题的通知》（财税〔2009〕59 号）等文件规定的特殊性税务处理条件的，也可选择按特殊性税务处理规定执行。以股权投资入股，接受投资方属于收购股权。根据财税〔2009〕59 号相关文件的规定，股权收购同时符合下列条件的，适用特殊性税务处理规定：①股权收购具有合理的商业目的，且不以减少、免除或者推迟缴纳税款为主要目的。②收购企业购买的股权不低于被收购企业全部股权的50%。③企业收购后的连续12个月内不改变原来的实质性经营活动。④收购企业在该股权收购发生时的股权支付金额不低于其交易支付总额的85%。⑤企业收购中取得股权支付的原主要股东，在重组后连续12个月内，不得转让所取得的股权。以股权投资入股不符合特殊性税务处理条件的，取得的股权转让所得可以在不超过5年期限内，分期均匀计入相应年度的应纳税所得额，按规定计算缴纳企业所得税。

3.

企业所得税权责发生制的例外情形有哪些?

问：权责发生制是确定企业所得税应纳税所得的原则。但在特定情形下，企业所得税收入与成本的确认并不完全按照权责发生制。请问，企业所得税权责发生制的例外情形都包括哪些?

答：企业会计核算应遵循权责发生制。所谓权责发生制假设，是指凡是当期已经实现的收入和已经发生或应当负担的费用，不论款项是否收付，都应当作为当期的收入和费用；凡是不属于当期的收入和费用，即使款项已经当期收付，也不应该作为当期的收入和费用。虽然我国税制采取以权责发生制为主，但从纳税必要资金、横向配比等方面的考量，企业所得税在特殊情况下需要实施收付实现制。也就是说，不执行权责发生制原则的税收事项，须有明文规定，否则按权责发生制原则处理。本文对企业所得税法不执行企业会计制度权责发生制的主要情形分析如下。

一、收入类不执行企业会计制度权责发生制的情形

（1）股息、红利等权益性投资收益的确认。会计上，企业权益性投资应在每年年末，按有关规定（区分成本法和权益法），计算应享有（或分担）的被投资单位当年实现的净利润（或亏损）的份额，确认投资收益（或损失），并相应调整投资的账面价值。但在税法上，《国家税务总局关于贯彻落实企业所得税法若干税收问题的通知》（国税函〔2010〕79号）第四条规定："企业权益性投资取得股息、红利等收入，应以被投资企业股东会或股东大会做出利润分配或转股决定的日期，确定收入的实现。被投资企业将股权（票）溢价所形成的资本公积转为股本的，不作为投资方企业的股息、红利收入，投资方企业也不得增加该项长期投资的计税基础。"也就是说，税法不承认会计上按权益法核算的投资收益，被投资企业的利润分配日也就是投资方权益性投资收益的确认日。因此，被投资方实现净利润时，按投资方确认的投资收益调减所得，反之调增；被投资方宣告分配利润时，按投资方冲减的投资成本调增投资收益，同时从免税收入角度再调减相同金额的所得。

举例：A公司分别购入甲、乙企业各25%的股权，采取权益法核算。假设A公司2013年利润总额为100万元，甲企业2013年实现利润100万元，乙企业亏损60万元，甲企业宣布分配2012年度利润共计88万元，A公司可分得22万元。会计上，A公司确认投资甲企业取得的投资收益为25万元(100×25%)，确认投资乙企业应分担的投资损失15万元(60×25%)，并计入当年的利润总额10万元(25–15)。税法规定，A公司持有甲、乙企业股份期间，被投资企业宣布分配的利润或当年的亏损，税收不予确认。当年被投资企业宣布分配的股息22万元应确认为投资收益，符合税法规定条件的，可确认为免税收入。

（2）利息收入的确认。对于利息收入的确认，会计上遵循的是权责发生制原则，即属于当期的收入，不论款项是否收到，均作为当期的收入。税法上，利息收入按照合同约定的债务人应付利息的日期确认收入的实现。例如，某企业将资金贷出，合同约定期限为3年，每年利息为2万元，按照合同约定开始日一次性支付利息6万元。会计上，该企业于贷款期开始日将2万元计入收入。但税法规定，第一年该企业应调增所得4万元，第二、三年各调减所得2万元。

（3）租金收入的确认。会计上，经营租赁租金收入按照权责发生制确认收入的实现。税法上，租金收入按照合同约定的承租人应付租金的日期确认收入的实现。确认租金收入时，款项收取与否不是关键，只要合同约定了收款日期，无论约定收款期是否收到款，也不管收入是在什么时候取得的，都要确认为当期收入，不能按租金收入的相应归属期间分期计算收入。例如，某企业于2011年8月出租设备一台，合同约定租期为2年，租赁期开始日一次性支付租金24 000元。会计上，该企业2011年只确认租金收入5 000元，2012年、2013年分别确认租金收入1 2000元、7 000元。税法上，这笔租金24 000元应全部记入2011年度，而不按受益年度进行分配。因此，2011年度应调增所得19 000元，2012年调减所得12 000元，

2013年调减所得7 000元。另根据《国家税务总局关于贯彻落实企业所得税法若干税收问题的通知》(国税函〔2010〕79号)第十九条的规定，企业提供固定资产、包装物或者其他有形资产的使用权取得的租金收入，应按交易合同或协议规定的承租人应付租金的日期确认收入的实现。其中，如果交易合同或协议中规定租赁期限跨年度，且租金提前“一次性”支付的，出租人可对上述已确认的收入，在租赁期内，分期均匀计入相关年度收入，与会计收入确认一致。

(4)特许权使用费收入的确认。会计上，特许权使用费收入按照权责发生制确认收入的实现。税法上，特许权使用费收入按照合同约定的特许权使用人应付特许权使用费的日期确认收入的实现。会计上，特许权使用费收入的确认、计量同利息和租金收入基本一致，纳税调增时参照执行。与租金一样，如果一次性收取跨年度使用费，同样可以选择按照权责发生制确认收入。

(5)捐赠收入的确认。企业取得的货币性资产捐赠，应按实际取得的金额，借记“现金”或“银行存款”等科目，贷记“营业外收入——接受捐赠货币性资产价值”科目；企业取得的非货币性资产捐赠，应按会计制度及相关准则规定确定入账价值，借记“库存商品”“固定资产”“无形资产”“长期股权投资”等科目，一般纳税人如涉及可抵扣的增值税进项税额，按可抵扣的增值税进项税额，借记“应交税费——应交增值税(进项税额)”科目，按接受捐赠资产和税法规定确定的入账价值，贷记“营业外收入——接受捐赠非货币性资产价值”科目，按企业因接受捐赠资产支付或应付的金额，贷记“银行存款”“应交税费”等科目。税法上，接受捐赠收入按照实际收到捐赠资产的日期确认收入的实现，即捐赠收入按照收付实现制原则确认，以款项的实际收付时间作为标准来确定当期收入和成本费用。会计上对捐赠收入的确认基本与税法一致，不需纳税调整，除非收入金额确认违背了公允价值原则。

(6)分期收款方式销售收入的确认。税法上，企业以分期收款方式销售货物的，按照合同约定的收款日期确认收入的实现。会计准则规定，对具有融资性质的分期收款销售货物(货款回收期超过3年的)，企业应按照应收的合同或协议价款的公允价值确定收入金额。应收的合同或协议价款与公允价值之间的差额应当在合同或协议期间按实际利率法进行摊销，并相应冲减财务费用。例如，2011 年 1 月 1 日，甲公司以分期收款方式向乙公司销售一台设备，合同约定销售价为 3 000 万元，分三次于 2011 年 12 月 31 日、2012 年 12 月 31 日、2013 年 12 月 31 日支付货款，即每年年末支付 1 000 万元，增值税的销项税额 510 万元于 2011 年 1 月 1 日一次付清。该设备现销价款为 2 624.3 万元(即按年利率 7% 分 3 年付款，每年支付 1 000 万元为所折算的年金现值)，成本为 2 100 万元。甲公司在 2011 年 1 月 1 日商品发出时开具增值税专用发票。会计上，2011 年 1 月 1 日销售实现时确认收入 3 000 万元，计提销项税金 510 万元。税法上，企业应分别在 2011 年年末、2012 年年末和 2013 年年末分期确认商品销售收入各 1 000 万元，同时分 3 期确认产品销售成本各 700 万元。会计所确认的融资收益，税法不予确认，不计入纳税所得额。

(7) 采取产品分成方式取得收入的确认。税法上，采取产品分成方式取得收入的，按照企业分得产品的日期确认收入的实现，其收入额按照产品的公允价值确定。会计上，按权责发生制和产品账面价值为收入额确定标准。因此，对产品公允价值与账面价值的差额调增所得，但企业转让或领用该产品时要以相同金额调减所得。例如，某公司提供一块土地（市场价为 500 万元）与某房地产公司提供资金进行合作建房，该工程于 2011 年 2 月开始动工，2013 年 10 月竣工，竣工结算后，该公司于 2013 年 11 月分得一栋楼作为办公楼使用，该楼的市场价为 1 000 万元。那么，该公司于 2013 年 11 月应确认收入 1 000 万元。

二、成本类不执行企业会计制度权责发生制的情形

(1) 工资税前扣除。《企业所得税法》第三十四条规定，企业发生的合理的工资、薪金支出，准予扣除。工资、薪金是指企业每一纳税年度支付给在本企业任职或者受雇的员工的所有现金形式或者非现金形式的劳动报酬，包括基本工资、奖金、津贴、补贴、年终加薪、加班工资，以及与员工任职或者受雇有关的其他支出。

股权激励也同样属于支付给任职或者受雇的员工的劳动报酬范畴，《国家税务总局关于我国居民企业实行股权激励计划有关企业所得税处理问题的公告》(国家税务总局公告 2012 年第 18 号）规定，上市公司依照《上市公司股权激励管理办法》要求建立职工股权激励计划，并按我国企业会计准则的有关规定，在股权激励计划授予激励对象时，按照该股票的公允价格及数量，计算确定作为上市公司相关年度的成本或费用，作为换取激励对象提供服务的对价。上述企业建立的职工股权激励计划，其企业所得税的处理，按以下规定执行：①对股权激励计划实行后立即可以行权的，上市公司可以根据实际行权时该股票的公允价格与激励对象实际行权支付价格的差额和数量，计算确定作为当年上市公司工资薪金支出，依照税法规定进行税前扣除。②对股权激励计划实行后，需待一定服务年限或者达到规定业绩条件（以下简称等待期）方可行权的，上市公司等待期内会计上计算确认的相关成本费用，不得在对应年度计算缴纳企业所得税时扣除。在股权激励计划可行权后，上市公司方可根据该股票实际行权时的公允价格与当年激励对象实际行权支付价格的差额及数量，计算确定作为当年上市公司工资薪金支出，依照税法规定进行税前扣除。③本条所指股票实际行权时的公允价格，以实际行权日该股票的收盘价格确定。

（2）保险的税前扣除。《企业会计准则第 9 号——职工薪酬》规定，企业为职工缴纳的医疗保险费、工伤保险费、生育保险费等社会保险费和住房公积金，应当在职工为其提供服务的会计期间，根据规定的计提基础和计提比例计算确定相应的职工薪酬金额，并确认相应负债，计入当期损益或相关资产成本。《企业所得税法》第三十五条规定，企业依照国务院有关主管部门或者省级人民政府规定的范围和标准为职工缴纳的基本养老保险费、基本医疗保险费、失业保险费、工伤保险费、生育保险费等基本社会保险费和住房公积金，准予扣除。企业为投资者或者职工支付的补充养老保险费、补充医疗保险费，在国务院财政、税务主管部门规定的范围和标准内，准予扣除。《企业所得税法》第三十六条规定，企业依照国家有关规定为特殊工种职工支付的人身安全保险费和国务院财政、税务主管部门规定可以扣除的其他商业保险费，可以扣除。《企业所得税法》第四十六条规定，企业参加财产保险，按照规定缴纳的保险费，准予扣除。

（3）工会经费和职工教育经费的税前扣除。会计准则规定，企业按规定提取的工会经费和职工教育经费，应当在职工为其提供服务的会计期间，根据规定的计提基础和计提比例计算确定相应的职工薪酬金额，并确认相应负债，计入当期损益或相关资产成本。《企业所得税法》第四十一条规定，企业拨缴的工会经费，不超过工资、薪金总额 2% 的部分，准予扣除。《企业所得税法实施条例》第四十二条规定，除国务院财政、税务主管部门另有规定外，企业发生的职工教育经费支出，不超过工资薪金总额 2.5% 的部分，准予扣除；超过部分，准予在以后纳税年度结转扣除。

（4）未按规定取得发票的税前扣除。按照会计核算权责发生之原则，属于当期发生的费用，不论是否取得发票，均确认为当期成本费用，货到单未到的情况可以采取估价入账。但在企业所得税上，根据《国家税务总局关于企业所得税若干问题的公告》（国家税务总局公告 2011 年第 34 号第六条）的规定，企业当年度实际发生的相关成本、费用，由于各种原因未能及时取得该成本、费用的有效凭证，企业在预缴季度所得税时，可暂按账面发生金额进行核算；但在汇算清缴时，应补充提供该成本、费用的有效凭证。

以上未扣除费用，在次年企业所得税汇算清缴期间支付或取得合法凭据的，可以税前扣除。

三、预提费用不执行企业会计制度权责发生制的情形。预提费用是指企业预提但尚未实际支付的各项应付未付的费用。其实质是在权责发生制原则下，属于当期的费用尽管尚未支付，但应计入当期损益。新的《企业会计准则》已经取消“预提费用”科目，将“预提费用”科目原来核算的内容归集到了“预计负债”“应付利息”“其他应付款”科目。

（1）计提大修理费不能税前扣除。企业固定资产大修理间隔的时间较长，在未进行大修理时，不可能产生大修理费用，但大修理费用应在固定资产两次大修受益期间内进行预提，作为当期费用。按期预提计入费用的金额，同时也形成一笔流动负债。按权责发生制原则扣除的费用并不是预提的费用，而是实际发生的费用，其发生金额是准确的，可以确定的。而预提的费用是指今后可能发生的但现时尚未发生的费用，其预提费用是不符合税前扣除原则的，要等到实际发生时才能按规定扣除。

（2）计提的弃置费用应区分情况进行税前扣除。《企业会计准则第 4 号——固定资产》应用指南对固定资产的弃置费用做出了规定，即所谓的弃置费用是指根据国家法律和行政法规、国际公约等规定，企业承担的环境保护和生态恢复等义务所确定的支出，应当根据《企业会计准则第 13 号——或有事项》的规定，按照现值计算确定应计入固定资产成本的金额和相应的预计负债。油气资产的弃置费用应当按照《企业会计准则第 27 号——石油天然气开采》及其应用指南的规定处理。《企业所得税法实施条例》第四十五条规定，企业依照法律、行政法规有关规定提取的用于环境保护、生态恢复等方面的专项资金，准予扣除，上述专项资金提取后改变用途的，不得扣除。例如，甲公司经国家批准 2011 年 12 月 31 日建造完成某项工程并交付使用，建造成本为 250 亿元，预计使用寿命 40 年，根据法律规定，该工程将会对当地的生态环境产生一定的影响，该公司应当在该设施使用期满后将其拆除，并对造成的污染进行整治，预计产生弃置费用 25 亿元，适用 10% 折现率，现值系数 0.0221，弃置费用现值即为 25（亿元）×0.0221=5 525（万元）。根据以上规定，甲公司计提的 5 525 万元弃置费用允许计入固定资产的计税基础，在以后使用过程中通过折旧费用进行税前扣除。如上述企业计提的固定资产弃置费用无相关的法律法规依据的，则不可税前扣除。

（3）计提的售后服务费不能税前扣除。依据或有事项准则规定，出于谨慎性原则考虑，企业对销售商品提供售后服务预计将要发生的支出满足预计负债确认条件时，应在销售当期确认为费用，同时确认为预计负债。根据《企业所得税法》第八条规定，与销售产品相关的支出应在发生时进行税前扣除。例如，甲公司 2011 年销售手机 100 万台，根据权责发生制及谨慎性原则，年底按每台 30 元计提售后服务费，计提销售费用 3 000 万元，待下年实际发生维修服务时冲减预计负债。那么甲公司计提的 3 000 万元销售费用在汇算清缴时要做纳税调增，待实际发生时再做纳税调减。

（4）未经核定的准备金支出不能税前扣除。《企业所得税法》第十条及实施条例第五十五条规定，企业依据会计准则计提的各项资产减值损失（包括存货跌价准备、固定资产减值准备、长期股权投资减值准备、投资性房地产减值准备、无形资产减值准备、在建工程减值准备等）、坏账准备（金融、保险机构除外）未经国务院财政部、税务主管部门核定不允许税前扣除，汇算清缴时应作纳税调整。

（5）或有事项不允许税前扣除。或有事项是指过去的交易或者事项形成的，其结果须由某些未来事项的发生或不发生才能决定的不确定事项。《企业会计准则第 13 号——或有事项》规定，未决诉讼、亏损合同、重组、因解除与职工的劳动关系给予补偿而确认的预计负债，年底时若尚未发生，均属于不确定的支出。税法对资产负债表日确认的或有负债和或有资产不予确认，已计入管理费用、营业外支出、营业外收入的或有负债和或有资产做相应的纳税调整，待实际发生时允许税前扣除。

（6）房地产企业预计费用允许税前扣除的例外情形。《国家税务总局关于印发〈房地产开发经营业务企业所得税处理办法〉的通知》（国税发〔2009〕31 号）规定，房地产企业以下四项成本费用可以进行税前扣除：①土地开发同时联结房地产开发的，属于一次性取得土地分期开发房地产的情况，其土地开发成本经商税务机关同意后可先按土地整体预算成本进行分配，待土地整体开发完毕再行调整。②出包工程未最终办理结算而未取得全额发票的，在证明资料充分的前提下，其发票不足金额可以预提，但最高不得超过合同总金额的 10%。③公共配套设施尚未建造或尚未完工的，可按预算造价合理预提建造费用。此类公共配套设施必须符合已在售房合同、协议或广告、模型中明确承诺建造且不可撤销，或按照法律法规规定必须配套建造的条件。④应向政府上交但尚未上交的报批报建费用、物业完善费用可以按规定预提。物业完善费用是指按规定应由企业承担的物业管理基金、公建维修基金或其他专项基金。

4.

收取的财政资金如何进行财税处理？

问：企业取得的财政补贴收入应当如何进行会计处理？是否应当确认企业所得税应税收入？

答：财政向企业拨入财政性资金通常有三种情形：一是政府无偿给予企业资产性和收益性的补贴；二是政府作为企业所有者投入具有专门用途的资金；三是政府作为企业所有者投入的资本。《企业会计准则第 16 号——政府补助》第二条规定：“政府补助是指企业从政府无偿取得货币性资产或非货币性资产，但不包括政府作为企业所有者投入的资本。”《企业会计准则应用指南——会计科目和主要账务处理》——2711“专项应付款”科目使用说明：“科目核算企业取得政府作为企业所有者投入的具有专项或特定用途的款项。”由上述规定和解释可以看出，“专项应付款”属于国家拨入有指定用途的权益性资本的投入。国家以投资者身份向企业投入资本，享有企业相应的所有权，企业有义务向投资者分配利润，国家与企业之间是投资者与被投资者的关系。国家拨入的投资补助等专项拨款中，国家相关文件规定作为“资本公积”处理的，也属于资本性投入的性质。政府的资本性投入无论采用何种形式，均不属于政府补助。“政府补助”属于国家对企业资产性和收益性的补贴。对国家拨付给企业的资金，企业应当根据有关文件规定的用途确定其会计处理方法。

一、政府给予企业的无偿资助即政府补助，则应作为政府补助来处理。即与资产相关的政府补助以及用于补偿企业以后期间的相关费用或损失的政府补助，确认为“递延收益”，以后再按相关规定分期计入“营业外收入”科目。

二、政府作为企业所有者投入具有专门用途的资金作为“专项应付款”核算，应记入“专项应付款”科目，工程项目完工所形成的长期资产部分，转入“资本公积——资本溢价”科目，未形成长期资产需要核销的部分，冲销“在建工程”等科目，需要返还的拨款结余，通过“银行存款”上交。

三、政府作为企业所有者投入的资本，则必须按照所有者权益核算的有关规定执行。

在企业所得税上，根据《财政部、国家税务总局关于财政性资金、行政事业性收费、政府性基金有关企业所得税政策问题的通知》（财税〔2008〕151 号）、《财政部、国家税务总局关于专项用途财政性资金企业所得税处理问题的通知》（财税〔2011〕70 号）等规定，企业取得财政性资金的企业所得处理区分以下三种情况。

一、企业从县级以上各级人民政府财政部门及其他部门取得的应计入收入总额的财政性资金（企业取得的各类财政性资金，除属于国家投资和资金使用后要求归还本金的以外，均应计入企业当年收入总额）。凡同时符合以下三个条件的，可以作为不征税收入，在计算应纳税所得额时从收入总额中减除：①企业能够提供规定资金专项用途的资金拨付文件；②财政部门或其他拨付资金的政府部门对该资金有专门的资金管理办法或具体管理要求；③企业对该资金以及以该资金发生的支出单独进行核算。上述不征税收入用于支出所形成的费用，不得在计算应纳税所得额时扣除；用于支出所形成的资产，其计算的折旧、摊销不得在计算应纳税所得额时扣除。但企业将财政性资金做不征税收入处理后，在 5 年（60 个月）内未发生支出且未缴回财政部门或其他拨付资金的政府部门的部分，应计入取得该资金第六年的应税收入总额；计入应税收入总额的财政性资金发生的支出，允许在计算应纳税所得额时扣除。

二、企业从县级以上各级人民政府财政部门及其他部门取得的应计入收入总额的财政性资金但不符合上述三个条件的，应作为企业所得税应税收入，相应用于支出所形成的费用，允许税前扣除；用于支出所形成的资产，其计算的折旧、摊销允许税前扣除。

三、企业从县级以上各级人民政府财政部门及其他部门取得的不计入收入总额的财政性资金（属于国家投资和资金使用后要求归还本金的财政性资金不计入收入），不缴纳企业所得税。所称国家投资，是指国家以投资者身份投入企业并按有关规定相应增加企业实收资本（股本）的直接投资。

5.

工资薪金如何进行税前扣除？

问：企业发生的工资薪金应当如何进行税前扣除？

答：职工薪酬是指企业为获得职工提供的服务而给予各种形式的报酬以及其他相关支出。职工薪酬不仅包括企业一定时期支付给全体职工的劳动报酬总额，也包括按照工资的一定比例计算并计入成本费用的其他相关支出。职工薪酬主要包括以下几个方面：①工资、奖金、津贴和补贴；②福利费（包括货币性福利和非货币性福利）；③“五险一金”，指企业为职工支付给有关部门的社会性保险费，以及为职工交纳的职工住房公积金；④工会经费和教育经费，指有工会组织的企业按规定应提取的工会经费以及职工接受教育应由企业负担的各种培训费用；⑤补偿及相关支出。工资薪金属于职工薪酬的组成部分，本文就企业发生的工资薪金的税前扣除分析如下。

一、工资薪金税前扣除范围。企业发生的合理的“工资薪金”支出，准予扣除。工资薪金是指企业每一纳税年度支付给在本企业任职或者受雇的员工的所有现金形式或者非现金形式的劳动报酬，包括基本工资、奖金、津贴、补贴、年终加薪、加班工资，以及与员工任职或者受雇有关的其他支出。《国家税务总局关于企业工资薪金及职工福利费扣除问题的通知》（国税函〔2009〕3 号）规定，所称的“工资、薪金总额”是指企业按照股东大会、董事会、薪酬委员会或相关管理机构制订的工资薪金制度规定实际发放给员工的工资、薪金总和，不包括企业的职工福利费、职工教育经费、工会经费以及养老保险费、医疗保险费、失业保险费、工伤保险费、

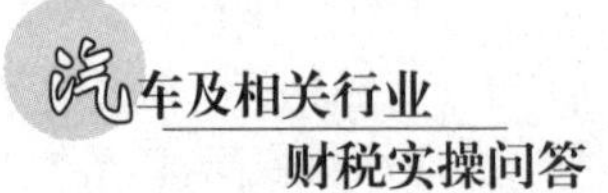

生育保险费等社会保险费和住房公积金。属于国有性质的企业，其工资薪金，不得超过政府有关部门给予的限定数额；超过部分，不得计入企业工资薪金总额，也不得在计算企业应纳税所得额时扣除。

《财政部关于企业加强职工福利费财务管理的通知》（财企〔2009〕242号）第二条规定："企业为职工提供的交通、住房、通信待遇，已经实行货币化改革的，按月按标准发放或支付的住房补贴、交通补贴或者车改补贴、通讯补贴，应当纳入职工工资总额，不再纳入职工福利费管理。"为与会计保持一致性，《国家税务总局关于企业工资薪金和职工福利费等支出税前扣除问题的公告》（国家税务总局公告2015年第34号）规定，列入企业员工工资薪金制度、固定与工资薪金一起发放的福利性补贴，可作为企业发生的工资薪金支出，按规定在税前扣除。不能同时符合上述条件的福利性补贴，应作为职工福利费，按规定计算限额税前扣除。改变了以往将所有福利性支出计入职工福利费的做法。

二、工资薪金税前扣除的原则。《企业所得税法》规定，"合理"的工资薪金允许税前扣除。何谓"合理"？《国家税务总局关于企业工资薪金及职工福利费扣除问题的通知》（国税函〔2009〕3号）规定，"合理工资、薪金"是指企业按照股东大会、董事会、薪酬委员会或相关管理机构制订的工资、薪金制度规定实际发放给员工的工资、薪金。税务机关在对工资、薪金进行合理性确认时，可遵循以下原则：①企业制定了较为规范的员工工资、薪金制度；②企业所制定的工资、薪金制度符合行业及地区水平；③企业在一定时期所发放的工资、薪金是相对固定的，工资、薪金的调整是有序进行的；④企业对实际发放的工资、薪金，已依法履行了代扣代缴个人所得税义务；⑤有关工资、薪金的安排，不以减少或逃避税款为目的。

三、工资薪金扣除遵循收付实现制原则。所谓权责发生制，是指凡是当期已经实现的收入和已经发生或应当负担的费用，不论款项是否收付，都应当作为当期的收入和费用；凡是不属于当期的收入和费用，即使款项已经在当期收付，也不应该作为当期的收入和费用。在会计核算上，不论企业是否支付工资薪金，都应当作为当期费用。虽然我国税制采取以权责发生制为主，但从纳税必要资金、横向配比等方面的考量，企业所得税在特殊情况下需要实施收付实现制。《企业所得税法》第三十四条规定，企业发生的合理的工资、薪金支出，准予扣除。工资、薪金，是指企业每一纳税年度“支付”给在本企业任职或者受雇的员工的所有现金形式或者非现金形式的劳动报酬，包括基本工资、奖金、津贴、补贴、年终加薪、加班工资，以及与员工任职或者受雇有关的其他支出。为减少税会差异，国家税务总局公告 2015 年第 34 号同时规定，企业在年度汇算清缴结束前向员工实际支付的已预提汇缴年度工资薪金，准予在汇缴年度按规定扣除。因此，企业跨年度工资支付，只要在 5 月 31 日之前实际发放给职工，就可以在上一年度的费用中列支，在上一年度的企业所得税前进行扣除。汇算清缴期仍未支付的，则应当纳税调整。

股权激励也同样属于支付给任职或者受雇的员工的劳动报酬范畴，根据《国家税务总局关于我国居民企业实行股权激励计划有关企业所得税处理问题的公告》(国家税务总局公告 2012 年第 18 号)的规定，上市公司依照《上市公司股权激励管理办法》要求建立职工股权激励计划，并按我国企业会计准则的有关规定，在股权激励计划授予激励对象时，按照该股票的公允价格及数量，计算确定作为上市公司相关年度的成本或费用，作为换取激励对象提供服务的对价。上述企业建立的职工股权激励计划，其企业所得税的处理，按以下规定执行：①对股权激励计划实行后立即可以行权的，上市公司可以根据实际行权时该股票的公允价格与激励对象实际行权支付价格的差额和数量，计算确定作为当年上市公司工资薪金支出，依照税法规定进行税前扣除。②对股权激励计划实行后，需待一定服务年限或者达到规定业绩条件(以下简称等待期)方可行权的。上市公司等待期内会计上计算确认的相关成本费用，不得在对应年度计算缴纳企业所得税时扣除。在股权激励计划可行权后，上市公司方可根据该股票实际行权时的公允价格与当年激励对象实际行权支付价格的差额及数量，计算确定作为当年上市公司工资薪金支出，依照税法规定进行税前扣除。③本条所指股票实际行权时的公允价格，以实际行权日该股票的收盘价格确定。由此可见，股权激励与工资税前扣除一样，行权时才允许进行税前扣除，未行权之前计入的成本费用不允许进行税前扣除。

四、在特定情形下工资薪金的加计扣除。《财政部、国家税务总局关于安置残疾人员就业有关企业所得税优惠政策问题的通知》(财税〔2009〕70 号)规定，企业安置残疾人员的，在按照支付给残疾职工工资据实扣除的基础上，可以在计算应纳税所得额时按照支付给残疾职工工资的 100% 加计扣除。《国家税务总局关于企业工资薪金及职工福利费扣除问题的通知》(国税函〔2009〕3号)规定，工资薪金总额指企业按照规定实际发放的工资薪金总和，不包括企业的职工福利费、职工教育经费、工会经费以及养老保险费、医疗保险费、失业保险费、工伤保险费和生育保险费等社会保险费和住房公积金。属于国有性质的企业，其工资薪金，不得超过政府有关部门给予的限定数额。超过部分，不得计入企业工资薪金总额，也不得在计算企业应纳税所得额时扣除。因此，企业安置残疾人员可以享受加计扣除的工资薪金不包括“五险一金”的部分。

《财政部、国家税务总局、科技部关于完善研究开发费用税前加计扣除政策的通知》(财税〔2015〕119号)、《国家税务总局关于企业研究开发费用税前加计扣除政策有关问题的公告》(国家税务总局公告2015年第97号)规定，直接从事研发活动人员的工资薪金、基本养老保险费、基本医疗保险费、失业保险费、工伤保险费、生育保险费和住房公积金，以及外聘研发人员的劳务费用允许享受加计扣除。企业直接从事研发活动的人员包括研究人员、技术人员、辅助人员。研究人员是指主要从事研究开发项目的专业人员；技术人员是指具有工程技术、自然科学和生命科学中一个或一个以上领域的技术知识和经验，在研究人员指导下参与研发工作的人员；辅助人员是指参与研究开发活动的技工。企业外聘研发人员是指与本企业签订劳务用工协议（合同）和临时聘用的研究人员、技术人员、辅助人员。

6.

广告宣传费如何进行税前扣除？

问：企业发生的广告宣传费用如何进行税前扣除？

答：企业所得税扣除规定中的广告费是指企业通过一定媒介和形式直接或者间接地介绍自己所推销的商品或所提供的服务，激发消费者对其产品或劳务的购买欲望，以达到促销的目的，而支付给广告经营者、发布者的费用。业务宣传费是指企业开展业务宣传活动所支付的费用，主要是指未通过广告发布者传播的广告性支出，包括企业发放的印有企业标志的礼品、纪念品等。两者的根本性区别为是否取得广告业专用发票。广告费与业务宣传费都是为了达到促销目的进行宣传而支付的费用，既有共同属性也有区别。由于现行企业所得税法对广告费与业务宣传费均规定实行合并扣除，因此再从属性上对两者进行区分已没有任何实质意义，企业无论是取得广告业专用发票通过广告公司发布广告，还是通过各类印刷、制作单位制作如购物袋、遮阳伞、各类纪念品等印有企业标志的宣传物品，所支付的费用均可合并在规定比例内予以扣除。本文结合现行企业所得税有关政策，就企业发生的广告宣传费用的税前扣除分析如下。

一、广告宣传费的范围。《企业所得税法实施条例》第四十四条规定，企业发生的符合条件的广告费和业务宣传费支出，除国务院财政、税务主管部门另有规定外，不超过当年销售（营业）收入 15% 的部分，准予扣除；超过部分，准予在以后纳税年度结转扣除。具体应具备什么条件呢？参考国家税务总局的释义，“符合条件”的广告费和业务宣传费支出将从广告的制定主体、播放渠道、相应票据依据等多方面予以明确。因此，企业可以从上述三个方面进行判断：

（1）纳税人申报扣除的广告费支出，必须符合下列条件：①广告是通过经工商部门批准的专门机构制作的；②已实际支付费用，并已取得相应发票；③通过一定的媒体传播。

（2）企业发生的符合条件的业务宣传费，指未通过媒体的与其生产经营活动相关的广告性支出，并取得能够证明该支出确属已经实际发生的真实、合规凭据。

根据上述规定，广告费一般应通过媒体传播，例如利用图书、报纸、杂志、广播、电视、电影、灯、路牌、招贴、橱窗、霓虹灯、灯箱等形式，并且是为介绍本企业的商品、经营服务项目、文体节目或通告、声明等进行宣传。业务宣传费是企业开展业务宣传活动时所支付的费用。它主要是指未通过媒体的广告性支出，包括：①企业发放的印有企业标志的礼品、纪念品；②新产品上市新闻发布会；③企业印刷的各种产品宣传册（不包括说明书）；④一些活动的冠名费用；⑤在一些内部刊物上刊登的广告；⑥为推广产品召开宣讲会而发放的会议用品；⑦为展览会消耗的宣传资料、参展样品；⑧为宣传公司产品而发生的群发短信费用等。

二、广告宣传费税前扣除的比例。《企业所得税法实施条例》第四十四条做了原则性规定：“企业发生的符合条件的广告费和业务宣传费支出，除国务院财政、税务主管部门另有规定外，不超过当年销售（营业）收入 15%的部分，准予扣除；超过部分，准予在以后纳税年度结转扣除。”《财政部、国家税务总局关于广告费和业务宣传费支出税前扣除政策的通知》（财税〔2012〕48号）、《财政部、国家税务总局关于广告费和业务宣传费支出税前扣除政策的通知》（财税〔2017〕41号）规定，在2020年12月31日以前，化妆品制造与销售、医药制造和饮料制造（不含酒类制造）企业发生的广告费和业务宣传费支出，不超过当年销售（营业）收入30%的部分，准予扣除；超过部分，准予在以后纳税年度结转扣除；烟草企业的烟草广告费和业务宣传费支出，一律不得在计算应纳税所得额时扣除。除以上列举的化妆品制造与销售、医药制造和饮料制造企业以及烟草企业外，包括酒类制造企业在内的其他企业，仍应依照《企业所得税法实施条例》第四十四条，按不超过15%的标准进行税前扣除。广告宣传费超过规定比例不允许在当期税前扣除，并不意味着不允许税前扣除，超过部分准予在以后纳税年度结转扣除，直至抵扣完为止。

三、广告宣传费扣除基数的确认。广告宣传费是以销售（营业）收入作为扣除基数的。销售（营业）收入是企业根据国家统一会计制度确认的主营业务收入、其他业务收入，以及根据税收规定确认的视同销售收入，营业外收入、投资收益等不包括在内。视同销售是指会计上不作为销售核算，而在税收上作为销售、确认收入计缴税金的商品或劳务的转移行为。《企业所得税法实施条例》第二十五条规定，企业发生非货币性资产交换，以及将货物、财产、劳务用于捐赠、赞助、集资、广告、样品、职工福利和利润分配等用途的，应当视同销售货物、转让财产和提供劳务，国务院财政、税务主管部门另有规定的除外。

税务稽查查补收入可以作为计算广告宣传费的基数。《国家税务总局关于查增应纳税所得额弥补以前年度亏损处理问题的公告》（国家税务总局公告2010年第20号）第一条规定，查补收入可以弥补以前年度亏损。《国家税务总局关于企业所得税年度纳税申报口径问题的公告》（国家税务总局2011年第29号）进一步对查增应纳税所得额的填报予以明确。根据公告规定，查补的收入属于“主营业务收入、其他业务收入、视同销售收入”中的一种，在补充申报的时候必然会填到“销售（营业）收入合计”里，广告宣传费扣除是以年度“全年销售（营业）收入”为基数，既然税收上已经确认收入，查补的收入属于其发生年度收入的一部分，当然应允许其作为计算广告宣传费扣除的基数。

四、关联企业的广告宣传费可按分摊协议归集扣除。签订广告费和业务宣传费分摊协议（以下简称分摊协议）的关联企业，其中一方发生的不超过当年销售（营业）收入税前扣除限额比例内的广告费和业务宣传费支出可以在本企业扣除，也可以将其中的部分或全部按照分摊协议归集至另一方扣除。另一方在计算本企业广告费和业务宣传费支出企业所得税税前扣除限额时，按照上述办法归集至本企业的广告费和业务宣传费可不计算在内。执行广告费和业务宣传费分摊规定应注意以下几点：①根据税法规定，关联企业是指有下列关系之一的公司、企业和其他经济组织：在资金、经营、购销等方面，存在直接或者间接的拥有或者控制关系；直接或者间接地同为第三者所拥有或者控制；在利益上具有相关联的其他关系。②关联企业之间应签订有广告费和业务宣传费分摊协议。③在本企业扣除或归集至关联企业另一方扣除，可以根据分摊协议自由选择。④接受归集扣除的关联企业不占用本企业原扣除限额。即本企业可扣除的广告宣传费按规定照常计算扣除限额，另外还可以将关联企业未扣除而归集来的广告宣传费在本企业扣除。⑤总体扣除限额不得超出规定标准。归集到关联企业另一方扣除的广告宣传费只能是费用发生企业依法可扣除限额内的部分或者全部，而不是实际发生额。如，一般企业应先按不超过销售（营业）收入的 15%，化妆品制造与销售等前述三类企业按不超过销售（营业）收入的 30%，计算出本年可扣除限额，再选择是部分还是全部归集至关联企业扣除。

举例：如 A 企业和 B 企业是关联企业，根据分摊协议，B 企业在 2016 年发生的广告费和业务宣传费的 40% 归集至 A 企业扣除。假设 2016 年 B 企业销售收入为 3 000 万元，当年实际发生的广告费和业务宣传费为 600 万元，其广告费和业务宣传费的扣除比例为销售收入的 15%，2016 年广告费和业务宣传费的税前扣除限额为 3 000 × 15%=450（万元）。则 B 企业转移到 A 企业扣除的广告费和业务宣传费应为 450 × 40%=180（万元），而非 600 × 40%=240（万元），在本企业扣除的广告费和业务宣传费为 450–180=270（万元），结转以后年度扣除的广告费和业务宣传费为 600–450=150（万元），而非 600–270=330（万元）。除按规定比例计算的限额，还可以将关联企业未扣除而归集来的广告费和业务宣传费在 B 企业扣除。

假设 2016 年 A 企业销售收入为 6000 万元，当年实际发生的广告费和业务宣传费为 1 200 万元，其广告费和业务宣传费的扣除比例为销售收入的

15%，2016 年广告费和业务宣传费的税前扣除限额为 6 000×15%=900（万元），B 企业当年转移来的广告费和业务宣传费为 180 万元，则 A 企业本年度实际扣除的广告费和业务宣传费为 900+180=1 080（万元），结转以后年度扣除的广告费和业务宣传费为 1 200–900=300（万元），而非 1 200–1 080=120（万元）。

五、筹建期广告宣传费的税前扣除。《国家税务总局关于企业所得税应纳税所得额若干税务处理问题的公告》（国家税务总局公告 2012 年第 15 号）第五条规定，企业在筹建期间，发生的与筹办活动有关的广告费和业务宣传费，可按实际发生额计入企业筹办费，并按有关规定在税前扣除。《国家税务总局关于贯彻落实企业所得税法若干税收问题的通知》（国税函〔2010〕79 号）第七条规定，企业自开始生产经营的年度，为开始计算企业损益的年度。企业从事生产经营之前进行筹办活动期间发生筹办费用支出，不得计算为当期的亏损，应按照《国家税务总局关于企业所得税若干税务事项衔接问题的通知》（国税函〔2009〕98 号）第九条规定执行。《国家税务总局关于企业所得税若干税务事项衔接问题的通知》（国税函〔2009〕98 号）第九条规定，新税法中开（筹）办费未明确列作长期待摊费用，企业可以在开始经营之日的当年一次性扣除，也可以按照新税法有关长期待摊费用的处理规定处理，但一经选定，不得改变。也就是说，企业在筹建期间发生的与筹办活动有关的广告费和业务宣传费按实际发生额计入开办费后，在开始生产经营之日的当年一次扣除，或者按照不少于 3 年期间分期摊销扣除。它与正常经营广告宣传费扣除的区别在于：筹建期间按照实际发生额直接扣除，不受销售收入 15% 的比例限制。但投入经营当年度发生的广告费和业务宣传费仍按照广告费和业务宣传费的比例计算扣除。

六、房地产企业广告宣传费用的税前扣除。《国家税务总局关于印发〈房地产开发经营业务企业所得税处理办法〉的通知》（国税发〔2009〕31 号）第九条规定，企业销售未完工开发产品取得的收入，应先按预计计税毛利率分季（或月）计算出预计毛利额，计入当期应纳税所得额。开发产品完工后，企业应及时结算其计税成本并计算此前销售收入的实际毛利额，同时将其实际毛利额与其对应的预计毛利额之间的差额，计入当年度企业本项目与其他项目合并计算的应纳税所得额。该通知第十二条规定，企业发生的期间费用、已销开发产品计税成本、营业税金及附加、土地增值税准予当期按规定扣除。企业通过正式签订《房地产销售合同》或《房地产预售合同》所取得的收入，可作为计算业务招待费、广告费和业务宣传费的基数。企业在项目完工前取得的预售收入已作为计算广告宣传费用基数，所以在开发产品完工后结转收入时，不得重复计算。

7.

借款利息费用如何进行税前扣除？

问：企业多渠道筹措的资金，其实际支付的借款利息费用如何进行税前扣除？

答：企业资金的筹集方式有多种渠道，如向金融企业借款，向非金融企业借款，企业与企业之间的借款、资金占用，向个人集资等。本文就企业发生的借款费用税前扣除分析如下。

一、向金融企业借款利息的扣除。根据《企业所得税法实施条例》的规定，非金融企业向金融企业借款的利息支出、金融企业的各项存款利息支出和同业拆借利息支出、企业经批准发行的利息支出准予扣除。对企业发生的向金融企业的借款利息支出，可按向金融企业实际支付的利息，在发生年度的当期扣除。所说发生年度，应该遵循权责发生制的原则，即使当年应付（由于资金紧张等原因）未付的利息，也应当在当年扣除。非金融企业在生产、经营期间向金融企业借款的利息支出，按照实际发生数予以税前扣除；逾期归还贷款，银行按规定加收的罚息，也可以在税前扣除。

二、向非金融企业借款利息的扣除。根据《企业所得税法实施条例》《国家税务总局关于企业所得税若干问题的公告》（国家税务总局公告〔2011〕34号）的规定，非金融企业向金融机构以外的所有企业、事业单位以及社会团体等借款的利息支出，按不超过按照金融企业同期同类贷款利率计算的数额的部分准予扣除。鉴于目前我国对金融企业利率要求的具体情况，企业在按照合同要求首次支付利息并进行税前扣除时，应提供“金融企业的同期同类贷款利率情况说明”，以证明其利息支出的合理性。“金融企业的同期同类贷款利率情况说明”中，应包括在签订该借款合同当时，本省任何一家金融企业提供同期同类贷款利率的情况。该金融企业应为经政府有关部门批准成立的可以从事贷款业务的企业，包括银行、财务公司、信托公司等金融机构。“同期同类贷款利率”是指在贷款期限、贷款金额、贷款担保以及企业信誉等条件基本相同下，金融企业提供贷款的利率。它

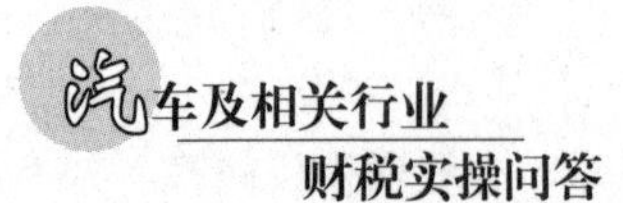

既可以是金融企业公布的同期同类平均利率，也可以是金融企业对某些企业提供的实际贷款利率。

三、关联企业之间借款利息的扣除。《企业所得税法实施条例》《财政部、国家税务总局关于企业关联方利息支出税前扣除标准有关税收政策问题的通知》（财税〔2008〕121 号）规定，企业从其关联方接受的债权性与权益性投资的比例超过规定标准而发生的利息支出，不得在计算应纳税所得额时扣除。债权性投资是指企业直接或者间接从关联方获得的，需要偿还本金和支付利息或者需要以其他具有支付利息性质的方式予以补偿的融资。权益性投资是指企业接受的不需要偿还本金和支付利息，投资人对企业净资产拥有所有权的投资。财税〔2008〕121 号规定，企业实际支付给关联方的利息支出，不超过以下规定比例和税法及其实施条例有关规定计算的部分，准予扣除，超过的部分不得在发生当期和以后年度扣除。其接受关联方债权性投资与其权益性投资的比例为：金融企业 5 ∶ 1，其他企业 2 ∶ 1。关联债资比例是指企业从其全部关联方接受的债权性投资占企业接受的权益性投资的比例。关联债权投资包括关联方以各种形式提供担保的债权性投资。企业从其关联方接受的债权性投资与权益性投资的比例规定，主要是出于反避税的需要，应对“资本弱化”，防止企业与其关联方通过操纵各种债务形式的支付手段，增加税前利息费用列支，逃避税收。关联债资比例的具体计算方法如下：关联债资比例 = 年度各月平均关联债权投资之和 / 年度各月平均权益投资之和，其中：各月平均关联债权投资 =（关联债权投资月初账面余额 + 月末账面余额）/2，各月平均权益投资 =（权益投资月初账面余额 + 月末账面余额）/2。

注意：①不符合独立交易原则多付的利息不得税前扣除，企业与其关联方之间的融通资金不符合独立交易原则而减少企业应纳税所得额的，税务机关有权在该业务发生的纳税年度起 10 年内，按照合理方法进行调整。②债资比例超过规定标准的利息原则上不允许税前扣除，债资比例超过规定标准不得税前扣除的利息支出，应按照实际支付给各关联方利息占关联方利息总额的比例，在各关联方之间进行分配。③根据《国家税务总局关于印发 <特别纳税调整实施办法（试行）> 的通知》（国税发〔2009〕2 号）规定，权益投资为企业资产负债表所列示的所有者权益金额。如果所有者权益小于实收资本（股本）与资本公积之和，则权益投资为实收资本（股本）与资本公积之和；如果实收资本（股本）与资本公积之和小于实收资本（股本）金额，则权益投资为实收资本（股本）金额。所以权益性投资为以下三个数值中的较高者：①所有者权益数额；②实收资本（股本）与资本公积数额之和；③实收资本（股本）数额。

四、企业投资者投资未到位发生借款利息扣除。股东投资未到位可以分为两种情况：第一种，投资者未按规定期限缴纳出资，未按规定期限缴纳出资的投资者不仅包括公司设立时分期缴纳出资的股东，也包括增资时分期缴纳出资的股东；第二种，投资者未按规定足额缴纳出资。《企业投资者投资未到位而发生的利息支出企业所得税前扣除问题的批复》（国税函〔2009〕312 号）明确，根据《企业所得税法实施条例》第二十七条规定，凡企业投资者在规定期限内未缴足其应缴资本额的，该企业对外借款所发生的利息，相当于投资者实缴资本额与在规定期限内应缴资本额的差额应计付的利息，其不属于企业合理的支出，应由企业投资者负担，不得在计算企业应纳税所得额时扣除。具体计算不得扣除的利息，应以企业一个年度内每一账面实收资本与借款余额保持不变的期间作为一个计算期，每一计算期内不得扣除的借款利息按该期间借款利息发生额乘以该期间企业未缴足的注册资本占借款总额的比例计算，公式为：企业每一计算期不得扣除的借款利息 = 该期间借款利息额 × 该期间未缴足注册资本额 ÷ 该期间借款额。企业一个年度内不得扣除的借款利息总额为该年度内每一计算期不得扣除的借款利息额之和。

注意：①区间的划分：首先，要按公司章程或公司法（公司法有分期出资应在两年内缴足的强制性规定）对出资的规定来认定股东应缴出资的时间，公司章程明确了出资期限的按章程划分区间，公司章程未明确出资期限的按公司法分期出资的规定来划分，两年出资期限的起算点为公司成立之日起的两年之内，股东逾期未按规定出资，则会产生不得扣除利息；其次，逾期出资每变化一次，则要分段计算一次。②各区间内，有多笔贷款及贷款利率有变化的，一定要按给定的公式计算，而不能用未出资额直接乘以利率来计算。③国税函〔2009〕312 号文件未明确股东出资后又抽逃资本的情况是否也适用该文件。但根据法理推论，投资者投资未到位应包括出资后又抽逃资本，因此投资者出资后又抽逃资本的应按该文执行。

五、向个人集资借款利息的扣除。向自然人借款分两类：①企业向股东或其他与企业有关联关系的自然人借款的利息支出，如满足两个条件，可以在计算应纳税所得额时准予扣除，一是企业如果能够证明相关交易活动符合独立交易原则的，或者该企业的实际税负不高于境内关联方的；二是金融企业的关联方的债权性投资与其权益性投资比例不超过 5 ∶ 1，其他企业不超过 2 ∶ 1。应根据《企业所得税法》第四十六条及《财政部、国家税务总局关于企业关联方利息支出税前扣除标准有关税收政策问题的通知》(财税〔2008〕121 号）规定的条件，计算企业所得税利息扣除额。②企业向除有关联关系的自然人以外的内部职工或其他人员借款的利息支出，利息支出不超过按照金融企业同期同类贷款利率计算的数额的部分，也可以在计算企业所得税前扣除。应根据《企业所得税法》第八条和《企业所得税法实施条例》第二十七条及《国家税务总局关于企业向自然人借款的利息支出企业所得税税前扣除问题的通知》(国税函〔2009〕777 号）的规定，计算企业所得税利息扣除额。在向自然人借款利息的扣除尤其注意利率和非法集资：①国家税务总局关于企业贷款支付利息税前扣除标准的批复中规定，金融机构同类同期贷款利率包括中国人民银行规定的基准利率和浮动利率。支付利息的企业在支付利息时，应要求收款方企业或个人到税务机关代开发票。②注意区分非法集资。根据《关于取缔非法金融机构和非法金融业务活动中有关问题的通知》(银发〔1999〕41 号）规定，"非法集资"是指单位或者个人未依照法定程序经有关部门批准，以发行股票、债券、彩票、投资基金或者其他债权凭证的方式向社会公众筹集资金，并承诺在一定期限内以货币、实物以及其他方式向出资人还本付息或给予回报的行为。根据《关于进一步打击非法集资等活动的通知》(银发〔1999〕289 号）的相关规定，"非法集资"归纳起来主要有以下几种：①通过发行有价证券、会员卡或债务凭证等形式吸收资金；②对物业、地产等资产进行等份分割，通过出售其份额的处置权进行高息集资；③利用民间会社形式进行非法集资；④以签订商品经销等经济合同的形式进行非法集资；⑤以发行或变相发行彩票的形式集资；⑥利用传销或秘密串联的形式非法集资；⑦利用果园或庄园开发的形式进行非法集资。

六、权益性投资借款利息费用的税前扣除。《企业所得税法》第十四条规定："企业对外投资期间，投资资产的成本在计算应纳税所得额时不得扣除。"《国家税务总局大企业税收管理司关于 2009 年度税收自查有关政策问题的函》(企便函〔2009〕33 号)（已作废）规定："纳税人为对外投资而借入的资金发生的借款费用，应计入有关投资的成本，不得作为纳税人的经营性费用在税前扣除。用以后年度的借款偿还以前年度的投资款，以后年度的借款利息按上述规定也应资本化。”由此有种观点认为，权益性投资借款利息费用应当予以资本化，不能直接税前扣除。但该观点也值得商榷，理由有两个。其一，《企业所得税法实施条例》第三十七条规定：“企业在生产经营活动中发生的合理的不需要资本化的借款费用，准予扣除。企业为购置、建造固定资产、无形资产和经过 12 个月以上的建造，才能达到预定可销售状态的存货发生借款的，在有关资产购置、建造期间发生的合理的借款费用，应当作为资本性支出，计入有关资产的成本，并依照本条例的规定扣除。”其二，按照会计与税法关系的一般原则，税法未做出特别规定的，适用会计的规定执行。而按照《企业会计准则第 17 号——借款费用》等的规定，企业为投资而发生的对外借款所发生的费用化利息，是可以作为财务费用列支的。企便函〔2009〕33 号并不具有普遍的法律效力。其一，企便函〔2009〕33 号文针对的是 2009 年度总局部分定点联系企业，税收自查工作过程中相关税收政策适用问题；其二，国家税务总局新闻发言人回应媒体时称：“《国家税务总局大企业税收管理司关于 2009 年度税收自查有关政策问题的函》(企便函〔2009〕33 号)只是对旧的税收规定做重申，并不普遍适用于纳税人。”“文件只是对旧规定的重申，而且范围只是针对个别对象。所谓‘便函’，只是针对个别对象，不是规范文种，只有发送通知、公告等文种，才对纳税人普遍适用。”《企业所得税法实施条例》第七十一条规定，投资资产按照以下方法确定成本：①通过支付现金方式取得的投资资产，以购买价款为成本；②通过支付现金以外的方式取得的投资资产，以该资产的公允价值和支付的相关税费为成本。很显然，其中并未提及借款与利息的问题，特别是未规定借款利息与投资资产成本的关系。《企业所得税法实施条例》第三十七条规定：“企业在生产经营活动中发生的合理的不需要资本化的借款费用，在计算企业所得税时准予扣除。”税法在此使用的是“生产经营活动”，而不是“日常经营活动”。众所周知，企业的对外投资活动在一般情况下，并不属于企业的“日常经营活动”，但却属于企业的“生产经营活动”，企业对外投资活动中发生的不需要资本化的借款费用，在计算企业所得税时，是允许税前扣除的。《企业会计准则第 2 号——长期股权投资》第四条规定：“除企业合并形成的长期股权投资以外，其他方式取得的长期股权投资，应当按照下列规定确定其初始投资成本：①以支付现金取得的长期股权投资，应当按照实际支付的购买价款作为初始投资成本。初始投资成本包括与取得长期股权投资直接相关的费用、税金及其他必要支出。②以发行权益性证券取得的长期股权投资，应当按照发行权益性证券的公允价值作为初始投资成本。③投资者投入的长期股权投资，应当按照投资合同或协议约定的价值作为初始投资成本，但合同或协议约定价值不公允的除外……"《企业会计准则第 17 号——借款费用》第四条规定："企业发生的借款费用，可直接归属于符合资本化条件的资产的购建或者生产的，应当予以资本化，计入相关资产成本；其他借款费用，应当在发生时根据其发生额确认为费用，计入当期损益。"因此，企业因对外投资而发生的费用化的借款利息支出应当允许税前扣除。

七、应当资本化的借款利息不能直接税前扣除。《企业所得税法实施条例》第三十七条规定，企业为购置、建造固定资产、无形资产和经过 12 个月以上的建造才能达到预定可销售状态的存货而发生的借款，在有关资产购置、建造期间发生的合理的借款费用，应当作为资本性支出计入有关资产的成本。《企业会计准则第 17 号——借款费用》第十三条规定，购建或者生产符合资本化条件的资产达到预定可使用或者可销售状态，可从下列几个方面进行判断：①符合资本化条件的资产的实体建造（包括安装）或者生产工作已经全部完成或者实质上已经完成。②所购建或者生产的符合资本化条件的资产与设计要求、合同规定或者生产要求相符或者基本相符，即使有极个别与设计、合同或者生产要求不相符的地方，也不影响其正常使用或者销售。③继续发生在所购建或生产的符合资本化条件的资产上的支出金额很少或者几乎不再发生。购建或者生产符合资本化条件的资产需要试生产或者试运行的，在试生产结果表明资产能够正常生产出合格产品或者试运行结果表明资产能够正常运转或营业时，应当认为该资产已经达到预定可使用或者可销售状态。因此，借款费用属于资本化利息支出，相应计入资产成本中，不得在企业所得税税前扣除，后期可以通过折旧或成本结转的方式予以税前扣除。

八、集团企业统借统还利息费用的税前扣除。房地产企业统借统还，根据《国家税务总局关于印发〈房地产开发经营业务企业所得税处理办法〉的通知》（国税函〔2009〕31 号）的规定，企业集团或其成员企业统一向金融机构借款分摊集团内部其他成员企业使用的，借入方凡能出具从金融机构取得借款的证明文件，可以在使用借款的企业间合理的分摊利息费用，使用借款的企业分摊的合理利息准予在税前扣除。除房地产企业外，对其他类型的企业，各地做法不一致，部分地方将该政策扩大了适用范围，从房地产开发企业扩大到所有企业，即集团企业统借统还借款利息不受关联方债资比的限制。如《吉林省地方税务局关于明确继续执行的企业所得税有关业务问题的通知》（吉地税发〔2009〕52号）规定，企业集团或行业主管部门（以下简称总机构）对下属企业实施紧密型管理，采取由总机构统一向银行借款，然后划拨给下属企业分别使用的，总机构按使用银行借款金额分配给下属企业的利息可税前扣除。向下属企业分配的利息金额是否正确合理，由总机构所在地主管地税机关审查确认并出具适当的证明资料。总之，统借统还资金利息是否可以税前扣除，还要以主管税务机关的解释为准。

九、非银行内部机构借款利息不允许税前扣除。《企业所得税法实施条例》第四十九条规定，非银行企业内营业机构之间支付的利息，不得扣除。这里应当注意三点：一是对银行企业内部营业机构之间支付的拆借利息可以进行税前扣除；二是内部营业机构应当是指同一核算机构的内设机构间的借款，对内部借款结算利息的，企业所得税前不允许扣除。这是因为现行企业所得税法实行法人所得税制，同一核算机构，法人单位为企业所得税纳税人；三是金融企业与银行企业的区别。金融企业包括银行金融企业和非银行金融企业，银行金融企业是指国家专业银行、区域性银行、股份制银行、外资银行、中外合资银行，以及其他综合性银行。

十、混合性投资业务符合条件可以按照债权投资税前扣除。权益性投资取得回报，一般体现为股息收入，按照规定可以免征企业所得税；同时，被投资企业支付的股息不能作为费用在税前扣除。混合性投资业务是指兼具权益性投资和债权性投资双重特征的投资业务。由于混合性投资业务兼具权益性投资和债权性投资双重特征，需要统一此类投资业务政策执行口径。因此，鉴于混合性投资业务的特点，国家税务总局制定下发了《国家税务总局关于企业混合性投资业务企业所得税处理问题的公告》（国家税务总局公告2013年第41号），将此类投资业务归属于债权投资业务，并要求按照债权投资业务进行企业所得税处理，即企业混合性投资业务取得回报为利息收入，按照规定应当缴纳企业所得税；同时，被投资企业支付的利息也准予按照不超过金融企业同期同类贷款利率在税前扣除。但按照上述处理必须同时符合五个条件：一是被投资企业接受投资后，需要按投资合同或协议约定的利率定期支付利息，包括支付保底利息、固定利润或固定股息等。也就是说，此类投资回报不与被投资企业的经营业绩挂钩，不是按企业的投资效益进行分配，也不是按投资者的股份份额取得回报，投资者没有或很少承担投资风险，实际是企业的一种融资形式。二是有明确的投资期限或特定的投资条件，并在投资期满或者满足特定投资条件后，被投资企业应当偿还本金或按投资合同或协议约定的价格赎回投资。也就是说，投资期限无论是否届满，只要合同或协议约定的、需要由被投资企业偿还本金或赎回投资的条件已经满足，被投资企业必须偿还本金或赎回投资。被投资企业偿还本金或赎回投资后，做减资处理。三是被投资企业如果依法停止生产经营活动需要清算的，投资企业的投资额可以按债权进行优先清偿，但对被投资企业净资产不能按投资份额拥有所有权。四是投资企业不具有选举权和被选举权。被投资企业在选举董事会、监事会成员时，投资企业不能按持股份比例进行表决或被选为成员。五是不参与被投资企业日常生产经营活动。但是，投资资金如果指定了专门用途的，投资方企业可以监督其资金运用情况。

8.

生物资产如何进行税前扣除？

问：企业购买的生物资产包括消耗性生物资产、生产性生物资产和公益性生物资产。三种不同生物资产应当如何进行税前扣除？

答：所谓生物资产，是指有生命的动物和植物。会计准则将生物资产分为消耗性生物资产、生产性生物资产和公益性生物资产。消耗性生物资产是指为出售而持有的或在将来收获为农产品的生物资产。它包括生长中的大田作物、蔬菜、用材林以及存栏待售的牲畜等。生产性生物资产是指为产出农产品、提供劳务或出租等目的而持有的生物资产。它包括经济林、薪炭林、产畜和役畜等。公益性生物资产是指以防护、环境保护为主要目的的生物资产。它包括防风固沙林、水土保持林和水源涵养林等。

生产性生物资产以计提折旧方式进行税前扣除。《企业所得税法》及其实施条例只对生产性生物资产规定可以计提折旧，而对消耗性生物资产和公益性生物资产没有做相关规定。《企业所得税法实施条例》第六十三条规定，生产性生物资产按照直线法计算的折旧，准予扣除。企业应当自生产性生物资产投入使用月份的次月起计算折旧；停止使用的生产性生物资产，应当自停止使用月份的次月起停止计算折旧。可见，生产性生物资产与固定资产一样，其财产价值的税前扣除是通过折旧的形式进入成本费用的。生产性生物资产的计税基础（计税价值）与其他资产一样，也是按历史成本原则确定的。《企业所得税法实施条例》第六十二条规定，生产性生物资产按照以下方法确定计税基础：外购的生产性生物资产，以购买价款和支付的相关税费为计税基础；通过捐赠、投资、非货币性资产交换、债务重组等方式取得的生产性生物资产，以该资产的公允价值和支付的相关税费为计税基础。《企业所得税法》规定，生产性生物资产按照直线法计算的折旧时，也要根据生产性生物资产的性质和使用情况，合理确定生产性生物资产的预计净残值。生产性生物资产的预计净残值一经确定，不得变更。不过，生物资产的折旧年限只分两类。《企业所得税法实施条例》第六十四条规定，生产性生物资产计算折旧的最低年限如下：林木类生产性生物资产为 10 年；畜类生产性生物资产为 3 年。

消耗性生物资产按照存货处理。《企业所得税法》之所以没有规定对消耗性生物资产计提折旧，主要是根据持有该项资产的目的和与会计准则处理一致的要求决定的。企业持有消耗性生物资产，其目的是为出售或在将来收获为农产品而持有，因而出售生物资产时，可以从收入中抵扣其成本价值。而收获农产品时，其资产的价值要转入存货，也是在销售存货时再抵扣其成本价值。《企业会计准则》规定，对于消耗性生物资产，应当在收获或出售时，按照其账面价值结转成本。生产性生物资产收获的农产品成本，按照产出或采收过程中发生的材料费、人工费和应分摊的间接费用等必要支出计算确定，并采用加权平均法、个别计价法、蓄积量比例法、轮伐期年限法等方法，将其账面价值结转为农产品成本。生物资产出售、盘亏或死亡、毁损时，应当将处置收入扣除其账面价值和相关税费后的余额计入当期损益。所以，会计上和税法上对消耗性生物资产处理一致。

公益性生物资产作为费用直接进行税前扣除。公益性生物资产会计制度没有规定计提折旧，为保持与会计制度的一致，税法也没有对此做出特别规定。公益性生物资产主要是出于防护、环境保护等目的，尽管其不能直接给企业带来经济利益，但具有服务潜能，有助于企业从相关资产获得经济利益。由于公益性生物资产具有公益的目的，虽然会计上将其确认为企业资产，但实际上它属于不可变现的资产。在企业所得税上，公益性生物资产发生的支出作为费用直接进行税前扣除。

9.

企业商誉如何进行税前扣除?

问：企业合并产生的商誉如何进行财税处理?

答：目前，我国会计法规规定，企业自创商誉不得在会计上进行确认。按照《企业会计准则》，涉及企业合并的会计处理首先应区分是同一控制下的企业合并还是非同一控制下的企业合并。对于在同一控制下的企业合并，相关资产和负债按照被合并方的原账面价值入账，合并溢价只能调整资本公积和留存收益，并不确认商誉。只有非同一控制下的企业合并采用购买法时，才涉及商誉的会计处理，需要确认商誉。《企业会计准则第20号——企业合并》规定，商誉是购买方对合并成本大于合并中取得的被购买方可辨认净资产公允价值份额的差额。非同一控制下的企业合并有控股合并、吸收合并、新设合并三种形式。三种合并形式在确认商誉时又有不同：在非同一控制下的控股合并中，商誉仅体现在合并方的合并财务报表中，合并方的个别财务报表中一般不体现商誉；而在非同一控制下的吸收合并、新设合并中，因为被合并方或合并双方法人资格注销、账簿封存，商誉只体现在合并方或新设方的个别账簿和个别财务报表中。《企业会计准则》规定的商誉是“企业合并成本大于合并中取得被购买方各项可辨认净资产公允价值份额的差额”部分，即“正商誉”。如果企业合并成本小于合并取得被购买方各项可辨认净资产公允价值份额的差额，即负商誉，则计入当期损益。同时，商誉不属于无形资产。商誉是企业一种重要的资产，由于它的不可辨认性，《企业会计准则》将其从无形资产中分离而独立确认为一项资产并进行合理的计量。企业合并所形成的商誉，持有期间不再摊销。根据《企业会计准则——资产减值》的要求，企业如果拥有因企业合并所形成的商誉的，至少应当在每年年度终了进行减值测试。由于商誉不能独立产生现金流量，因此应当结合与其相关的资产组或者资产组组合至少在每年年度终了进行减值测试。商誉测试的减值部分应计入当期损益，并且一旦确认，不允许冲回。商誉在资产负债表上单独列示。《企业会计准则》附录中单设“1711—商誉”会计科目进行商誉的会计核算，商誉发生减值的，可以单独设置“商誉减值准备”科目，比照“无形资产减值准备”科目进行处理。

商誉在企业所得税上属于无形资产，《企业所得税法实施条例》规定，《企业所得税法》所称无形资产，是指企业为生产产品、提供劳务、出租或者经营管理而持有的、没有实物形态的非货币性长期资产，包括专利权、商标权、著作权、土地使用权、非专利技术、商誉等。在企业所得税法人税制的前提下，这里的商誉限于非同一控制下的吸收合并或新设合并中在合并方或新设方的个别账簿及个别财务报表中体现的商誉。而非同一控制下的控股合并产生的商誉则体现在合并资产负债表中。同时，商誉不分期摊销。《企业所得税法实施条例》规定，外购商誉的支出，在企业整体转让或者清算时，准予扣除。也就是说，商誉在企业所得税税前列支时区别于其他无形资产的分期摊销。商誉不分期摊销，只在企业整体转让或者清算时，准予扣除。

根据《企业所得税法》第十条第（七）项规定：“未经核定的准备金支出”在计算应纳税所得额时不得扣除。《企业所得税法实施条例》第五十五条规定：“企业所得税法第十条第（七）项所称未经核定的准备金支出，是指不符合国务院财政、税务主管部门规定的各项资产减值准备、风险准备等准备金支出。”因此，商誉后期减值测试记入“资产减值损失”的部分不得在企业所得税税前扣除。

10.

企业缴纳的保险费用如何进行税前扣除？

问：企业支付的各种保险费用如何进行企业所得税税前扣除？

答：保险是指投保人根据合同约定，向保险人支付保险费，保险人对于合同约定的可能发生的事故因其发生所造成的财产损失承担赔偿保险金责任。企业在日常经营中购买的包括各种责任险、财产险、投资人和职工个人险等。其中最基本的社会保险即现在通常说的是“五险”，即基本养老保险、基本医疗保险、失业保险、工伤保险和生育保险。目前，部分城市生育保险和职工基本医疗保险合并实施试点。缴纳社会保险是国家社保政策规定的，任何用人单位都应该为员工缴纳社会保险。社会保险具有基本保障性、国家强制性、互助互济性、社会福利性等性质。企业除购买社会保险外，还有一种保险——商业保险。商业保险的性质有商业的营利性。企业购买保险，其最终的受益对象有个人、有企业。那么，企业承担的保险费用是否允许进行企业所得税税前扣除？本文结合现行政策梳理如下。

一、因公出差支付的交通保险允许税前扣除。常见的企业因公出差人员意外伤害保险有随票按次购买和按年统一购买两种。《国家税务总局关于企业所得税有关问题的公告》（国家税务总局公告 2016 年第 80 号）规定，企业职工因公出差乘坐交通工具发生的人身意外保险费支出，准予企业在计算应纳税所得额时扣除。

二、国家有关特殊工种的保险可以进行税前扣除。《企业所得税实施条例》第三十六条规定，企业依照国家有关规定为特殊工种职工支付的人身安全保险费允许税前扣除。特殊工种人身安全保险主要包括以下情形：《中华人民共和国保安服务管理条例》第二十条规定，保安从业单位应当根据保安服务岗位的风险程度为保安员投保意外伤害保险。《中华人民共和国建筑法》第四十八条规定，建筑施工企业必须为从事危险作业的职工办理意外伤害保险，支付保险费。《中华人民共和国煤炭法》第四十四条规定，煤矿企业应当依法为职工参加工伤保险缴纳工伤保险费。鼓励企业为井下作业职工办理意外伤害保险，支付保险费。《高危行业企业安全生产费用财务管理暂行办法》第十八条规定，企业应当为从事高空、高压、易燃、易爆、剧毒、放射性、高速运输、野外、矿井等高危作业的人员办理团体人身意外伤害保险或个人意外伤害保险。综合所述，符合国家规定的特定行业所必须支付的商业保险可以在企业所得税前扣除。

三、向投资者或职工个人购买的商业保险费除特殊工种和国务院、税务主管部门另有规定外不得扣除。《企业所得税法实施条例》第三十六条规定，除企业依照国家有关规定为特殊工种职工支付的其他人身安全保险费和国务院、税务主管部门规定可以扣除的其他商业保险外，企业为投资者或职工支付的商业保险费，不得扣除。因此，除了上述可以税前扣除的商业保险以外，为全体员工购买的其他商业保险，不能在企业所得税前扣除，即使计入福利费、工资并为员工代扣代缴了个人所得税，也不能税前扣除，需要在年度汇算清缴时做纳税调增处理。

四、依法为职工缴纳的基本社会保险允许税前扣除。《企业所得税法实施条例》第三十五条规定，企业依照国务院有关主管部门或者省级人民政府规定的范围和标准为职工缴纳的基本养老保险费、基本医疗保险费、失业保险费、工伤保险费、生育保险费等基本社会保险费准予扣除。根据上述规定，只有按规定的范围和标准缴纳的“五险”才能在税前扣除，没有上缴至国家主管部门的“五险”，如以现金形式发放给职工个人的社会保险不得在税前扣除。但以现金形式发放给职工个人的社会保险，可以视同支付给任职或受雇员工的合理的工资薪金可以全额在税前扣除。

五、缴纳的补充养老保险费、补充医疗保险费按比例进行税前扣除。补充养老保险、补充医疗保险是在基本养老保险、基本医疗保险的基础上，政府以政策指导和政策优惠为导向，用工单位和员工共同出资，以资金积累和运作增值为主要特征，以提高出资单位员工的养老待遇为主要特点的社会保险的重要组成部分。企业为投资者或者职工支付的补充养老保险费、补充医疗保险费，在国务院财政、税务主管部门规定的范围和标准内，准予扣除。《财政部、国家税务总局关于补充养老保险费补充医疗保险费有关企业所得税政策问题的通知》（财税〔2009〕27号）规定，自2008年1月1日起，企业根据国家有关政策规定，为在本企业任职或者受雇的全体员工支付的补充养老保险费、补充医疗保险费，分别在不超过职工工资总额5%标准内的部分，在计算应纳税所得额时准予扣除；超过的部分，不予扣除。企业为部分员工支付补充养老保险费和补充医疗保险费的，应将全体职工合理的年均工资乘以参保人数之积，作为计算补充养老保险费和补充医疗保险费税前扣除的基数，并按照税收规定的标准税前扣除。《国家税务总局关于企业工资薪金及职工福利费扣除问题的通知》（国税函〔2009〕3号）规定，补充养老保险和补充医疗保险不属于职工福利费的列支范围。因此，企业依照会计制度有关规定，在应付福利费科目中列支补充养老保险费和补充养老保险费的，一方面，企业可以在税收规定的标准内调减当期实际发生的职工福利费支出，按照税收规定税前扣除；另一方面，企业可将实际发生的符合税收规定标准的补充养老保险、补充医疗保险直接计入当期损益，未通过应付福利费核算的，应按税收规定的标准予以税前扣除，超过部分纳税调增应纳税所得额。

六、企业参加财产保险允许税前扣除。《企业所得税法实施条例》第四十六条规定，企业参加财产保险，按照规定缴纳的保险费，准予扣除。同时，《企业所得税法实施条例》释义提到：企业参加的财产保险，是以企业财产及其有关利益为保险标的，又可具体分为财产损失保险、责任保险、信用保险等。企业参加财产保险的目的，是为了减少或者分散其财产可能存在的损失，从某种意义上说，增加了企业可能的经济利益。所以，企业参加财产保险所发生的保险费支出是与企业取得收入有关的支出，符合企业所得税税前扣除的真实性原则，应准予扣除。

七、企业的雇主责任保险费支出的税前扣除。《企业所得税法实施条例》第三十六条规定，除企业依照国家有关规定为特殊工种职工支付的人身安全保险费和国务院财政、税务主管部门规定可以扣除的其他商业保险费外，企业为投资者或者职工支付的商业保险费，不得扣除。该条例第四十六条规定，企业参加财产保险，按照规定缴纳的保险费，准予扣除。也就是说，实施条例规定外的“一般情况下”的商业保险不得税前扣除，财产保险可以税前扣除。《中华人民共和国保险法》第九十五条规定，保险公司的业务范围包括：①人身保险业务，包括人寿保险、健康保险、意外伤害保险等保险业务；②财产保险业务，包括财产损失保险、责任保险、信用保险、保证保险等保险业务；③国务院保险监督管理机构批准的与保险有关的其他业务。可见，责任保险属于“财产保险”范畴。而责任保险包括公众责任保险和雇主责任保险等险种。公众责任保险又称普通责任保险或综合责任保险，它以被保险人的公众责任为承保对象，是责任保险中独立的、适用范围最为广泛的保险类别。雇主责任保险是指被保险人所雇佣的员工在受雇过程中，从事与被保险人经营业务有关的工作而遭受意外或患与业务有关的国家规定的职业性疾病，所致伤、残或死亡，被保险人根据《中华人民共和国劳动法》及劳动合同应承担的医药费用及经济赔偿责任，由保险公司在规定的赔偿限额内负责赔偿的一种保险。但企业所得税的相关规定中，并未将企业参加的责任保险直接认定为财产保险。根据《国家税务总局关于责任保险费企业所得税税前扣除有关问题的公告》（国家税务总局公告 2018 年第 52 号）的规定，自 2018 年度及以后年度企业所得税汇算清缴时，企业参加雇主责任险、公众责任险等责任保险，按照规定缴纳的保险费，准予在企业所得税税前扣除。2018 年以前企业参加的责任保险不能直接比照财产保险予以税前扣除。

八、金融机构存款保险保费允许税前扣除。为了建立和规范存款保险制度，依法保护存款人的合法权益，及时防范和化解金融风险，维护金融稳定，《存款保险条例》规定，在中华人民共和国境内设立的商业银行、农村合作银行、农村信用合作社等吸收存款的银行业金融机构，应当依法投保存款保险。《财政部、国家税务总局关于银行业金融机构存款保险保费企业所得税税前扣除有关政策问题的通知》（财税〔2016〕106 号）规定，对符合条件的银行业金融机构依据《存款保险条例》的有关规定、按照不超过万分之一点六的存款保险费率，计算交纳的存款保险保费，准予在企业所得税税前扣除，准予扣除的存款保险保费为保费基数乘以存款保险费率，不包括存款保险保费滞纳金。银行业金融机构是指《存款保险条例》规定在我国境内设立的商业银行、农村合作银行、农村信用合作社等吸收存款的银行业金融机构。

九、外企为境内员工支付的境外保险费不允许税前扣除。《国家税务总局关于外商投资企业和外国企业的雇员的境外保险费有关所得税处理问题的通知》（国税发〔1998〕101 号）规定，外商投资企业和外国企业按照有关国家社会保险制度的要求，或者作为企业内部福利或奖励制度，直接为其在中国境内工作的雇员（含在中国境内有住所和无住所的雇员）支付或负担的各类境外商业人身保险费和境外社会保险费，如向境外社会保险机构和商业保险机构支付的失业保险费、退休金、储蓄金、人身意外伤害保险费、医疗保险费等，不得在企业所得税前扣除；但该境外保险费作为支付给雇员的工资、薪金的，可以在企业所得税前扣除。

11.

融资租赁租入固定资产如何进行税前扣除？

问：企业融资性租赁入的固定资产应当如何进行企业所得税税前扣除？

答：《企业所得税法实施条例》第五十八条规定，融资租入的固定资产，以租赁合同约定的付款总额和承租人在签订租赁合同过程中发生的相关费用为计税基础，租赁合同未约定付款总额的，以该资产的公允价值和承租人在签订租赁合同过程中发生的相关费用为计税基础。所以，融资租入固定资产的计税基础，应以租赁合同约定的付款总额和承租人在签订租赁合同过程中发生的相关费用之和来确定。关于融资租入固定资产的税前扣除，《企业所得税法实施条例》第四十七同时规定：“以融资租赁方式租入固定资产发生的租赁费支出，按照规定构成融资租入固定资产价值的部分应当提取折旧费用，分期扣除。”也就是说租赁费按照该资产应计提的折旧额扣除，不能一次性扣除。但在会计处理上，根据《企业会计准则》的规定，融资租入固定资产的入账价值为最低租赁付款额的现值和公允价值两者的较低者，加上在租赁谈判和签订租赁合同过程中发生的可直接归属于租赁项目的手续费、律师费、差旅费、印花税等初始直接费用。折旧期间分为两种情况进行考虑：①如果合同约定在租赁期满承租人可以取得该项固定资产的所有权，则应按固定资产的尚可使用年限计提折旧。例如，租赁期为 20 年，资产的尚可使用年限为 25 年，那么就要用 25 年计提折旧。②如果不能确定是否购买，那么就在租赁期和尚可使用年限较短的期间内计算折旧。例如，租赁期为 20 年，资产的尚可使用年限为 25 年，那么就要用 20 年计提折旧。固定资产入账价值与最低租赁付款额之间的差额，属于“未确认融资费用”，相当于融资租赁需要支付的利息，在租赁期限内分期摊销，记入“财务费用”科目。上述差异必然导致融资租人固定资产的计税基础大于初始会计成本。另外会计与税法计提固定资产的方法与折旧年限不一致等，都会造成会计与税法每年计提的折旧数额可能不一致，融资租入固定资产的折旧与正常购入固定资产一样，于每年进行所得税申报时进行相应税会差异纳税调整，一般为调减应纳税所得额。企业每期采用实际利率法分摊未确认融资费用，按当期应分摊的未确认融资费用金额，借记“财务费用”科目，贷记“未确认融资费用”科目。而税法对融资租赁方式租入固定资产的计价不考虑最低租赁付款额现值，不承认会计确认的未确认融资费用，也不存在未确认融资费用的摊销。会计上对未确认融资费用进行每期摊销时，计入财务费用，税法不允许在税前扣除，每年进行所得税申报时，应调增应纳税所得额。

12.

退休人员统筹外费用如何进行财税处理？

问：企业退休人员领取的统筹外费用，如过年过节获得的各种津贴，

生活、医疗、丧葬费用等补贴应当如何进行会计处理？企业退休人员从原企业领取的统筹外收入是否缴纳个人所得税？企业支付退休员工统筹外的各种费用是否允许进行企业所得税税前扣除？

答：企业退休人员统筹外费用是国家为保障企业职工退休后的养老、医疗等生活待遇，允许有条件的企业在基本养老保险、基本医疗保险之外发放的阶段性、过渡性、有限性福利补贴。

（1）以下是关于企业支付退休人员统筹外费用的会计处理。《财政部关于企业加强职工福利费财务管理的通知》（财企〔2009〕242 号）规定，企业职工福利费是指企业为职工提供的除职工工资、奖金、津贴、纳入工资总额管理的补贴、职工教育经费、社会保险费和补充养老保险费（年金）、补充医疗保险费及住房公积金以外的福利待遇支出。企业职工福利费支出包括离休人员的医疗费及离退休人员其他统筹外费用。企业重组涉及的离退休人员统筹外费用，按照《财政部关于企业重组有关职工安置费用财务管理问题的通知》（财企〔2009〕117 号）执行。国家另有规定的，从其规定。虽然离退休人员已经不再为企业提供劳务，应当纳入社会保障体制予以保障，但由于目前我国社会保障水平仍然比较低，企业为他们支付统筹外费用，实质上属于延期支付福利。因此，在正常情况下，企业为本企业离退休人员发放或支付的统筹外费用应纳入职工福利费管理。

根据《企业会计准则第 38 号——首次执行企业会计准则》应用指南的有关规定，首次执行日企业的职工福利费余额，应当全部转入应付职工薪酬（职工福利）。《财政部关于实施修订后的〈企业财务通则〉有关问题的通知》（财企〔2007〕48 号）等相关文件规定，截至 2006 年 12 月 31 日的应付福利费账面余额为结余的，继续按照原有规定使用，待结余使用完毕后，再按照修订后的《企业财务通则》执行。也就是说，如果 2006 年 12 月 31 日底应付福利费账面余额为结余未使用完的，则支付企业退休人员统筹外费用会计处理为：借记“应付职工薪酬”，贷记“货币资金”等；如果没有结余或结余使用完毕后，则会计处理为：借“记管理费用”，贷记“应付职工薪酬——职工福利”；支付统筹外费用时，借记“应付职工薪酬——职工福利”，贷记“货币资金”等。另外，对实施“工效挂钩”的企业，《财政部关于企业新旧财务制度衔接有关问题的通知》（财企〔2008〕34 号）规定，企业截至 2006 年 12 月 31 日拖欠的离退休人员符合国家规定的统筹项目外养老费用，经职工（代表）大会审议通过后，也可从实施工效挂钩政策形成的应付工资结余中列支，即借记“应付职工薪酬——工资”，贷记“货币资金”等。

企业重组支付离退休人员的统筹外费用，应当按照《财政部关于企业重组有关职工安置费用财务管理问题的通知》（财企〔2009〕117号）执行。主要有以下特殊要求：一是按规定从重组前企业净资产中预提离退休人员统筹外费用，由重组后企业承担人员管理责任的，重组后企业发放或支付的离退休人员统筹外费用，从预提费用中直接核销，不作为企业职工福利费。二是企业实行分立式重组，将离退休人员移交存续企业或者上级集团公司集中管理，并将按规定预提的统筹外费用以货币资金形式支付给管理单位的，管理单位发放或支付的离退休人员统筹外费用，从专户中列支，也不作为管理单位的职工福利费。三是企业在《财政部关于企业重组有关职工安置费用财务管理问题的通知》（财企〔2009〕117号）实施前完成重组，重组后企业将离退休人员移交上级集团公司集中管理，但当时未预提并划转相应资金的，重组后企业定期向上级集团公司缴纳费用，应当纳入职工福利费；上级集团公司代为支付的离退休人员统筹外费用，不纳入上级集团公司职工福利费。《财政部关于企业重组中退休人员统筹外费用财务管理问题的通知》（财企〔2010〕84号）进一步明确了退休人员统筹外费用的列支办法。财企〔2010〕84号文件按照退休人员的退休时间，将其分为重组基准日之前退休的人员和其他情形的退休人员，同时将统筹外费用分为重组基准日之前和之后的费用：企业向重组基准日之前退休的人员支付的统筹外费用，符合规定条件的，经履行国有资产出资人职责的机构、部门批准后，可以从重组前企业净资产中预提。对此，企业会计处理为：借记“资本公积（留存收益）”，贷记“其他应付款”；其他情形的退休人员统筹外费用，以及重组基准日之后退休的人员统筹外费用均不得从重组前企业净资产中预提。仍需支付的，由重组后管理退休人员的企业自行承担。对此，企业应作如下会计处理：借记“应付职工薪酬——职工福利（补贴）”，贷记“其他应付款”。

（2）以下是关于退休人员统筹外费用的个人所得税。《个人所得税法》规定，按照国家统一规定发给干部、职工的退职费、退休工资、离休工资、离休生活补助费可以免纳个人所得税。这里规定的免税范围即我们通常所说的退休金、养老金和根据专门政策发放的离休生活补助费。但离退休人员除按规定领取离退休工资或养老金外，《国家税务总局关于离退休人员取得离退休工资以外的奖金补贴征税问题的批复》（国税函〔2008〕723号）规定，离退休人员当月从原任职单位取得的各项生活补贴、奖金、实物等，在减除费用扣除额后，按照工资、薪金所得项目缴纳个人所得税。

支付给离退休人员非“人人有份”的临时性生活困难补助，比如离退休人员的医疗费用、丧葬费等，应当属于福利费用范畴。《个人所得税法》第四条规定，福利费、抚恤金、救济金免征个人所得税。《个人所得税法实施条例》第十四条规定，所说的福利费，是指根据国家有关规定，从企业、事业单位、国家机关、社会团体提留的福利费或者工会经费中支付给个人的生活补助费。《国家税务总局关于生活补助费范围确定问题的通知》（国税发〔1998〕155号）又规定，上述所称生活补助费，是指由于某些特定事件或原因而给纳税人或其家庭的正常生活造成一定困难，其任职单位按国家规定从提留的福利费或者工会经费中向其支付的临时性生活困难补助。但是从福利费和工会经费中支付给单位职工的“人人有份”的补贴、补助，不在福利费免税范围之内。

（3）以下是关于退休人员统筹外费用的企业所得税税前扣除。实践中，企业支付离退休人员统筹外费用的企业所得税税前扣除有三种不同观点。第一种观点认为企业支付离退休人员统筹外费用不允许据实税前扣除。其理由有三：一是参照原《国家税务总局大企业税收管理司关于2009年度税收自查有关政策问题的函》（企便函〔2009〕33号，已废止）第一条第十款规定，企业向退休人员发放的补助不得税前扣除。二是人员已经退休，向其发放的各项补助与生产经营无关，根据《企业所得税法》有关规定，与生产经营无关的支出不可以扣除。三是《国家税务总局关于企业工资薪金及职工福利费扣除问题的通知》（国税函〔2009〕3号）规定，企业职工福利费包括以下内容：①尚未实行分离办社会职能的企业，其内设福利部门所发生的设备、设施和人员费用，包括职工食堂、职工浴室、理发室、医务所、托儿所、疗养院等集体福利部门的设备、设施及维修保养费用和福利部门工作人员的工资薪金、社会保险费、住房公积金、劳务费等。②为职工卫生保健、生活、住房、交通等所发放的各项补贴和非货币性福利，包括企业向职工发放的因公外地就医费用、未实行医疗统筹企业职工医疗费用、职工供养直系亲属医疗补贴、供暖费补贴、职工防暑降温费、职工困难补贴、救济费、职工食堂经费补贴、职工交通补贴等。③按照其他规定发生的其他职工福利费，包括丧葬补助费、抚恤费、安家费、探亲假路费等。由此可见，国税函〔2009〕3 号文件没有将离退休人员的统筹外费用列入职工福利费的范畴。第二种观点认为，企业支付离退休人员统筹外费用应当据实进行税前扣除。比如，《大连市地方税务局关于企业所得税若干税务事项衔接问题的通知》（大地税函〔2009〕91 号）第十条规定，纳税人为离退休人员发放（报销）的取暖补贴（取暖费）、医疗费用（未实行医疗统筹的离退休人员）等相关费用，允许在税前据实扣除。第三种观点认为，企业支付的离退休人员统筹外费用应作为职工福利费用，实际发生的职工福利费用总额未超过工资总额的 14% 应当允许税前扣除。企便函〔2009〕33 号文件不是国家税务总局的正式文件，仅适用于大企业自查，其他企业不执行，并且该文件已予以废止。该文件解释不可以扣除的理由是，该项支出不符合工资薪金支出税前扣除的条件，但并没有说明是否属于福利费范畴。《国家税务总局关于做好 2009 年度企业所得税汇算清缴工作的通知》（国税函〔2010〕148 号）第三条规定，《企业所得税法》规定不明确的，在没有明确规定之前，暂按企业财务、会计规定计算。支付退休人员的费用税前扣除，税法没有明确，据此规定，可以按照财务的规定处理，财务制度规定离退休人员的统筹外费用作为福利费核算，税务上也可以作为福利费在规定的限额内扣除。另外，以前年度累计计提但尚未实际使用的职工福利费余额，《国家税务总局关于做好 2007 年度企业所得税汇算清缴工作的补充通知》（国税函〔2008〕264 号）第三条规定，2007 年度的企业职工福利费，仍按计税工资总额的 14% 计算扣除，未实际使用的部分，应累计计入职工福利费余额；2008 年及以后年度发生的职工福利费，应先冲减以前年度累计计提但尚未实际使用的职工福利费余额，不足部分按新企业所得税法规定扣除。

上述观点都有一定的道理。综合我国的实际情况，对退休人员的补助是劳动制度改革的历史产物，尤其是在国有企业中比较普遍。根据《财政部关于鞍山钢铁集团执行职工福利费财务管理规定有关问题的意见》（财办企〔2010〕23 号）第一条的解释，离退休人员的统筹外费用属于对离退休职工延期支付的生活、医疗等福利。它既然属于延期支付的生活、医疗等福利，就可以认为与生产经营有关，应可以在税前扣除。而企业已尽了应尽的社会义务，即离退休人员已经参加社会统筹，不再参与企业的生产经营活动，因此企业向离退休人员额外支付的补贴、补助费用属于与生产经营无关的费用，不应允许税前扣除。所以笔者认为，企业支付给退休人员的费用，应区别以下两种情况处理：①支付给已经参加社会统筹的离退休人员的费用，不能税前列支。在退休之前，企业为员工缴纳社保，已经承担了相应的义务，员工退休之后，企业不需再承担有关义务，退休人员的生活问题靠社会统筹解决。《企业所得税法》第八条规定，企业实际发生的与取得收入有关的、合理的支出，包括成本、费用、税金、损失和其他支出，准予在计算应纳税所得额时扣除。企业发放的退休人员补贴与取得的收入无关，因此，企业向退休人员发放的补助不得进行税前扣除。这也体现了税收公平原则。②支付给未参加社会统筹的离退休人员的费用，或者政府规定企业应对退休人员承担的费用，按照过去的用工制度，退休人员的生活需由企业解决，属于与生产经营有关的支出，应可以税前扣除。

13.

业务招待费如何进行税前扣除？

问：企业发生的业务招待费用如何进行企业所得税税前扣除？

答：会计核算要求企业发生的业务招待费应当记入“管理费用”的二级科目“业务招待费”，但这只是一般性的规定。根据“划分收益性支出与资本性支出原则”“实际成本原则”“配比原则”等会计核算的一般原则，企业在筹建期间发生的业务招待费，按会计制度应记入“长期待摊费用——开办费”（企业会计准则要求开办费在发生时即可计入管理费用，而无须在长期待摊费用中归集），开办费应当在开始生产经营的当月一次计入当月的损益。业务招待费是指企业为经营业务的需要而支付的应酬费用，其超标扣除是许多企业面临的问题，也是所得税汇算清缴时涉及调整最多的成本费用项目。本文就企业发生的业务招待费的税前扣除政策分析如下。

一、业务招待费的范围。关于业务招待费的范围，不论是财务会计制度还是新旧税法都未给予准确的界定。在一般情况下，企业的业务招待费包括两部分：一是日常性业务招待费支出，如餐饮费、住宿费、交通费等；二是重要客户的业务招待费，即除前述支出外，还有赠送给客户的礼品费、正常的娱乐活动费、安排客户旅游的费用等。在税务执法实践中，通常将业务招待费的支付范围界定为餐饮、香烟、水、食品、正常的娱乐活动等产生的费用支出。应当注意企业的业务招待费与会议费、差旅费、广告和业务宣传费等的区分。比如单位召开会议时，往往在租用的酒店或宾馆内统一用餐，而这部分餐饮支出属于会议费范畴。但纳税人发生的与其经营活动有关的差旅费、会议费、董事费，主管税务机关要求提供证明资料的，应能够提供证明其真实性的合法凭证，否则不得在税前扣除。又如，外购的礼品用于赠送给客户应作为业务招待费，但如果礼品是纳税人自行生产或经过委托加工，对企业的形象、产品有标记及宣传作用的，则也可作为广告费和业务宣传费支出。

二、业务招待费税前扣除限额。考虑到商业招待和个人消费之间难以区分，为加强管理，同时借鉴国际经验，《企业所得税法实施条例》第四十三条规定，企业发生的与生产经营活动有关的业务招待费支出，按照发生额的 60% 扣除，但最高不得超过当年销售（营业）收入的 5‰。也就是说，企业至少要自己承担四成的业务招待费，但总额不能突破收入的 5‰。举例：假设 A 公司年销售收入为 20 000 万元，如果当年的业务招待费为 80 万元，按照收入的 5‰计算应扣除 20 000 × 5‰ = 100（万元），按照发生额的 60% 计算应扣除 80 × 60% = 48（万元），100 万元 >48 万元，则允许企业所得税税前扣除的业务招待费为 48 万元。如果 A 公司当年的业务招待费为 200 万元，按照收入的 5‰计算应扣除 20 000 × 5‰ = 100（万元），按照发生额的 60% 计算应扣除 200 × 60% = 120（万元），100（万元）<120（万元），则允许企业所得税税前扣除的业务招待费为 100 万元。超过标准的业务招待费不允许结转以后年度扣除。

三、业务招待费扣除限额基数的确定。业务招待费以销售（营业）收入作为扣除基数。企业根据国家统一会计制度确认的主营业务收入、其他业务收入，以及根据税收规定确认的视同销售收入作为计算业务招待费扣除限额的计算基数，营业外收入、投资收益等不包括在内。视同销售是指会计上不作为销售核算，而在税收上作为销售、确认收入计缴税金的商品或劳务的转移行为。《企业所得税法实施条例》第二十五条规定，企业发生非货币性资产交换，以及将货物、财产、劳务用于捐赠、赞助、集资、广告、样品、职工福利和利润分配等用途的，应当视同销售货物、转让财产和提供劳务，国务院财政、税务主管部门另有规定的除外。《国家税务总局关于贯彻落实企业所得税法若干税收问题的通知》（国税函〔2010〕79号）第八条规定，对从事股权投资业务的企业（包括集团公司总部、创业投资企业等），其从被投资企业所分配的股息、红利以及股权转让收入，可以按规定的比例计算业务招待费扣除限额。需要注意的是，计算基数仅包括从被投资企业所分配的股息、红利以及股权转让收入三项收入，不包括按权益法核算的账面投资收益以及按公允价值计量金额资产的公允价值变动。

税务稽查查补收入可以作为计算业务招待费扣除限额的基数。《国家税务总局关于查增应纳税所得额弥补以前年度亏损处理问题的公告》（国家税务总局公告2010年第20号）第一条规定，查补收入可以弥补以前年度的亏损。《国家税务总局关于企业所得税年度纳税申报口径问题的公告》（国家税务总局2011年第29号）进一步对查增应纳税所得额的填报予以明确。该公告规定，查补的收入属于“主营业务收入、其他业务收入、视同销售收入”中的一部分，在补充申报的时候必然会填到“销售（营业）收入合计”里，业务招待费扣除的限额是以年度“全年销售（营业）收入”为基数，既然税收上已经确认收入，而查补的收入属于其发生年度收入的一部分，当然应允许其作为计算扣除业务招待费限额基数。

四、筹建期间业务招待费的税前扣除。《国家税务总局关于企业所得税应纳税所得额若干税务处理问题的公告》（国家税务总局公告2012年第15号）第五条规定：“企业在筹建期间，发生的与筹办活动有关的业务招待费支出，可按实际发生额的60%计入企业筹办费，并按有关规定在税前扣除；发生的广告费和业务宣传费，可按实际发生额计入企业筹办费，并按有关规定在税前扣除。”《国家税务总局关于贯彻落实企业所得税法若干税收问题的通知》（国税函〔2010〕79号）第七条规定，企业自开始生产经营的年度，为开始计算企业损益的年度。企业从事生产经营之前进行筹办活动期间发生筹办费用支出，不得计算为当期的亏损，应按照《国家税务总局关于企业所得税若干税务事项衔接问题的通知》（国税函〔2009〕98号）第九条规定执行。《国家税务总局关于企业所得税若干税务事项衔接问题的通知》（国税函〔2009〕98号）第九条规定，新税法中开（筹）办费未明确列作长期待摊费用，企业可以在开始经营之日的当年一次性扣除，也可以按照新税法有关长期待摊费用的处理规定处理，但一经选定，不得改变。因此，企业按实际发生额 60% 计入筹办费的业务招待费在扣除时不应受当年销售（营业）收入 5‰的限制。即开办期间发生的业务招待费的 60% 在开始经营之日的当年一次性扣除，也可以自支出发生月份的次月起，按不得低于 3 年的期限平均摊销；当年度发生的业务招待费仍按照业务招待费的规定计算扣除。

五、房地产企业预售期间发生业务招待费的税前扣除。房地产企业销售完工开发产品，一般是以房屋交付的时间作为会计收入确认的时间，正式签订《房地产销售合同》或《房地产预售合同》所收取的预售收入并不确认收入的实现。如果按照统一的会计制度所确认的收入作为计算业务招待费扣除限额的基数，则对于首次房地产开发的企业预售期间发生的业务招待费，因为收入为零，相应允许税前扣除的业务招待费也为零，显然不符合情理。在房地产企业所得税的处理方面，《国家税务总局关于印发 < 房地产开发经营业务企业所得税处理办法 > 的通知》（国税发〔2009〕31 号）第六条规定，企业通过正式签订《房地产销售合同》或《房地产预售合同》所取得的收入，应确认为销售收入的实现。该通知第九条规定，企业销售未完工开发产品取得的收入，应先按预计计税毛利率分季（或月）计算出预计毛利额，计入当期应纳税所得额。从该通知第六条、第九条的规定中可以看出，房地产企业通过签订《房地产预售合同》所取得的收入，在税务处理上也应确认为销售收入的实现。这一部分收入实质上是企业销售未完工开发产品取得的收入。也就是说，新 31 号文件改变了旧 31 号文件关于“预售收入不得作为广告费、业务招待费税前扣除基数”的规定。在新 31 号文件中，已经没有了“预售收入”的表述，而是被“销售未完工开发产品取得的收入”所代替。企业只要与消费者正式签订了《房地产预售合同》，其取得的销售收入企业所得税纳税义务时间已经发生，企业就应将此销售收入并入收入总额计征企业所得税。虽然此部分收入在会计核算上作为预收账款处理，但税收上属于应税收入，可以将其理解为税收上的视同销售收入。因此，房地产开发企业销售未完工产品取得的销售收入可作为计算业务招待费、广告费和业务宣传费的销售（营业）收入基数。但开发产品完工后会计核算转销售收入时，已作为计提基数的未完工开发产品的销售收入不得重复计算业务招待费扣除限额。

14.

佣金及手续费用如何进行税前扣除?

问：企业支付的佣金及手续费用应当如何进行企业所得税税前扣除?

答：社会中介机构是指依法设立的运用专门的知识和技能，按照一定的业务规则或程序为委托人提供中介服务，并收取相应费用的组织。市场经济发展的理论和实践都已证明，各类社会中介机构是市场机制运行的最重要主体之一，而社会中介机构在服务于市场经济过程中，其独立、客观、公正是其基本特性。目前，我国正处于市场经济转轨过程中，重要的任务之一是转变政府职能，实行政企分开，在这种情况下，政府与企业之间、企业与企业之间的经济签证必须要求独立于政府与企业的社会中介机构的介入，由社会中介机构来承接政府转移的一些中介服务和签证职能。具体来说，一方面，各类社会中介机构依靠其特定的职能和服务，规范市场微观主体的经营活动，是社会经济组织的决策支持者，是企业经营管理行为的评价者，是企业财务状况的签证者，是投资人权益的维护者，是资本流动的引导者；另一方面，在宏观经济领域，依据政府制定的法律、法规和政策对市场主体进行规范和调整，将其活动纳入规范化、法制化的轨道，同时按政府的需要进行专项监督，将政府对经济的宏观调控政策落到实处，成为社会经济活动的监督者。我国社会中介机构的产生一方面是由于体制改革的深入，对外开放的扩大，商品经济发展的需要；另一方面则是由政府推动的结果，对政府部门的依附性较强。因此，我国现在的社会中介机构缺乏独立性是其重要特点，不具有独立性，导致了社会中介机构的客观性、公正性受到限制，权威性受到怀疑。另外，各种中介机构大多从创办之日起，就是挂靠单位“创收”的最佳途径、“小金库”的重要来源。由于挂靠单位与所属中介机构在经济利益上休戚相关，便引发出种种弊端：一是分割市场，垄断执业；二是政府职能市场化，强制服务乱收费。违背市场规律的行政干预也滋养了诸如行业垄断、地区封锁、管理混乱等现象，使我国中介机构在市场经济环境中的综合竞争力先天不足。以下结合《财政部、国家税务总局关于企业手续费及佣金支出税前扣除政策的通知》（财税〔2009〕29号）等相关规定，就企业发生的手续费及佣金的企业所得税政策分析如下。

一、手续费及佣金的范围。手续费是为代理他人办理有关事项所收取的一种劳务补偿，或对委托人来讲，是属于因他人代为办理有关事项而支付的相应报酬。如保险业手续费是指每张保险单平均承担的保险公司营业费用、佣金以及保险公司对该保单所承担的保险责任所收取的三项费用之和。证券交易手续费是指投资者在做不同证券产品交易时所需缴纳的费用。手续费的分类，据不完全统计大致可以包括：银行服务（购买支票、汇兑等）、证券、期货、保险、信用证、贷款、融资租赁、代销、拍卖等。所称佣金，是指经营者在市场交易中给予为其提供服务的具有合法经营资格的中间人的劳务报酬。

二、手续费及佣金税前扣除比例。财税〔2009〕29 号文件规定，企业应与具有合法经营资格中介服务企业或个人签订代办协议或合同，并按国家有关规定支付手续费及佣金。在手续费及佣金支出的扣除上，财产保险企业按当年全部保费收入扣除退保金等后余额的 15%（含本数，下同）计算限额；人身保险企业按当年全部保费收入扣除退保金等后余额的 10% 计算限额。其他企业按与具有合法经营资格中介服务机构或个人所签订服务协议或合同确认的收入金额的 5% 计算限额。企业为发行权益性证券支付给有关证券承销机构的手续费及佣金不得在税前扣除。按照新企业会计准则的规定，与发行权益性证券直接相关的手续费、佣金等交易费用，借记"资本公积——股本溢价"等科目，贷记"银行存款"等科目。也就是说，对于企业为发行权益性证券支付给有关证券承销机构的手续费及佣金的会计处理与税务处理是一致的，即均不得计入成本费用，应该在企业的"所有者权益——资本公积"中列支。

另《国家税务总局关于印发〈房地产开发经营业务企业所得税处理办法〉的通知》（国税发〔2009〕31 号）规定，企业委托境外机构销售开发产品的，其支付境外机构的销售费用（含佣金或手续费）不超过委托销售收入 10% 的部分，准予据实扣除。

三、以现金等非转账方式支付的手续费及佣金不得在税前扣除。财税〔2009〕29 号文件规定："除委托个人代理外，企业以现金等非转账方式支付的手续费及佣金不得在税前扣除。"对于单位之间的计算，资金结算方式要求必须是转账方式，从某种程度上是为了防止企业逃避国家税收。

四、手续费及佣金不得坐支。企业支付的手续费及佣金不得直接冲减服务协议或合同金额，并如实入账。例如，某房地产开发企业与 ×× 营销代理公司签订了《商品房委托代理销售合同》，合同中约定销售总金额为 3 亿元，房地产开发公司支付销售佣金 600 万元（占合同金额的 2%）。正确的处理方式是：营销代理公司将商品房销售款 3 亿元按照合同约定支付给房产公司，而房地产开发公司也支付销售佣金 600 万元，并取得合规的票据，房地产开发公司支付的佣金完全是可以进行税前扣除的。但是，如果营销代理公司将销售佣金 600 万元从应该支付的商品房销售款 3 亿元中扣除，仅仅支付房地产开发公司 2.94 亿元，房地产开发公司按照 2.94 亿元作为销售收入处理。那么，按照规定房地产开发公司的收入是不能以抵减销售佣金后金额进行处理的，明显存在涉税风险。

企业不得将手续费及佣金支出计入回扣、业务提成、返利、进场费等费用。《中华人民共和国反不正当竞争法》第八条规定，属于商业贿赂性质的支出，自然不得在税前扣除。"销售折扣""返利"属于交易双方也即销售方给予购买方所达成的让价让利行为，是一种促销激励手段，与手续费及佣金不能等同，其所发生的折扣及让利按照其他相关规定处理。"业务提成"一般是企业内部员工或销售人员根据达成的业务量，企业给予一定比例的劳务报酬，一般会计核算直接记入"销售费用"科目或工资薪酬范畴。"进场费"是商业企业凭借其渠道优势而向供应商收取的一次性的"入门费"，是一种商业活动行为，与销售商品数量和金额及服务无关，支付方可凭合法有效凭证据实在税前扣除。财税〔2009〕29 号文件强调，不得将手续费及佣金支出变通为进场费等费用处理，意在防范企业将存在税前扣除限额的项目混为据实扣除的项目。企业应当如实向当地主管税务机关提供当年手续费及佣金计算分配表和其他相关资料，并依法取得合法真实凭证。

五、手续费和佣金的资本化。企业会计制度规定：企业发生的手续费及佣金支出，在销售（营业）费用中据实列支；购买固定资产、无形资产等长期资产过程中发生的佣金及手续费作为资本性支出通过折旧、摊销等方式进行分期扣除；购买存货可准确归于特定存货对象的，计入存货采购成本，反之计入当期损益；企业发行权益性证券手续费及佣金支出借记"资本公积——股本溢价"等科目，贷记"银行存款"等科目，发行失败，则相应的支出直接计入当期损益；企业发行债权性证券而发生的手续费及佣金支出作为借款费用处理，属于资本性质支出的，应予以资本化，反之则直接记入当期损益;《企业会计准则第 25 号——原保险合同》第十七条规定，保险人在取得原保险合同过程中发生的手续费、佣金，应当在发生时计入当期损益。以上是会计制度上对手续费及佣金支出的会计处理规定。企业已计入固定资产、无形资产等相关资产的手续费及佣金支出，应当通过折旧、摊销等方式分期扣除，不得在发生当期直接扣除。企业必须分清资本性支出与费用化开支的界限。凡是应该计入固定资产、无形资产等相关资产的手续费及佣金支出，不得计入当期的销售费用而一次性税前扣除，必须按照《企业会计准则》的规定，通过折旧、摊销等方式分期扣除。

举例：某工业企业拟通过竞拍方式获取土地一宗，用于自建厂房。2009年2月18日该企业通过竞拍成功获取土地40亩，其土地价款为1亿元。按照与拍卖公司签订的《拍卖合同》约定，该公司应该支付土地拍卖佣金200万元给拍卖公司。这200万元的拍卖佣金，按照《企业会计准则》的规定，应该记入“无形资产——土地使用权”，构成土地价值的组成部分，按照土地使用年限分年摊入成本费用从而进行税前扣除。如果该企业将200万元的拍卖佣金计入了2009年的当期费用，按照财税〔2009〕29号文件的规定，是不可以进行税前扣除的。

六、商事代理手续费不受比例扣除限制。财税〔2009〕29号文件，对手续费及佣金支出的扣除比例进行了规定，并应同时具备至少包括五个方面的条件：企业实际发生的；与企业的生产经营相关的；需要签订书面合同或协议；签订合同或协议的单位或个人应该具有“中介服务”的经营范围以及中介服务资格证书；签订合同或协议的单位或个人，不包括交易双方及其雇员、代理人和代表人等。因此，超过比例的以及不能同时满足上述五个方面条件的手续费及佣金支出不能在税前扣除，需进行纳税调整。一般企业的佣金基本继承了过去的规定，按收入的5%计算扣除，只是新规定没强调扣除凭证要合法（不强调不等于没有），继续要求收取佣金的人必须是“具有合法经营资格中介服务机构或个人（不含交易双方及其雇员、代理人和代表人等）”。目前我国法律除了对保险和证券中介机构进行了定义外，还没有统一的中介机构的法律定义。《国家计划委员会、国家经济贸易委员会、财政部、监察部、审计署关于印发〈中介服务收费管理办法〉的通知》（计价格〔1999〕2255号）规定：“中介机构是指依法通过专业知识和技术服务，向委托人提供公证性、代理性、信息技术服务性等中介服务的机构。（一）公证性中介机构具体指提供土地、房产、物品、无形资产等价格评估和企业资信评估服务，以及提供仲裁、检验、鉴定、认证、公证服务等机构。（二）代理性中介机构具体指提供律师、会计、收养服务，以及提供专利、商标、企业注册、税务、报关、签证代理服务等机构；（三）信息技术服务性中介机构具体指提供咨询、招标、拍卖、职业介绍、婚姻介绍、广告设计服务等机构。”从这个定义看，它只是把民事代理的企业作为中介机构了，并未包括商事代理。现行税收政策规范的是企业与中介机构的手续费和佣金，并不包括商事代理行为，例如企业委托商场代销并支付手续费，商场不属于中介机构，商场代销的商事代理手续费的税前扣除应当不受该文件比例的限制。

15.

职工福利费如何进行税前扣除？

问：企业发生的职工福利费用如何进行企业所得税税前扣除？

答：职工福利费是中国职工薪酬体系中的关键环节，也是维护正常的收入分配秩序，保护国家、股东、企业和职工合法权益的有效保障。广义的职工福利泛指在支付工资、奖金之外的所有待遇，包括社会保险在内。狭义的职工福利是指企业根据劳动者的劳动在工资、奖金，以及社会保险之外的其他待遇。本文就职工福利费的税前扣除分析如下。

一、职工福利费用列支范围。企业职工福利费是指企业为职工提供的除职工工资、奖金、津贴、纳入工资总额管理的补贴、职工教育经费、社会保险费和补充养老保险费（年金）、补充医疗保险费及住房公积金以外的福利待遇支出。《国家税务总局关于企业工资薪金及职工福利费扣除问题的通知》（国税函〔2009〕3号）规定，职工福利费包括以下内容：①尚未实行分离办社会职能的企业，其内设福利部门所发生的设备、设施和人员费用，包括职工食堂、职工浴室、理发室、医务所、托儿所、疗养院等集体福利部门的设备、设施及维修保养费用和福利部门工作人员的工资薪金、社会保险费、住房公积金、劳务费等。②为职工卫生保健、生活、住房、交通等所发放的各项补贴和非货币性福利，包括企业向职工发放的因公外地就医费用、未实行医疗统筹企业职工医疗费用、职工供养直系亲属医疗补贴、供暖费补贴、职工防暑降温费、职工困难补贴、救济费、职工食堂经费补贴、职工交通补贴等。③按照其他规定发生的其他职工福利费，包括丧葬补助费、抚恤费、安家费、探亲假路费等。企业所得税列入职工福利费的范围，与我们通常所说“企业职工福利”相比大大缩小，如企业发给员工的“年货”“过节费”、节假日物资及组织员工旅游支出等都不在此列。会计计入“职工福利”核算的内容相对于企业所得税界定的职工福利费要宽泛得多。《财政部关于企业加强职工福利费财务管理的通知》（财企〔2009〕242号）规定，企业职工福利费包括发放给职工或为职工支付的以下各项现金补贴和非货币性集体福利：①为职工卫生保健、生活等发放或支付的各项现金补贴和非货币性福利，包括职工因公外地就医费用、暂未实行医疗统筹企业职工医疗费用、职工供养直系亲属医疗补贴、职工疗养费用、自办职工食堂经费补贴或未办职工食堂统一供应午餐支出、符合国家有关财务规定的供暖费补贴、防暑降温费等。②企业尚未分离的内设集体福利部门所发生的设备、设施和人员费用，包括职工食堂、职工浴室、理发室、医务所、托儿所、疗养院、集体宿舍等集体福利部门设备、设施的折旧、维修保养费用以及集体福利部门工作人员的工资薪金、社会保险费、住房公积金、劳务费等人工费用。③职工困难补助，或者企业统筹建立和管理的专门用于帮助、救济困难职工的基金支出。④离退休人员统筹外费用，包括离休人员的医疗费及离退休人员其他统筹外费用。企业重组涉及的离退休人员统筹外费用，按照《财政部关于企业重组有关职工安置费用财务管理问题的通知》（财企〔2009〕117号）执行。国家另有规定的，从其规定。⑤按规定发生的其他职工福利费，包括丧葬补助费、抚恤费、职工异地安家费、独生子女费、探亲假路费，以及符合企业职工福利费定义但没有包括在本通知各条款项目中的其他支出。从税会比较来看，比如离退休人员统筹外费用等不属于企业所得税职工福利费范围。财企〔2009〕242号文件同时规定：“企业为职工提供的交通、住房、通信待遇，已经实行货币化改革的，按月按标准发放或支付的住房补贴、交通补贴或者车改补贴、通信补贴，应当纳入职工工资总额，不再纳入职工福利费管理……”为与会计保持一致性，《国家税务总局关于企业工资薪金和职工福利费等支出税前扣除问题的公告》（国家税务总局公告2015年第34号）规定，列入企业员工工资薪金制度、固定与工资薪金一起发放的福利性补贴，可作为企业发生的工资薪金支出，按规定在税前扣除。不能同时符合上述条件的福利性补贴，应作为职工福利费，按规定计算限额税前扣除。这改变了以往将所有福利性支出计入职工福利费的做法。

二、职工福利费税前扣除标准。《企业所得税法》施行以后，将原来的按计税工资的14%计提（余额可结转下期使用）职工福利费，改为"企业发生的职工福利费支出，不超过工资、薪金总额14%的部分，准予扣除"。即允许企业所得税前扣除的职工福利费不仅是企业实际发生，并且不得超过工资薪金总额的14%，超过部分不得税前扣除，且不得结转到以后年度税前扣除。实务中，部分企业把不属于职工福利费开支范围的费用作为职工福利费列支，最典型的是不少企业把应该作为业务招待费支出的礼品、食品、茶叶、正常的娱乐活动、安排客户旅游产生的费用以及不合理支出等作为企业内部职工的集体福利支出，在职工福利费中列支，以为这样只要职工福利费不超过工资薪金总额的14%，就能全额进行税前扣除。其实，虽然企业实际发生的职工福利费未"超标"，但企业所得税应按照实际发生的职工福利费税前扣除，不属于职工福利费范围而计入职工福利费的，仍应当进行企业所得税纳税调整。企业为职工支付的娱乐、健身、旅游、招待、购物、馈赠等支出，购买商业保险、证券、股权、收藏品等支出，个人行为导致的罚款、赔偿等支出，购买住房、支付物业管理费等，以及应由个人承担的其他支出，均不得作为职工福利费开支，更不允许作为福利费在税前扣除。

三、职工福利费税前扣除基数的确定。作为扣除基数的工资薪金应具有合理性：制订较为规范的员工工资薪金制度；所制订的工资薪金制度符合行业及地区水平；在一定时期所发放的工资薪金是相对固定的，工资薪金的调整是有序进行的；实际发放的工资薪金已依法履行了代扣代缴个人所得税义务；有关工资薪金的安排不以减少或逃避税款为目的。其总额不包括企业的职工福利费、职工教育经费、工会经费以及养老保险费、医疗保险费、失业保险费、工伤保险费、生育保险费等社会保险费和住房公积金。实务中应注意以下工资薪金的基数：

（1）与工资薪金一并发生的福利性补贴可以作为福利费税前扣除的基数。列入企业员工工资薪金制度、固定与工资薪金一起发放的福利性补贴，可作为企业发生的工资薪金支出，按规定在税前扣除。所以，一方面，固定与工资薪金一起发放的福利性补贴不再作为福利费；另一方面，固定与工资薪金一起发放的福利性补贴可以计入福利费税前扣除的基数。

（2）股权激励可以作为福利费扣除基数。《国家税务总局关于我国居民企业实行股权激励计划有关企业所得税处理问题的公告》（国家税务总局公告 2012 年第 18 号）规定，上市公司依照《上市公司股权激励管理办法（试行）》要求建立职工股权激励计划，并按我国《企业会计准则》的有关规定，在股权激励计划授予激励对象时，按照该股票的公允价格及数量，计算确定作为上市公司相关年度的成本或费用，作为换取激励对象提供服务的对价。上述企业建立的职工股权激励计划，其企业所得税的处理，按以下规定执行：①对股权激励计划实行后立即可以行权的，上市公司可以根据实际行权时该股票的公允价格与激励对象实际行权支付价格的差额和数量，计算确定作为当年上市公司工资薪金支出，依照税法规定进行税前扣除。②对股权激励计划实行后，需待一定服务年限或者达到规定业绩条件（以下简称等待期）方可行权的，上市公司等待期内会计上计算确认的相关成本费用，不得在对应年度计算缴纳企业所得税时扣除。在股权激励计划可行权后，上市公司方可根据该股票实际行权时的公允价格与当年激励对象实际行权支付价格的差额及数量，计算确定作为当年上市公司工资薪金支出，依照税法规定进行税前扣除。由此可见，股权激励在企业所得税中是作为工资薪金进行税前扣除的，相应实际支付的股权激励可以作为职工福利费税前扣除基数。

（3）支付劳务派遣公司劳务派遣人员的工资薪金不能作为职工福利税前扣除的基数。《企业会计准则第 9 号——职工薪酬》第三条规定："本准则所称职工，是指与企业订立劳动合同的所有人员，含全职、兼职和临时职工，也包括虽未与企业订立劳动合同但由企业正式任命的人员。未与企业订立劳动合同或未由其正式任命，但向企业所提供服务与职工所提供服务类似的人员，也属于职工的范畴，包括通过企业与劳务中介公司签订用工合同而向企业提供服务的人员。"由此可见，在会计处理上，支付劳务派遣人员的工资薪金应当计入工资薪金总额。但在企业所得税方面，《国家税务总局关于企业工资薪金和职工福利费等支出税前扣除问题的公告》（国家税务总局公告 2015 年第 34 号）第三条规定，企业接受外部劳务派遣用工所实际发生的费用，应分两种情况按规定在税前扣除：按照协议（合同）约定直接支付给劳务派遣公司的费用，应作为劳务费支出；直接支付给员工个人的费用，应作为工资薪金支出和职工福利费支出。由此可见，直接支付给劳务派遣公司的费用不能作为职工福利税前扣除的基数，但直接支付给员工个人的工资薪金部分准予计入企业工资薪金总额的基数，作为计算职工福利费税前扣除的基数。

四、以前结余职工福利费的处理。《国家税务总局关于做好2007年度企业所得税汇算清缴工作的补充通知》(国税函〔2008〕264号)规定，企业2008年以前按照规定计提但尚未使用的职工福利费余额，2008年及以后年度发生的职工福利费，应首先冲减上述的职工福利费余额，不足部分按新税法规定扣除；仍有余额的，继续留在以后年度使用。企业2008年以前节余的职工福利费，已在税前扣除，属于职工权益，如果改变用途的，应调整增加企业应纳税所得额。

五、福利费列支和扣除的凭证必须符合规定。原规定按计税工资的14%计提福利费，实际就是先税前扣除再使用，其如何使用、是否使用对企业所得税已没有影响。而现行规定是发生的福利费用在税前扣除，实际就是一项特定的费用支出，是否允许扣除将直接影响企业所得税的税基及应纳税额。福利费列支和扣除以何种单据作为支付凭证，不能一概而论，既不能生硬地要求全部凭发票支付和扣除，又不能简单地理解为所有没有发票的福利费都可以支付和扣除。在实务中应当根据合法性、合理性原则，依照相关税法、发票管理法规和财务制度的规定取得支付凭证。支付的福利费属于应征增值税的应税劳务或货物等应税项目支出，如购买节日发放的物资，内设福利部门购买的食堂用具等实物或支付的维修费用等对外发生的费用，应取得发票为支付凭证。而发放给职工的福利费或拨付给内设福利部门的经费，如困难补助费、防暑降温费、食堂经费补贴等对内发生的费用，可凭收据等作为合法支付凭证。

六、职工福利费应单独设置账册准确核算。税收上对职工福利费的核算有严格的要求，企业发生的职工福利费应该单独设置账册，进行准确核算。国税函〔2009〕3号文件规定："企业发生的职工福利费，应该单独设置账册，进行准确核算。没有单独设置账册准确核算的，税务机关应责令企业在规定的期限内进行改正。逾期仍未改正的，税务机关可对企业发生的职工福利费进行合理的核定。"实务中，有的企业将发生的职工福利费直接记入"管理费用——职工福利费"科目，未通过"应付职工福利"科目过渡，不仅不符合会计披露原则，同时也不符合企业所得税的政策要求。企业应当单独设置核算职工福利费的专门账户，清晰和准确地核算职工福利费的各项明细内容。如执行《企业会计制度》的企业可单独设置“应付福利费”一级账户，必要时再在此一级账户下设置二级明细账户；执行新会计准则的企业，发生的职工福利费支出应当在“应付职工薪酬”科目下设置“职工福利”和“非货币性福利”二级明细账户。

16.

职工教育经费如何进行税前扣除?

问：企业发生的职工教育经费如何进行企业所得税税前扣除?

答： 职工教育经费支出是指企业为提高职工工作技能，为企业带来更多的经济利益流入，而通过各种形式提升职工素质，提高职工工作能力等方面的教育所发生的教育费支出。

一、职工教育经费的税前扣除范围。《财政部、全国总工会等部门关于印发〈关于企业职工教育经费提取与使用管理的意见〉的通知》（财建〔2006〕317号）规定，企业的职工教育经费的列支范围包括以下11项：①上岗和转岗培训；②各类岗位适应性培训；③岗位培训、职业技术等级培训、高技能人才培训；④专业技术人员继续教育；⑤特种作业人员培训；⑥企业组织的职工外送培训的经费支出；⑦职工参加的职业技能鉴定、职业资格认证等经费支出；⑧购置教学设备与设施；⑨职工岗位自学成才奖励费用；⑩职工教育培训管理费用；⑪有关职工教育的其他开支。财建〔2006〕317号文件同时规定，以下两种情况不得从职工教育经费中列支：①企业职工参加社会上的学历教育以及个人为取得学位而参加的在职教育，所需费用应由个人承担，不能挤占企业的职工教育培训经费。②企业高层管理人员的境外培训和考察，其一次性单项支出较高的费用应从其他管理费用中支出，避免挤占日常的职工教育培训经费开支。

二、职工教育经费的税前扣除比例。《企业所得税法实施条例》第四十二条规定，除国务院财政、税务主管部门另有规定外，企业发生的职工教育经费支出，不超过工资薪金总额2.5%的部分，准予扣除。税前扣除职工教育经费必须遵循收付实现制原则，即准予税前扣除的职工教育经费必须是企业已经实际发生的部分，账面已经计提但未实际发生的职工教育经费不得在纳税年度内税前扣除。企业税前扣除的职工教育经费必须在工资薪金总额 2.5% 以内。国务院财政、税务主管部门另有规定主要包括如下情形：

（1）技术先进型服务企业职工教育经费的税前扣除。《关于完善技术先进型服务企业有关企业所得税政策问题的通知》（财税〔2014〕59 号）规定，经认定的技术先进型服务企业发生的职工教育经费支出，不超过工资薪金总额 8% 的部分，准予在计算应纳税所得额时扣除。

（2）高新技术企业职工教育经费的税前扣除。《财政部、国家税务总局关于高新技术企业职工教育经费税前扣除政策的通知》）（财税〔2015〕63 号）规定，2015 年 1 月 1 日起，注册在中国境内、实行查账征收、经认定的高新技术企业发生的职工教育经费支出，不超过工资薪金总额 8% 的部分，准予在计算企业所得税应纳税所得额时扣除。

（3）允许职工培训费全额税前扣除的情形。一是软件和集成电路企业。《财政部、国家税务总局关于进一步鼓励软件产业和集成电路产业发展企业所得税政策的通知》（财税〔2012〕27 号）第六条规定：“集成电路设计企业和符合条件软件企业的职工培训费用，应单独进行核算并按实际发生额在计算应纳税所得额时扣除。”二是航空企业。《国家税务总局关于企业所得税若干问题的公告》（国家税务总局公告 2011 年第 34 号）第三条规定：“航空企业实际发生的飞行员养成费、飞行训练费、乘务训练费、空中保卫员训练费等空勤训练费用，根据《实施条例》第二十七条规定，可以作为航空企业运输成本在税前扣除。”三是核电企业。《国家税务总局关于企业所得税应纳税所得额若干问题的公告》（国家税务总局公告 2014 年第 29 号）第四条规定：“核力发电企业为培养核电厂操纵员发生的培养费用，可作为企业的发电成本在税前扣除。企业应将核电厂操纵员培养费与员工的职工教育经费严格区分，单独核算，员工实际发生的职工教育经费支出不得计入核电厂操纵员培养费直接扣除。”综上，软件和集成电路企业的职工培训费用、航空企业的空勤训练费用、核电企业的操纵员培养费必须单独核算，据实税前扣除，它们必须与职工教育经费严格区分，它们不计入职工教育经费，不挤占职工教育经费份额，反之也不得将应限额扣除的职工教育经费计入职工培训费用并全额扣除。

《财政部、国家税务总局关于企业职工教育经费税前扣除政策的通知》

（财税〔2018〕51号）规定，自2018年1月1日起，所有企业发生的职工教育经费支出，不超过工资薪金总额8%的部分，准予在计算企业所得税应纳税所得额时扣除；超过部分，准予在以后纳税年度结转扣除。

三、允许税前扣除职工教育经费的计费基数。职工教育经费的计算基数为允许税前扣除的工资、薪金总额。《企业所得税法实施条例》第三十四条规定，企业的工资薪金总额必须是企业发生的合理的工资薪金支出。《国家税务总局关于企业工资薪金及职工福利费扣除问题的通知》（国税函〔2009〕3号）进一步规定，"合理工资薪金"是指企业按照股东大会、董事会、薪酬委员会或相关管理机构制订的工资薪金制度规定实际发放给员工的工资薪金总和。它不包括企业的职工福利费、职工教育经费、工会经费以及养老保险费、医疗保险费、失业保险费、工伤保险费、生育保险费等社会保险费和住房公积金。属于国有性质的企业，其工资薪金不得超过政府有关部门给予的限定数额；超过部分不得计入企业工资薪金总额，也不得在计算企业应纳税所得额时扣除。

四、超限额的职工教育经费可递延扣除。《企业所得税法实施条例》虽然规定了职工教育经费的扣除限额，但同时也规定了超限额的部分可在以后纳税年度结转扣除，这实质上允许税前全额扣除职工教育经费，只不过在扣除时间上递延到以后各期。

举例：某设备制造厂2016年实际发生的职工教育经费为60 000元，当年实发工资总额为1 000 000元，则：该厂2016年职工教育经费的扣除限额为：1 000 000×2.5%=25 000（元），超限额的35 000元（60 000–25 000）职工教育经费应做如下处理：①调增2016年的应纳税所得额；②结转到以后纳税年度继续扣除。

五、以前年度职工教育经费余额的处理。《国家税务总局关于企业所得税若干税务事项衔接问题的通知》（国税函〔2009〕98号）规定，对于在2008年以前已经计提但尚未使用的职工教育经费余额，2008年及以后新发生的职工教育经费应先从余额中冲减。仍有余额的，留在以后年度继续使用。

17.

企业公益性捐赠支出如何进行税前扣除？

问：企业发生的公益性捐赠支付如何进行企业所得税税前扣除？

答：公益性捐赠包括：救助灾害、救济贫困、扶助残疾人等困难的社会群体和个人；资助教育、科学、文化、卫生、体育事业；环境保护、社会公共设施建设；促进社会发展和进步的其他社会公共和福利事业。企业公益性捐赠支出的税前扣除应注意以下税收政策。

一、直接向受赠人的捐赠支出不允许税前扣除。《企业所得税法实施条例》第五十一条规定，企业通过公益性社会团体或者县级以上人民政府（含县级人民政府）及其部门，用于《中华人民共和国公益事业捐赠法》规定的公益事业的捐赠支出，可以按照规定进行所得税税前扣除。《财政部、国家税务总局关于公益性捐赠税前扣除有关问题的通知》（财税〔2008〕160号）规定：公益性社会团体是指具有公益性捐赠税前扣除资格的基金会、慈善组织等公益性社会团体；县级以上人民政府及其部门是指县级（含县级，下同）以上人民政府及其组成部门和直属机构。所以，企业直接向受赠人的公益性捐赠不允许税前扣除。比如企业直接向"精准"扶贫对象的捐赠，虽然属于公益性捐赠的对象，但并没有通过公益性社会团体或者县级以上人民政府及其部门和直属机构捐赠，所以，不能进行税前扣除。又如企业向乡政府、镇政府以及村级组织的公益性捐赠，同样不能进行企业所得税税前扣除。

从理论上来说，企业可以直接向公益事业捐赠，而无须通过中间部门，这样更有利于节省成本和环节，而且实践中很多企业向公益事业的捐赠确实是由企业直接向受援对象捐助的。但是，在税务处理上，出于税收征管实践等方面的考虑，若允许企业直接向公益事业捐赠，税收上很难处理，而且在我国整个公益性捐赠尚处于起步阶段时，允许企业直接向公益事业的捐赠进行税前扣除的话，可能会出现一部分企业借此偷漏税的现象。通过中间部门来转接企业的公益性捐赠，更有利于管理，同时在某种程度上也宣传了企业的捐赠行为，更有利于企业良好和负责任形象的建立。但是，通过哪个中间部门予以转接公益性捐赠，也是个关键，如果没有控制好中间部门，也可能造成公益性捐赠的混乱与无序。所以，企业所得税政策对接受捐赠的中间部门做了限定：一是县级以上人民政府及其部门和直属机构。这主要考虑了政府的公信力，也考虑了方便企业进行公益性捐赠。规定县级以上人民政府及其部门和直属机构作为接受捐赠的对象，能够满足实际的需要。因为从我国目前的行政机关组织体系和结构来看，县级以上人民政府及其部门和直属机构的数量较多，遍布范围相当广泛，基本能够承担接受捐赠的任务。二是公益性社会团体。在实践中，经过有关主管部门的批准或者登记，设立了很多公益性社会团体，其主要目的就是从事公益性社会活动，接受公益捐赠自然属于其业务范围。允许通过这些公益性社会团体从事公益事业的捐赠，是国际上的通行做法，既考虑了我国实践操作的需要，也满足了仅通过政府部门进行公益捐赠的不足，同时这些公益性社会团体由于其本身的公益性和在社会上所发挥的作用，一般也具有较强的公信力，所以有必要承认公益性社会团体作为《企业所得税法》所承认的公益事业捐赠的受捐对象。

二、允许税前扣除的公益性捐赠支出比例。一般来说，企业发生的公益性捐赠支出，不超过年度利润总额的12%的部分，准予扣除。年度利润总额是指企业依照国家统一会计制度的规定计算的年度会计利润。企业没有按照国家统一会计制度或会计准则规定对年度会计利润进行核算的问题，都应该根据相关问题对利润额的影响进行相应调整，并按照调整后的利润额作为计算公益性捐赠支出的基数。

当然也有一部分对外公益性捐赠是可以全额扣除的，但必须依据国家税务总局的单行文规定。比如《国家税务总局关于企业所得税执行中若干税务处理问题的通知》（国税函〔2009〕202号）规定，企业发生为汶川地震灾后重建、举办北京奥运会和上海世博会等特定事项的捐赠可以全额扣除。又如《财政部、海关总署、国家税务总局关于支持舟曲灾后恢复重建有关税收政策问题的通知》（财税〔2010〕107号）规定，自2010年8月8日起，对企业通过公益性社会团体、县级以上人民政府及其部门向舟曲灾区的捐赠，允许在当年企业所得税前全额扣除。也就是说，属于允许全额税前扣除的，既不受比例的限制，也不受会计利润的限制，即便会计利润小于零，也可以全额税前扣除。

三、税前扣除的合法捐赠凭据。《财政部、国家税务总局、民政部关于公益性捐赠税前扣除有关问题的补充通知》（财税〔2010〕45号）第五条规定，通过公益性社会团体发生的公益性捐赠支出，企业或个人应提供省级以上（含省级）财政部门印制并加盖接受捐赠单位印章的公益性捐赠票据，或加盖接受捐赠单位印章的“非税收入一般缴款书”收据联，方可按规定进行税前扣除。“非税收入一般缴款书”是财政非税票据中的一种，其适用于行政事业性收费、政府性基金、国有资源有偿使用收入、国有资产有偿使用收入、国有资本经营收益、彩票公益金、罚没收入、以政府名义接收的捐赠收入及主管部门集中收入等。所以，县级（含县级，下同）以上人民政府及其组成部门和直属机构以政府名义接收的捐赠收入应当开具“非税收入一般缴款书”，公益性社会团体应当开具省级以上（含省级）财政部门印制的公益性捐赠票据。企业所实施的公益性捐赠取得的其他类型票据不允许在企业所得税税前扣除。

四、公益性捐赠税前扣除资格。公益性社会团体、公益性群众团体需经财政、税务、民政等部门联合审核取得捐赠税前扣除资格。对于通过公益性社会团体发生的公益性捐赠支出，主管税务机关应对照财政、税务、民政部门联合公布的名单予以办理，即接受捐赠的公益性社会团体位于名单内的，企业或个人在名单所属年度向名单内的公益性社会团体进行的公益性捐赠支出可按规定进行税前扣除；接受捐赠的公益性社会团体不在名单内，或虽在名单内但企业或个人发生的公益性捐赠支出不属于名单所属年度的，不得扣除。公益性社会团体捐赠税前扣除资格确认程序按以下规定执行：①对在民政部登记设立的社会组织，民政部在登记注册环节会同财政部、国家税务总局对其公益性进行联合确认，对符合公益性社会团体条件的社会组织，财政部、国家税务总局、民政部联合发布公告，明确其公益性捐赠税前扣除资格。②对在民政部登记注册且已经运行的社会组织，财政部、国家税务总局和民政部结合社会组织公益活动情况和年度检查、评估等情况，对符合公益性社会团体条件的社会组织联合发布公告，明确其公益性捐赠税前扣除资格。③对在省级和省级以下民政部门登记注册的社会组织，省级相关部门参照本条第一项、第二项执行。“县级以上人民政府及其组成部门和直属机构”则不需要通过认定取得税前扣除资格，便可依法组织接受各部门、各企业以及居民个人实施捐赠的款物，如民政局等政府部门。

五、向异地公益性社会团体捐赠支出的税前扣除。《财政部、国家税务总局、民政部关于公益性捐赠税前扣除有关问题的补充通知》（财税〔2010〕45号）第三条规定，对获得公益性捐赠税前扣除资格的公益性社会团体，财政部、国家税务总局和民政部以及省、自治区、直辖市、计划单列市财政、税务和民政部门每年分别联合公布名单。名单应当包括当年继续获得公益性捐赠税前扣除资格和新获得公益性捐赠税前扣除资格的公益性社会团体。企业或个人在名单所属年度内向名单内的公益性社会团体进行的公益性捐赠支出，可按规定进行税前扣除。该通知第五条规定，对于通过公益性社会团体发生的公益性捐赠支出，企业或个人应提供省级以上（含省级）财政部门印制并加盖接受捐赠单位印章的公益性捐赠票据，或加盖接受捐赠单位印章的“非税收入一般缴款书”收据联，方可按规定进行税前扣除。根据上述规定，纳税人发生的公益性捐赠只要是在名单所属年度内向名单内的公益性社会团体（含直辖市公布的名单）进行，且取得了接受捐赠团体出具的符合规定的捐赠票据，就可按规定进行税前扣除。现行企业所得税相关法规没有跨地区捐赠禁止进行税前扣除的规定。

六、捐赠支出能否允许结转扣除问题。《企业所得税法》第九条规定：“企业发生的公益性捐赠支出，在年度利润总额12%以内的部分，准予在计算应纳税所得额时扣除。”因此，企业发生的公益性捐赠支出，在年度利润总额12%以内的部分，准予在计算应纳税所得额时扣除；超出部分未规定可以结转到以后年度扣除。企业亏损时，即公益性捐赠的限额扣除为0，既不能扣除，也不能向以后年度结转扣除。但根据2017年2月24日第十二届全国人民代表大会常务委员会第二十六次会议通过的全国人民代表大会常务委员会关于修改《企业所得税法》的决定，《企业所得税法》第九条修改为：“企业发生的公益性捐赠支出，在年度利润总额12%以内的部分，准予在计算应纳税所得额时扣除；超过年度利润总额12%的部分，准予结转以后三年内在计算应纳税所得额时扣除。”即从公布发布之日起，企业公益性捐赠支出超过部分可以结转到以后年度扣除，但不得超过三年。

七、非货币性资产对外公益性捐赠的涉税处理。对外捐赠引起企业的库存商品等资产的流出事项并不符合《企业会计准则第14号——收入》中销售收入确认的五个条件，企业不会因为捐赠增加现金流量，也不会增加利润。因此会计核算不作销售处理，而是按成本转账，但在税收上有所不同。企业所得税方面，《企业所得税实施条例》第二十五条规定，企业发生非货币性资产交换以及将货物、财产、劳务用于捐赠、偿债、赞助、集资、广告、样品、职工福利和利润分配等用途的，应当视同销售货物、转让财产和提供劳务，但国务院财政、税务主管部门另有规定的除外。该实施条例第十三条规定，《企业所得税法》第六条所称企业以非货币形式取得的收入，应当按照公允价值确定收入额。前款所称公允价值是指按照市场价格确定的价值。增值税方面，《增值税暂行条例实施细则》第四条规定，"将自产、委托加工或者购进的货物无偿赠送其他单位或者个人"，视同销售货物行为。即实物捐赠应视同销售货物行为征收增值税，但另有规定的除外。如《财政部、海关总署、国家税务总局关于支持汶川地震灾后恢复重建有关税收政策问题的通知》（财税〔2008〕104号）规定，自2008年5月12日起，对单位和个体经营者将自产、委托加工或购买的货物通过公益性社会团体、县级以上人民政府及其部门捐赠给受灾地区的，免征增值税、城市维护建设税及教育费附加。

在捐赠票据的开具方面，财税〔2008〕160号文件规定，接受捐赠的非货币性资产，应当以其公允价值计算；捐赠方在向公益性社会团体和县级以上人民政府及其组成部门和直属机构捐赠时，应当提供注明捐赠非货币性资产公允价值的证明。如果不能提供上述证明，公益性社会团体和县级以上人民政府及其组成部门和直属机构不得向其开具公益性捐赠票据。

举例：2016年某企业将自产产品2 000件（成本单价为100元，单位售价为150元）通过减灾委员会向雅安地震灾区捐赠。当年度不包括以上捐赠业务的会计利润为100万元，企业所得税税率为25%，增值税税率为17%，无其他纳税调整事项。对外捐赠时的账务处理如下（单位：万元）：

借：营业外支出　25.1

　贷：库存商品　20

　　应交税费——应交增值税（销项税额）5.1（30×17%）

本年利润=100 – 25.1=74.9（万元），税前扣除的捐赠支出=74.9×12%=8.99（万元），捐赠支出纳税调增额= 25.1 – 8.99=16.11（万元），对外捐赠视同销售部分调增应纳税所得额=30 – 20=10（万元）。考虑以上两个调整因素，该企业当年应纳企业所得税=（74.9 + 16.11 + 10）×25%=25.25（万元）。

企业捐赠外购材料的会计处理与捐赠自产商品的会计处理的最大不同就在于对增值税的处理。企业捐赠外购货物是免征增值税的，相应外购货物的增值税不得抵扣，应将原已计入进项税额的增值税通过"应交税费——应交增值税（进项税额转出）"账户和货物成本一并转入"营业外支出"账户。需要注意的是：非货币性捐赠所开具的票据是按照公允价值确认的，而计算公益性捐赠支出是按照会计所确认的“营业外支出”金额，合法凭据与税前扣除金额存在一定的差异。

18.
固定资产的税前扣除

问：固定资产折旧作为企业所得税汇算清缴的一项重要的扣除项目，现行税收法规是如何规定的?

答：固定资产折旧是指对固定资产由于磨损和损耗而转移到产品成本或构成企业费用的那一部分价值的补偿。影响折旧计提的因素主要有五个：一是计提折旧基数；二是计提折旧的资产范围；三是固定资产的折旧年限；四是折旧方法；五是固定资产预计净残值。固定资产折旧是企业所得税汇算清缴的一项重要的扣除项目。以下就固定资产折旧税前扣除的相关涉税政策分析如下。

一、固定资产的界定。固定资产属于非货币性资产。企业会计与企业所得税法对固定资产的界定是一致的，即固定资产应当同时符合两个条件：一是企业为生产产品、提供劳务、出租或者经营管理而持有；二是使用时间超过 12 个月。固定资产包括房屋、建筑物、机器、机械、运输工具以及其他与生产经营活动有关的设备、器具、工具等。由此可见，固定资产的界定在固定资产的价格高低上并未做要求，主要看使用年限是否超过 12 个月。

二、固定资产计税基础的确定。企业的固定资产以历史成本为计税基础。所谓历史成本，是指企业取得该项资产时实际发生的支出。企业持有各项资产期间资产增值或者减值，除国务院财政、税务主管部门规定可以确认损益外，不得调整该资产的计税基础。固定资产按照以下方法确定计税基础：①外购的固定资产，以购买价款和支付的相关税费以及直接归属于使该资产达到预定用途发生的其他支出为计税基础；②自行建造的固定资产，以竣工结算前发生的支出为计税基础；③融资租入的固定资产，以租赁合同约定的付款总额和承租人在签订租赁合同过程中发生的相关费用为计税基础，租赁合同未约定付款总额的，以该资产的公允价值和承租人在签订租赁合同过程中发生的相关费用为计税基础；④盘盈的固定资产，以同类固定资产的重置完全价值为计税基础；⑤通过捐赠、投资、非货币性资产交换、债务重组等方式取得的固定资产，以该资产的公允价值和支付的相关税费为计税基础。但对以固定资产投资入股、非货币性资产交换、债务重组、企业资产重组等方式取得的固定资产，符合特殊性税务处理的，应当以原有计税基础确定。⑥改建的固定资产，除已足额提取折旧的固定资产的改建支出和租入固定资产的改建支出作为长期待摊费用扣除外，以改建过程中发生的改建支出增加计税基础。

三、固定资产折旧年限。税法明确规定了各类固定资产计提折旧的最低年限，其目的是为了保证所得税收入的稳定和避免企业利用计提折旧年限的变化作为应纳税所得额的调节器。《企业会计准则》与税法对于年限的规定有较大不同，企业会计准则规定，企业应当按照固定资产的性质和使用情况，合理地确定固定资产的使用寿命，确定后不得随意变更。《企业所得税法》规定，除国务院财政、税务主管部门另有规定外，固定资产计算折旧的最低年限如下：①房屋、建筑物，为 20 年；②飞机、火车、轮船、机器、机械和其他生产设备，为 10 年；③与生产经营活动有关的器具、工具、家具等，为 5 年；④飞机、火车、轮船以外的运输工具，为 4 年；⑤电子设备，为 3 年。从事开采石油、天然气等矿产资源的企业，在开始商业性生产前发生的费用和有关固定资产的折耗、折旧方法，由国务院财政、税务主管部门另行规定。

四、不得计算折旧扣除的固定资产。企业按规定计算的固定资产折旧，准予扣除，同时明确了不得计算折旧扣除七个方面的内容：一是房屋、建筑物以外未投入使用的固定资产；二是以经营租赁方式租入的固定资产；三是以融资租赁方式租出的固定资产；四是已足额提取折旧仍继续使用的资产；五是与经营活动无关的固定资产；六是单独估价作为固定资产入账的土地；七是其他不得计算折旧的固定资产。税法与《企业会计准则》对于计提折旧的固定资产范围基本相同，差别主要在非生产经营用固定资产方面。税法规定，与经营活动无关的固定资产，使用时计提的折旧不得在税前扣除。

五、会计折旧年限与税法折旧年限不一致的企业所得税处理。《国家税务总局关于企业所得税应纳税所得额若干问题的公告》(国家税务总局公告 2014 年第 29 号)第五条第一款规定，企业固定资产会计折旧年限如果短于税法规定的最低折旧年限，其按会计折旧年限计提的折旧高于按税法规定的最低折旧年限计提的折旧部分，应调增当期应纳税所得额；企业固定资产会计折旧年限已期满且会计折旧已提足，但税法规定的最低折旧年限尚未到期且税收折旧尚未足额扣除，其未足额扣除的部分准予在剩余的税收折旧年限继续按规定扣除。该公告第五条第二款规定，企业固定资产会计折旧年限如果长于税法规定的最低折旧年限，其折旧应按会计折旧年限计算扣除，税法另有规定的除外。该公告第五条第三款规定，企业按会计规定提取的固定资产减值准备，不得税前扣除，其折旧仍按税法确定的固定资产计税基础计算扣除。该公告第五条第四款规定，企业按税法规定实行加速折旧的，其按加速折旧办法计算的折旧额可全额在税前扣除。该公告第五条第五款规定，石油天然气开采企业在计提油气资产折耗（折旧）时，由于会计与税法规定计算方法不同导致的折耗（折旧）差异，应按税法规定进行纳税调整。

根据上述规定，假定企业对某生产设备确定的会计折旧年限为 12 年，未低于《企业所得税法实施条例》规定的 10 年，属于符合实施条例对折旧年限的规定，应按照 12 年计算折旧税前扣除，不需要纳税调整。若该生产设备确定的会计折旧年限为 8 年，税法规定为 10 年，应对会计上按 8 年计算的超过 10 年计算的折旧额部分，进行纳税调增；同时该设备会计 8 年折旧期满并已提足折旧，但税收折旧未满且未提足折旧，在剩余 2 年按税法可继续提折旧，进行纳税调减。

六、固定资产残值的确定。《企业会计准则》规定，企业应当根据固定资产的性质和使用情况，合理确定固定资产的预计净残值。固定资产的预计净残值一经确定，不得随意变更。但企业至少应当于每年年度终了，对固定资产的预计净残值进行复核，预计净残值预计数与原先估计数有差异的，应当调整预计净残值。但在企业所得税上，企业应当根据固定资产的性质和使用情况，合理确定固定资产的预计净残值。固定资产的预计净残值一经确定，不得变更。也就是说，税法规定残值率由企业自行确定，没有硬性规定残值率。对于预计净残值，《企业会计准则》与税法都给予了企业较大的职业判断权。《企业会计准则》规定预计净残值是可以调整的，而税法规定预计净残值一经确定，不得变更。

七、固定资产的加速折旧。固定资产按照直线法计算的折旧，准予扣除。固定资产折旧计算采用直线法是税法上的一般规定，同时对促进科技进步、环境保护和国家鼓励投资的关键设备，以及常年处于震动、超强度或受酸、碱等强烈腐蚀状态的机器设备，税法明确按规定给予优惠政策：

（1）由于技术进步，产品更新换代较快的固定资产或者常年处于强震动、高腐蚀状态的固定资产可以采取缩短折旧年限或者加速折旧的方法：选择缩短折旧年限法，最低折旧年限不得低于《企业所得税法》规定的折旧年限的 60%；选择加速折旧法，可以选择双倍余额递减法或者年数总和法。

（2）轻工、纺织、机械、汽车四个领域重点行业企业 2015 年 1 月 1 日后新购进的固定资产（包括自行建造），允许缩短折旧年限或采取加速折旧方法。购置的新固定资产，最低折旧年限不得低于税法规定的折旧年限的 60%；购置的已使用过的固定资产，最低折旧年限不得低于税法规定的最低折旧年限减去已使用年限后剩余年限的 60%。最低折旧年限一经确定，不得改变。另外，四个领域重点行业小型微利企业 2015 年 1 月 1 日后新购进的研发和生产经营共用的仪器、设备，单位价值不超过 100 万元（含）的，折旧额允许在计算应纳税所得额时一次性全额扣除；单位价值超过 100 万元的，允许缩短折旧年限或采取加速折旧方法。

（3）生物药品制造业，专用设备制造业，铁路、船舶、航空航天和其他运输设备制造业，计算机、通信和其他电子设备制造业，仪器仪表制造业，信息传输、软件和信息技术服务业等行业企业（以下简称六大行业）2014 年 1 月 1 日后购进的固定资产（包括自行建造），允许按不低于《企业所得税法》规定折旧年限的 60% 缩短折旧年限，或选择采取双倍余额递减法或年数总和法进行加速折旧。六大行业中的小型微利企业新购进的研发和生产经营共用的仪器、设备，单位价值不超过 100 万元的，折旧额可以一次性在计算应纳税所得额时扣除；单位价值超过 100 万元的，允许缩短折旧年限或采取加速折旧方法。

（4）企业持有的固定资产，单位价值不超过 5 000 元的，可以一次性在计算应纳税所得额时扣除。企业在 2013 年 12 月 31 日前持有的单位价值不超过 5 000 元的固定资产，其折余价值部分，2014 年 1 月 1 日以后可以一次性在计算应纳税所得额时扣除。企业在 2014 年 1 月 1 日后购进并专门用于研发活动的仪器、设备，单位价值不超过 100 万元的，可以一次性在计算应纳税所得额时扣除；单位价值超过 100 万元的，允许按不低于《企业所得税法》规定折旧年限的 60% 缩短折旧年限，或选择采取双倍余额递减法或年数总和法进行加速折旧。

（5）企业外购的软件，凡符合固定资产或无形资产确认条件的，可以按照固定资产或无形资产进行核算，其折旧或摊销年限可以适当缩短，最短可为 2 年（含）。集成电路生产企业的生产设备，其折旧年限可以适当缩短，最短可为 3 年（含）。

（6）油气企业在开始商业性生产之前发生的开发支出，可不分用途，全部累计作为开发资产的成本，自对应的油（气）田开始商业性生产月份的次月起，可不留残值，按直线法计提的折旧准予扣除，其最低折旧年限为 8 年。

（7）《财政部、国家税务总局关于设备、器具扣除有关企业所得税政策的通知》（财税〔2018〕54 号）规定，所有企业所得税纳税人在 2018 年 1 月 1 日至 2020 年 12 月 31 日期间新购进的设备、器具（除房屋、建筑物以外的固定资产），单位价值不超过 500 万元的，允许一次性计入当期成本费用，在计算应纳税所得额时扣除，不再分年度计算折旧；单位价值超过 500 万元的，仍按有关规定执行。

应当注意的是：纳税人享受重点行业加速折旧政策，应当在汇算清缴期内向主管税务机关提供“企业所得税优惠事项备案表”，同时可以在季度预缴环节享受该项优惠政策。纳税人享受其他固定资产加速折旧政策，应当在汇算清缴时提供“企业所得税优惠事项备案表”。税法与会计核算一致的，可以在季度预缴环节享受该项优惠政策；税法与会计核算不一致的，在汇算清缴时享受该项优惠政策。

八、企业的不征税收入用于支出所形成的固定资产，不得扣除或者计算对应的折旧。《财政部、国家税务总局关于专项用途财政性资金有关企业所得税处理问题的通知》（财税〔2009〕87 号）规定，从县级以上各级人民政府财政部门及其他部门取得的应计入收入总额的财政性资金，凡同时符合以下条件的，可以作为不征税收入，在计算应纳税所得额时从收入总额中减除：①企业能够提供资金拨付文件，且文件中规定该资金的专项用途；②财政部门或其他拨付资金的政府部门对该资金有专门的资金管理办法或具体管理要求；③企业对该资金以及以该资金发生的支出单独进行核算。《企业所得税实施条例》第二十八条规定，企业的不征税收入用于支出所形成的费用或者财产，不得扣除或者计算对应的折旧、摊销扣除。财税〔2009〕87 号文件同时规定企业将符合该通知第一条规定条件的财政性资金做不征税收入处理后，在 5 年（60 个月）内未发生支出且未缴回财政或其他拨付资金的政府部门的部分，应重新计入取得该资金第6年的收入总额；重新计入收入总额的财政性资金发生的支出，允许在计算应纳税所得额时扣除。也就是在取得补贴之日起的60个月后如果有节余，则需要并入所得，而且对结余部分的支出及形成资产可计提折旧，进行摊销。从以上规定中可以看出不征税收入发生的支出或费用不是全不允许税前扣除的，只要在确认为不征税收入后的5年内没有被合理支出的该项收入，均要重新并入第6年的收入总额中，并且由此收入发生的支出或者费用是允许税前扣除的。也就是说不征税收入的界定也有时间上的界定，在超过5年的时间内没有用完的该项不征税收入要并入第6年的应税收入中，由此其后续发生的支出和费用也可以在税前扣除了。

九、评估增值不得进行税前扣除。《财政部、国家税务总局关于企业资产评估增值有关所得税处理问题的通知》(财税字〔1997〕77号)及《财政部、国家税务总局关于企业资产评估增值有关所得税处理问题的补充通知》(财税字〔1998〕50号)规定，企业进行股份制改造发生的资产评估增值，应相应调整账户，所发生的固定资产评估增值可以计提折旧，但在计算应纳税所得额时不得扣除。企业在办理年度纳税申报时，应将有关计算资料报送主管税务机关审核。在计算申报年度应纳税所得额时，可按下述方法进行调整：①据实逐年调整。企业因进行股份制改造发生的资产评估增值，每一纳税年度通过折旧、摊销等方式实际计入当期成本、费用的数额，在年度纳税申报的成本项目、费用项目中予以调整，相应调增当期应纳税所得额。②综合调整。资产评估增值额不分资产项目，均在以后年度纳税申报的成本、费用项目中予以调整，相应调增每一纳税年度的应纳税所得额，调整期限最长不得超过十年。综上所述，资产评估增值后计提的折旧一般不允许税前扣除。

十、因工程款项未结清致使未取得全额发票的固定资产折旧的处理。现行财务制度和税法相关规定，固定资产的计税基础应取得合法有效的凭据(发票)，在一般情况下违反这一原则所计提的折旧额税法不允许扣除，但固定资产作为特例。《国家税务总局关于贯彻落实企业所得税法若干税收问题的通知》(国税函〔2010〕79号)规定，企业固定资产投入使用后，由于工程款项尚未结清未取得全额发票的，可暂按合同规定的金额计入固定资产计税基础计提折旧，待发票取得后进行调整，但该项调整应在固定资产投入使用后12个月内进行。从规定中可以看出，虽然国税函〔2010〕79号文件允许纳税人在未取得全额发票的情况下计提固定资产折旧，但是却设定了一个时间条件，即“在固定资产投入使用后12个月内进行”。其目的是合理考虑纳税人利益，同时也堵塞了因纳税人不取得发票，可能造成上游税款流失与人为扩大折旧基数偷逃税款的漏洞。“调整在固定资产投入使用后12个月内进行”可以理解为：暂按合同规定的金额计入固定资产计税基础计提的折旧，如果固定资产投入使用后12个月内仍未取得全额发票的，对估计金额计提部分（超出已到发票部分计提的折旧）税前不予扣除，应作纳税调整。

十一、固定资产后续支出的税前扣除。固定资产后续支出是指固定资产在使用过程中发生的更新改造支出、修理费用等。固定资产后续支出的会计处理原则为：符合固定资产确认条件的，应当计入固定资产成本，同时将被替换部分的账面价值扣除；不符合固定资产确认条件的，应当计入当期损益。当然，会计处理在一定程度上与税收处理方式是有差异的。在企业所得税处理上，房产或者建筑物装修费用后续支出分为房屋或者建筑物的改扩建支出、大修理支出和一般修理支出。

（1）房屋或者建筑物改建支出的企业所得税处理。房屋或者建筑物的改建支出是指改变房屋或者建筑物结构、延长使用年限等发生的支出。房屋或者建筑物的改建支出区分已足额提取折旧房屋或者建筑物的改建支出、经营租赁方式租入房屋或者建筑物改建支出、融资租入方式租入房屋或者建筑物改建支出和自有的正常情形下房屋或者建筑物的改建支出。

1）已足额提取折旧的固定资产改建支出的企业所得税处理。《企业所得税法》第十三条和《企业所得税法实施条例》第六十八条规定，已足额提取折旧的固定资产的改建支出作为长期待摊费用，按照固定资产预计尚可使用年限分期摊销的，准予扣除。这里的固定资产仅指房屋或者建筑物，而不包括其他固定资产，也不包括没有足额提取折旧的房屋和建筑物。对于已足额提取折旧的房屋或者建筑物来说，账面价值仅剩了净残值。也就是说，该项资产的可利用价值已全部转移，这时候在这些资产上发生的改建支出，是不能将其计入固定资产成本的。因为此时固定资产的价值形式已经消失，后续支出也已失去了可以附着的载体，所以，应将其作为长期待摊费用，在固定资产的受益期限内平均摊销。

2）经营租赁方式租入房屋或者建筑物改建支出的税务处理。租入房屋或者建筑物，按租赁方式的不同，可分为以经营租赁方式租入房屋或者建筑物和以融资租赁方式租入房屋或者建筑物。《企业所得税法》第十三条和《企业所得税法实施条例》第六十八条规定，租入固定资产的改建支出作为长期待摊费用，按照合同约定的剩余租赁期限分期摊销的，准予扣除。长期待摊费用尽管是一次性支出的，但与支出对应的受益期间较长，按照收入支出的配比原则，应该将该费用支出在企业的受益期间内平均摊销。《企业所得税法》第十三条规定的租入固定资产的改建支出，这里的固定资产仅指以经营租赁方式租入的房屋或者建筑物，而不包括其他的固定资产，也不包括企业自有的、非租赁的房屋和建筑物。以经营租赁方式租入的房屋或者建筑物，与该资产相关的风险和报酬并没有转移给承租方，因而资产的所有权仍属于出租方，承租方只在协议规定的期限内拥有对该资产的使用权，因而以经营租赁方式租入的固定资产发生的改建支出不能计入固定资产成本，只能计入长期待摊费用，在协议约定的租赁期内平均分摊。由于房屋或者建筑物所有权仍然属于出租方，而不是作为承租方的改建方，所以其受益期只能局限于合同约定的剩余租赁期限内，其改建支出也只能在剩余租赁期限内摊销。

3）融资租入方式租入房屋或者建筑物改建支出的税务处理。以融资租赁方式租入的房屋或者建筑物，由于出租方实质上已将与房屋或者建筑物所有权有关的全部风险和报酬转移给承租方，而只保留了为了控制承租人偿还租金的风险而采取的一种形式所有权，因而承租方实质上拥有了房屋或者建筑物的所有权，而不仅仅是租赁期限内的使用权，因而以融资租赁方式租入的房屋或者建筑物发生的符合税法规定的改建支出，应该计入融资租入房屋或者建筑物的成本，在房屋或者建筑物的剩余使用年限内，以计提折旧的方式进行税前扣除。

4）自有的正常情形下房屋或者建筑物的改扩建支出的税务处理。非租入的，又未足额提取折旧的房屋或者建筑物，即通常理解的企业正常的房屋或者建筑物如果发生改建支出，根据《企业所得税法实施条例》第五十八条的规定，除已足额提取折旧固定资产的改建支出和租入房屋或者建筑物的改建支出外，以改建过程中发生的改建支出增加计税基础，即在正常情况下，应以改建过程中发生的改建支出增加计税基础。这里的计税基础即指“房产原值”。《企业所得税法实施条例》第六十八条第三款规定：“改建的固定资产延长使用年限的，除企业所得税法第十三条第（一）项和第（二）项规定外，应当适当延长折旧年限。”除了已足额提取折旧的固定资产和以经营租赁方式租入的固定资产外，企业所拥有的房屋或者建筑物的改建支出应计入固定资产原值，按规定提取折旧后进行扣除，即采用计提折旧的方式列支改建支出，而不是作为长期待摊费用分期摊销。另外，在建工程的废料收入应该冲减在建工程成本。改建支出如果延长固定资产使用年限，还应当适当延长折旧年限。这里要注意的是，上述条款并没有对改建支出数额大小进行规定，即改变房屋或者建筑物结构、延长使用年限等的改建支出，无论金额大小，都应将改建支出增加该房屋或建筑物的计税基础。如果改建支出延长固定资产使用年限的，则应适当延长折旧年限，采用计提折旧的方式进行费用列支。

《国家税务总局关于企业所得税若干问题的公告》（国家税务总局公告 2011 年第 34 号）规定，企业对房屋、建筑物固定资产在未足额提取折旧前进行改扩建的，如属于推倒重置的，该资产原值减除提取折旧后的净值，应并入重置后的固定资产计税成本，并在该固定资产投入使用后的次月起，按照税法规定的折旧年限，一并计提折旧；如属于提升功能、增加面积的，该固定资产的改扩建支出应并入该固定资产的计税基础，并从改扩建完工投入使用后的次月起，重新按税法规定的该固定资产折旧年限计提折旧，如该改扩建后的固定资产尚可使用的年限低于税法规定的最低年限的，可以按尚可使用的年限计提折旧。

（2）房屋或者建筑物修理费支出的企业所得税处理。如果房屋或者建筑物的后续装修支出，既没有延长使用年限，也没有改变房屋建筑物的结构，是不是就不需要进行资本化处理了呢？显然不是，首先要判断其是否属于大修理支出，如果这笔后续支出属于大修理支出，同样要进行资本化处理。《企业所得税法实施条例》第六十九条规定，《企业所得税法》第十三条第（三）项所称固定资产的大修理支出，是指同时符合下列条件的支出：①修理支出达到取得固定资产时的计税基础 50% 以上；②修理后固定资产的使用年限延长 2 年以上。《企业所得税法》第十三条第（三）项规定的支出，按照固定资产尚可使用年限分期摊销。这里作为长期待摊费用摊销的大修理支出，既包括房屋或者建筑物不动产改建支出以外的其他后续支出，也包括其他动产固定资产如机器设备的后续修理支出。《企业所得税法实施条例》对大修理支出资本化的规定直接采用定量的方式进行界定，而没有采用定性的方式，这主要是从易于判断和简便操作的角度考虑的，即同时符合以下条件："①修理支出达到取得固定资产时的计税基础 50%以上；②修理后固定资产的使用年限延长 2 年以上"这两个条件的，则应予资本化，作为"长期待摊费用"，以分期摊销的方式列支"大修理支出"；不同时符合以上两个条件的，则应予费用化，作为收益性支出计入当期的损益进行税前列支。固定资产（包括租入的固定资产）正常使用的日常修理费用，一次性进损益在税前扣除。这里要注意固定资产改扩建支出和大修理支出的区别：改扩建支出主要是推倒重置、增加功能、扩大面积；而大修理支出是由于固定资产不能正常运行，发生支出是为了原有功能的维持，如果不发生，原有固定资产不能正常运行。两者有本质的区别，也有着不同的税务处理方法。

19.

高新研发费用范围与研发费用加计扣除有何区别?

问：研发费用支出是认定高新技术企业的条件之一。请问，高新技术企业研发费用与允许加计扣除的研发费用有什么区别?

答：企业研究开发费用支出是否"达标"是认定高新技术企业的重要条件之一。科技部、财政部、国家税务总局发布的《关于修订印发〈高新技术企业认定管理工作指引〉的通知》（国科发火〔2016〕195 号）对国家需要重点扶持的高新技术企业认定管理的一些测度指标进行了具体规定，其中就包括对高新技术企业研究开发费用构成项目的详细规范。按照国科发火〔2016〕195 号文件的要求，企业应对包括直接研究开发活动和可以计入的间接研究开发活动所发生的费用进行归集，具体包括八大构成要素。这八大构成要素包括人员人工费用、直接投入、折旧费用与长期待摊费用、无形资产摊销、设计费用、装备调试费与试验费用、委托外部研究开发费用和其他费用。《财政部、国家税务总局、科技部关于完善研究开发费用税前加计扣除政策的通知》（财税〔2015〕119 号）、《国家税务总局关于企业研究开发费用税前加计扣除政策有关问题的公告》（国家税务总局公告 2015 年第 97 号）规定，企业从事符合规定项目的研究开发活动，其在一个纳税年度中实际发生的研发费用支出，只有八种符合规定项目的研究开发费用才可以加计扣除。研发费用加计扣除八项内容与高新认定研发费用比较如下。

一、人员人工费用

高新研发费用口径：人员人工费用包括企业科技人员的工资薪金、基本养老保险费、基本医疗保险费、失业保险费、工伤保险费、生育保险费和住房公积金，以及外聘科技人员的劳务费用。在实际操作中，企业为科技人员发生的以下费用不得作为申请高新技术资质的费用：商业保险、专业培训、按研发人员工资总额提取的福利经费、工会经费、教育经费等。

研发费用加计扣除口径：直接从事研发活动人员的工资薪金、基本养老保险费、基本医疗保险费、失业保险费、工伤保险费、生育保险费和住房公积金，以及外聘研发人员的劳务费用。

人员人工费用的范围，两者口径是完全一致的。

二、直接投入

高新研发费用口径：直接消耗的材料、燃料和动力费用；用于中间试验和产品试制的模具、工艺装备开发及制造费，不构成固定资产的样品、样机及一般测试手段购置费，试制产品的检验费；用于研究开发活动的仪器、设备的运行维护、调整、检验、检测、维修等费用，以及通过经营租赁方式租入的用于研发活动的“固定资产”租赁费。

研发费用加计扣除口径：研发活动直接消耗的材料、燃料和动力费用；用于中间试验和产品试制的模具、工艺装备开发及制造费，不构成固定资产的样品、样机及一般测试手段购置费，试制产品的检验费；用于研发活动的仪器、设备的运行维护、调整、检验、维修等费用，以及通过经营租赁方式租入的用于研发活动的“仪器、设备”租赁费。

两者的区别是：高新研发费包括经营租入“固定资产”，并没有专指租入研发设备或仪器。因此，经营租入办公用房所发生的租赁费凡是用于研究开发的部分，都可作为直接投入进行核算。

另外，直接消耗的材料、燃料等虽然应当计入研发费用，但企业在计算加计扣除的研发费用时，应扣减已计入研发费用，但在当期取得的研发过程中形成的下脚料、残次品、中间试制品等特殊收入；不足扣减的，允许加计扣除的研发费用按零计算；企业研发活动直接形成产品或作为组成部分形成的产品对外销售的，研发费用中对应的材料费用不得加计扣除。

三、折旧费用与长期待摊费用

高新研发费用口径：折旧费用是指用于研究开发活动的仪器、设备和在用建筑物的折旧费用。长期待摊费用是指研发设施的改建、改装、装修和修理过程中发生的长期待摊费用。

研发费用加计扣除口径：用于研发活动的仪器、设备的折旧费用。

两者的区别是：高新研发费用不仅包括为执行研发活动所购置的仪器和设备所发生的折旧费用，还包括改建、改装、修理过程中发生的长期待摊费用，企业自有的在用建筑物所发生的改建、改装、装修和修理过程中发生的长期待摊费用

四、无形资产摊销

高新研发费用口径：无形资产摊销费用是指用于研究开发活动的软件、知识产权、非专利技术（专有技术、许可证、设计和计算方法等）的摊销费用。

研发费用加计扣除口径：用于研发活动的软件、专利权、非专利技术（包括许可证、专有技术、设计和计算方法等）的摊销费用。

两者区别：高新研发费用无形资产摊销包括知识产权，知识产权是指人们对通过脑力劳动创造出来的智力成果所依法享有的权利。我国知识产权包括著作权及邻接权、专利权、商标权、商业秘密权、植物新品种权、集成电路布图设计权、商号权。所以，专利权只是知识产权的一种。研发费用加计扣除仅限于知识产权中的专利权。

五、设计费用

高新研发费用口径：设计费用是指为新产品和新工艺进行构思、开发和制造，进行工序、技术规范、规程制定、操作特性方面的设计等发生的费用。它包括为获得创新性、创意性、突破性产品进行的创意设计活动发生的相关费用。

研发费用加计扣除口径：新产品设计费、新工艺规程制定费。因为研发费用加计扣除未对新产品设计费、新工艺规程制定费进一步解释，所以，研发费用加计扣除口径与高新研发费用口径保持一致。

六、装备调试费与试验费用

高新研发费用口径：装备调试费用是指工装准备过程中研究开发活动

所发生的费用，包括研制特殊、专用的生产机器，改变生产和质量控制程序或制定新方法及标准等活动所发生的费用。试验费用包括新药研制的临床试验费、勘探开发技术的现场试验费、田间试验费等。

研发费用加计扣除口径：新药研制的临床试验费、勘探开发技术的现场试验费。因为研发费用加计扣除未对新药研制的临床试验费、勘探开发技术的现场试验费进一步解释，所以，其加计扣除口径与高新研发口径保持一致。

两者的区别是：无装备调试费加计扣除的规定。

七、委托外部研究开发费用

高新研发费用口径：委托外部研究开发费用是指企业委托境内外其他机构或个人进行研究开发活动所发生的费用（研究开发活动成果为委托方企业拥有，且与该企业的主要经营业务紧密相关）。委托外部研究开发费用的实际发生额应按照独立交易原则确定，按照实际发生额的 80% 计入委托方研发费用总额。另外，企业在中国境内发生的研发费用总额占全部研发费用总额的比例不低于 60%。

研发费用加计扣除口径：企业委托外部机构或个人开展研发活动发生的费用，可按规定税前扣除；加计扣除时按照研发活动发生费用的 80% 作为加计扣除基数。委托个人研发的，应凭个人出具的发票等合法有效凭证在税前加计扣除。《财政部、国家税务总局、科技部关于企业委托境外研究开发费用税前加计扣除有关政策问题的通知》（财税〔2018〕64 号）规定，自 2018 年 1 月 1 日起，中国企业委托境外单位进行研发活动所发生的费用，按照费用实际发生额的 80% 计入委托方的委托境外研发费用。委托境外研发费用不超过境内符合条件的研发费用 2/3 的部分，可以按规定在企业所得税前加计扣除。即委托境外研发，按照实际发生额的 80% 加计扣除，但总额不能超过境内符合条件的研发费用的 2/3。委托境外进行研发活动不包括委托境外个人进行的研发活动。举个例子，某企业 2018 年发生委托境外研发费用 100 万元，当年境内符合条件的研发费用为 110 万元。按照政策规定，委托境外发生研发费用 100 万元的 80% 计入委托境外研发费用，即为 80 万元。当年境内符合条件的研发费用 110 万元的 2/3 的为 73.33 万元。也就是说，委托境外研发费用享受加计扣除的总额不能超过 73.33 万元，由此确定委托境外研发允许加计扣除的基数为 73.33 万元，该企业当年允许加计扣除的基数为 183.3 万元（110+73.3），应当加计扣除 137.475 万元（183.3×75%）。

八、其他费用

高新研发费用口径：其他费用是指上述费用之外与研究开发活动直接相关的其他费用，包括技术图书资料费、资料翻译费、专家咨询费、高新科技研发保险费，研发成果的检索、论证、评审、鉴定、验收费用，知识产权的申请费、注册费、代理费，会议费、差旅费、通信费等。此项费用一般不得超过研究开发总费用的 20%，另有规定的除外。

研发费用加计扣除口径：与研发活动直接相关的其他费用，如技术图书资料费、资料翻译费、专家咨询费、高新科技研发保险费，研发成果的检索、分析、评议、论证、鉴定、评审、评估、验收费用，知识产权的申请费、注册费、代理费，差旅费、会议费，通信费等。此项费用总额不得超过可加计扣除研发费用总额的 10%。

两者的区别是比例不一样。

总结：高新技术企业研发费用口径与研发费用加计扣除口径并非完全一致，相对于研发费用加计扣除，高新技术企业研发费用要宽泛得多。高新技术企业研发费用口径是判断研发费用是否达到规定的比例，从而确认是否符合高新技术企业的条件之一；但研发费用加计扣除并不存在研发费用支出比例的限制，企业发生的研发费支出，除了列举的行业外，均可以享受加计扣除的企业所得税优惠政策。

20.

委托研发加计扣除应注意哪些问题？

问：委托研发享受加计扣除应当注意哪些问题？

答：委托研发是指被委托人基于他人委托而开发的项目。委托人以支付报酬的形式获得被委托人的研发成果的所有权。委托项目的特点是研发经费受委托人支配，项目成果必须体现委托人的意志和实现委托人的使用目的。委托研发享受加计扣除应当注意以下“七个事项”。

一、委托研发享受的加计扣除不得转嫁受托方。在实务中，一般受托研发的知识产权都属于委托方，相关的研发费用直接承担者为委托方。同一研发支出不允许同时在两处以上单位享受加计扣除。与研发成果的权属相结合，研发费用的加计扣除是针对实际承担研发费用的单位，即便研发成果权属归受托方或者委托方受托方双方共有，研发费用整体上还是享受税法给予的优惠，不过税收优惠给予委托方。所以，企业委托外单位进行研发的研发费用，由委托方按照规定计算加计扣除，受托方不再加计扣除，并且无论委托方是否享受研发费用税前加计扣除政策，受托方均不得加计扣除。

二、委托关联方研发应提供研发费用清单。委托方委托关联方开展研发活动的，受托方需向委托方提供研发过程中实际发生的研发项目费用支出明细情况，不能提供明细情况，则不能享受研发费用加计扣除。委托非关联方研发，考虑到涉及商业秘密等原因，委托方加计扣除时不需要提供研发项目的费用支出明细情况。提供研发经费支出明细情况的目的是判断关联方交易是否符合独立交易原则。虽然委托非关联方不再提供研发项目费用支出明细情况，但委托研发费用实际发生额应符合独立交易原则。

三、委托方实际支付研发费用金额的80%作为加计扣除的基数。企业委托外部开展研发活动发生的费用，可按实际支付费用全额进行税前扣除；加计扣除按照委托方实际发生费用的 80% 作为基数。并非是委托研发费用只能按照 80% 扣除，应以实际支付费用的 80% 为基数加计扣除。以实际支付委托研发费用的 80% 加计扣除，就是委托研发所支付研发费中所包括的受托方的利润不能享受加计，利润率统一确定为 20%。

四、委托境外单位或个人研发的加计扣除。研发费用支出必须要达到一定的比例是企业高新技术企业认定条件之一，在确定高新技术企业研发费用时，境外发生的研发费用不超过研发费用总额的 40%。也就是说，在认定高新技术企业时，委托境外研发超过研发费用总额 40% 的部分不得计入研发费用支出的基数。《财政部、国家税务总局、科技部关于企业委托境外研究开发费用税前加计扣除有关政策问题的通知》（财税〔2018〕64 号）规定，自 2018 年 1 月 1 日起，中国企业委托境外单位进行研发活动所发生的费用，按照费用实际发生额的 80% 计入委托方的委托境外研发费用。委托境外研发费用不超过境内符合条件的研发费用 2/3 的部分，可以按规定在企业所得税前加计扣除。即委托境外研发，按照实际发生额的 80% 加计扣除，但总额不能超过境内符合条件的研发费用的 2/3。

五、委托境内个人研发费用可以加计扣除。现行政策明确指出企业委托个人研发的费用也可以加计扣除。需要注意的是，委托个人研发的，应凭个人出具的发票等合法有效凭证计算税前加计扣除，即企业委托个人研发，应取得发票才能作为实际发生费用计算税前加计扣除。企业委托境外个人进行研发活动所发生的费用，不得加计扣除。

六、委托研发加计扣除应当提供备案合同。根据研发费用加计扣除留存备查资料的要求，委托研发、合作研发的合同需经科技主管部门登记。未申请认定登记和未予登记的技术合同，不得享受研发费用加计扣除优惠政策。但另据《国家税务总局、科技部关于加强企业研发费用加计扣除政策贯彻落实工作的通知》(税总发〔2017〕106 号）规定，优化委托研发与合作研发项目合同登记管理方式，坚持“实质重于形式”的原则。凡研发项目合同具备技术合同登记的实质性要素，仅在形式上与技术合同示范文本存在差异的，也应予以登记，不得要求企业重新按照技术合同示范文本进行修改报送。

七、委托研发失败所发生活动的研发费用也可享受加计扣除。研发包括自行研发、委托研发、合作研发及集体研发。失败的研发活动所发生的研发费用也可享受税前加计扣除政策。之所以失败的研发活动所发生的研发费用也可享受加计扣除，一是企业的研发活动具有一定的风险和不可预测性，既可能成功也可能失败，政策是对研发活动予以鼓励，并非单纯强调结果；二是失败的研发活动也并不是毫无价值的，在一般情况下的“失败”是指没有取得预期的结果，但可以取得其他有价值的成果；三是许多研发项目的执行是跨年度的，在研发项目执行当年，其发生的研发费用就可以享受加计扣除，不是在项目执行完成并取得最终结果以后才申请加计扣除，在享受加计扣除时实际无法预知研发成果，如强调研发成功才能加计扣除，将极大地增加企业享受优惠的成本，降低政策激励的有效性。

21.

固定与工资一并按月发放的午餐补助如何进行税前扣除?

问：固定与工资一并按月发放的午餐补助是否可以全额进行税前扣除?

答：《国家税务总局关于企业工资薪金和职工福利费等支出税前扣除问题的公告》(国家税务总局公告 2015 年第 34 号）第一条规定，列入企业员工工资薪金制度、固定与工资薪金一起发放的福利性补贴，符合《国家税务总局关于企业工资薪金及职工福利费扣除问题的通知》(国税函〔2009〕

3号）第一条规定的，可作为企业发生的工资薪金支出，按规定在税前扣除；不能同时符合上述条件的福利性补贴，应作为国税函〔2009〕3号文件第三条规定的职工福利费，按规定计算限额税前扣除。因此，固定与工资一并发放的午餐补助，应当作为工资薪金税前扣除，并且固定与工资一并发放的午餐补助可以作为“三费”（职工福利、教育经费、工会经费）扣除基数。

22.

无形资产如何进行税前扣除？

问：无形资产如何进行企业所得税税前扣除？

答：无形资产较之固定资产的最大区别在于其没有实物形态。无形资产的税务处理是企业所得税法中的一个重要组成部分。一般来说，企业的无形资产支出具有数额大、长期受益的特点，即无形资产支出的效益体现于几个会计年度或几个营业周期。按照企业所得税关于应纳税所得额计算的收入支出配比原则，无形资产应作为资本性支出，通过摊销分期在税前扣除，而不能作为当期费用一次扣除。结合现行税收政策，就无形资产关于税前扣除的相关税收政策分析如下。

一、无形资产的界定。《企业所得税法》规定，无形资产是指企业为生产产品、提供劳务、出租或者经营管理而持有的、没有实物形态的非货币性长期资产，包括专利权、商标权、著作权、土地使用权、非专利技术、商誉等。根据《企业会计准则》，土地使用权不再转入固定资产，而是计入无形资产单独核算。我国部分公有制企业曾经根据评估价值将土地作为企业的固定资产入账。但这部分作为固定资产入账的土地是不能计提折旧的，原因是其按照评估价值入账，因此“单独估价作为固定资产入账的土地”不得折旧并进行税前扣除。这部分“单独估价作为固定资产入账的土地”不作为无形资产。

二、无形资产计税基础的确定。《企业所得税法》规定，企业的无形资产以历史成本为计税基础，所称历史成本，是指企业取得该项资产时实际发生的支出。不同来源取得的无形资产，其成本计税基础不尽相同。无形资产按照以下方法确定计税基础：①外购的无形资产，以购买价款、支付的相关税费以及直接归属于使该资产达到预定用途发生的其他支出为计税基础；②自行开发的无形资产，以开发过程中该资产符合资本化条件后至达到预定用途前发生的支出为计税基础；③通过捐赠、投资、非货币性资产交换、债务重组等方式取得的无形资产，以该资产的公允价值和支付的相关税费为计税基础。但以无形资产投资入股、非货币性资产交换、债务重组、企业资产重组等方式取得的无形资产，符合特殊性税务处理的，应当按原有计税基础确定。

三、无形资产的摊销。无形资产应在使用寿命内系统地进行分摊。在会计处理上，无形资产摊销存在多种方法，如直线法、生产总量法等；《企业所得税法》规定无形资产按照直线法计算的摊销费用才准予扣除，并且规定无形资产的摊销年限不得低于 10 年。但作为投资或者受让的无形资产，有关法律规定或者合同约定了使用年限的，可以按照规定或者约定的使用年限分期摊销。如煤炭采矿权，会计上依据探明和可能的煤炭储量按工作量法计提摊销，税法规定摊销年限不得低于 10 年，采用直线法摊销，汇算清缴时则应注意要按照与会计摊销金额的差额调增（或调减）应纳税所得额。企业会计制度规定，无形资产的摊销年限一经确定，不能随意变更。由于经济环境改变而确实需要变更摊销年限的，应将变更作为会计估计变更处理，但计算企业所得税时应对企业提前摊销的金额进行相应的纳税调整。

四、外购商誉在企业整体转让或者清算时方可进行税前扣除。《企业会计准则第 20 号——企业合并》规定，企业合并的方式包括吸收合并、新设合并和控股合并。非同一控制下企业合并的吸收合并，购买方在购买日应当按照合并中取得的被购买方各项可辨认资产、负债的公允价值确定其入账价值，当企业合并成本大于取得被购买方可辨认净资产公允价值时，企业合并成本与取得被购买方可辨认净资产公允价值的差额计入商誉。我国新颁布的会计准则对外购商誉采用了期末进行减值测试的方法，取代了以往分期摊销的不合理做法。但《企业所得税法》规定，对于企业外购商誉的支出，在企业整体转让或者清算时，准予扣除。所以，对企业外购商誉以及外购商誉后期所确认的损益，企业所得税均不确认，只有在企业整体转让或清算时才允许扣除外购商誉的支出。

五、不能在税前扣除的四类无形资产。《企业所得税法》规定，下列四类无形资产不得计算摊销费用：①自行开发的支出已在计算应纳税所得额时扣除的无形资产不得计算摊销费用。也就是说，对于那些已经计入各期费用的研究与开发费用，在该项无形资产获得成功并依法申请取得权利后，并不能通过追溯调整，再将原已计入损益的开发费用资本化。计算摊销费用的目的是通过对摊销费用的扣除来扣除无形资产的成本。因此，如果某些自行开发的无形资产，其费用已经扣除了，当然也就不需要计算摊销费用了。②自创商誉。自创商誉是企业在生产经营过程中自己创造的。创造这些商誉的成本都已经在生产经营过程中予以扣除，企业并没有为自创商誉支付额外的没有被扣除的成本，因此，自创商誉不得计算摊销费用。自创商誉不得计算摊销费用与《企业会计准则》的立法基本精神相一致：《企业会计准则》不允许企业将自创商誉以及内部产生的品牌、报刊名等确认为无形资产。主要原因在于：一是与这些资产有关的经济利益流入企业很难做出科学合理的估计。二是这些项目在自创时发生的支出已经计入当期损益。如果再将其列入无形资产，已经不能摊销其价值。③与经营活动无关的无形资产。该项规定与《企业所得税法》第八条规定的基本精神一致，强调企业实际发生的与取得收入有关的、合理的支出，准予扣除，与经营活动无关的无形资产当然不能扣除，因此，也就不得计算摊销费用。④其他不得计算摊销费用的无形资产。

六、无形资产的加计扣除。无形资产加计扣除属于企业所得税的一种优惠政策。《企业所得税法实施条例》规定，企业为开发新技术、新产品、新工艺发生的研究开发费用形成无形资产的，按照无形资产成本的175%摊销，即该项无形资产的计税基础应为开发过程中符合资本化条件后达到预定用途前发生的实际支出的175%。在开发阶段，判断可以将有关支出资本化确认为无形资产，必须同时满足下列条件：①完成该项无形资产以使其能够使用或出售在技术上具有可行性；②具有完成该项无形资产并使用或出售的意图；③无形资产产生经济利益的方式，包括能够证明运用该项无形资产生产的产品存在市场或无形资产自身存在市场，无形资产将在内部使用的，应当证明其有用性；④有足够的技术、财务资源和其他资源支持，以完成该项无形资产的开发，并有能力使用或出售该项无形资产；⑤归属于该项无形资产开发阶段的支出能够可靠地计量。自行开发的无形资产的成本仅包括在满足资本化条件的时点至无形资产达到预定用途前发生的支出总额，对于同一项无形资产在开发过程中达到资本化条件之前已经费用化计入损益的支出，不再进行调整。

七、无形资产加速摊销的特定情形。无形资产加速摊销法是相对于每年摊销额相等的匀速直线摊销法而言的，是指无形资产在使用的前期多计摊销，后期少计摊销，摊销额逐年递减的一种摊销方法。加速摊销，以尽快收回投资，这也符合会计核算原则中的谨慎原则。无形资产加速摊销是一种税收优惠，企业所得税允许无形资产加速摊销必须有明文规定。如《财政部、国家税务总局关于进一步鼓励软件产业和集成电路产业发展企业所得税政策的通知》（财税〔2012〕27号）规定，企业外购的软件，凡符合无形资产确认条件的，可以按照固定资产或无形资产进行核算，其折旧或摊销年限可以适当缩短，最短可为2年（含）。无形资产加速摊销，属纳税人汇算清缴期登记备案的企业所得税减免优惠项目，应在汇算清缴期间向主管税务机关提交有关资料。若企业拥有更新换代较快的外购软件，在正常盈利和未享受定期减免税优惠的情况下，可将软件的摊销期限缩短为2年，以尽早进行税前扣除，产生抵税作用。但企业需要注意的是，该种做法需经主管税务机关核准。

23.

非货币性资产投资入股适用特殊性处理应符合什么条件？

问：企业发生非货币性资产投资，符合特殊性税务处理条件的，也可选择按特殊性税务处理规定执行。请问，非货币性资产投资入股适用特殊性税务处理应当符合什么条件？

答：《财政部、国家税务总局关于非货币性资产投资企业所得税政策问题的通知》（财税〔2014〕116号）规定，企业发生非货币性资产投资，符合《财政部、国家税务总局关于企业重组业务企业所得税处理若干问题的通知》（财税〔2009〕59号）等文件规定的特殊性税务处理条件的，也可选择按特殊性税务处理规定执行。选择适用特殊性税务处理的，投资企业取得受让企业股权的计税基础，以投资的非货币性资产的原有计税基础确定；受让企业取得投资企业资产的计税基础，以被转让资产的原有计税基础确定。即符合特殊性税务处理条件的，投资方不确认相关资产的所得或损失。

结合财税〔2009〕59号文件以及《财政部、国家税务总局关于促进企业重组有关企业所得税处理问题的通知》（财税〔2014〕109号）有关规定，非货币性资产投资入股适用特殊性税务处理应当符合以下条件：①具有合理的商业目的，且不以减少、免除或者推迟缴纳税款为主要目的。②以非货币性资产投资入股，所投资的非货币性资产不低于其全部资产的50%。③投资入股后的连续12个月内不改变投资资产原来的实质性经营活动。④以非货币性资产投资，交易对价中涉及股权的支付金额不低于其交易支付总额的85%。⑤取得股权支付的原主要股东，在投资入股后连续12个月内，不得转让所取得的股权。

24.

分支机构必须就地预缴企业所得税吗？

问：企业分支机构应当就地预缴企业所得税吗？

答：现行企业所得税实行法人所得税制。按照企业所得税的立法本意，法人企业为企业所得税纳税义务人，企业在中国境内设立不具有法人资格的营业机构的，应当汇总计算并缴纳企业所得税。但由于我国是“分灶吃饭”的财政体制，企业所得税统一在总机构所在地申报缴纳，会影响地方政府经济利益，并且不利于调动地方政府发展的积极性。为了解决法人课税制度与分税制财税管理体制的不兼容问题，在遵循《企业所得税法》所确定的法人所得税制的基础上，要求分支机构就地预缴企业所得税，并采取一定的财政调库措施。根据《国家税务总局关于印发〈跨地区经营汇总纳税企业所得税征收管理办法〉的公告》（国家税务总局公告2012年第57号）等有关规定，下列十种情形的分支机构无须就地预缴企业所得税。

一、未纳入中央和地方分享范围的企业的分支机构无须就地预缴企业所得税。国有邮政企业（包括中国邮政集团公司及其控股公司和直属单位）、中国工商银行股份有限公司、中国农业银行股份有限公司、中国银行股份有限公司、国家开发银行股份有限公司、中国农业发展银行、中国进出口银行、中国投资有限责任公司、中国建设银行股份有限公司、中国建银投资有限责任公司、中国信达资产管理股份有限公司、中国石油天然气股份有限公司、中国石油化工股份有限公司、海洋石油天然气企业（包括中国海洋石油总公司、中海石油（中国）有限公司、中海油田服务股份有限公司、海洋石油工程股份有限公司）、中国长江电力股份有限公司等缴纳企业所得税未纳入中央和地方分享范围的企业，不用就地预缴企业所得税。

二、同一辖区内设立分公司不需要预缴企业所得税。居民企业在中国境内跨地区（指跨省、自治区、直辖市和计划单列市）设立不具有法人资格分支机构的，该居民企业为跨地区经营汇总纳税企业，除另有规定外，其企业所得税实行“统一计算、分级管理、就地预缴、汇总清算、财政调库”的企业所得税征收管理办法。但对居民企业在中国境内没有跨地区设立不具有法人资格分支机构，仅在同一省、自治区、直辖市和计划单列市内设立不具有法人资格分支机构的，其企业所得税征收管理办法，由各省、自治区、直辖市和计划单列市国家税务局、地方税务局参照国家税务总局公告2012年第57号联合制定。同一辖区内设立的独立核算的分支机构实现的利润由法人企业统一申报缴纳，分支机构不用单独申报缴纳，并且其设立的分支机构不作为跨地区设立非法人分支机构的分配基数。

三、三级及以下分支机构不就地预缴企业所得税。现有公司均实行一级法人的制度。公司设立的分支机构中，二级分支机构大多是以分公司或办事处形式出现，三级分支机构则是百分之百的办事处形式。具有主体生产经营职能的二级分支机构，就地分期预缴企业所得税；总机构的二级分支机构及其下属机构均由二级分支机构集中就地预缴企业所得税；三级及以下分支机构不就地预缴企业所得税，其经营收入、职工工资和资产总额统一计入二级分支机构。

四、总机构设立具有主体生产经营职能的部门（非二级分支机构），且该部门的营业收入、职工薪酬和资产总额与管理职能部门分开核算的，可将该部门视同一个二级分支机构，就地缴纳企业所得税；该部门与管理职能部门的营业收入、职工薪酬和资产总额不能分开核算的，该部门不得视同一个二级分支机构，不就地缴纳企业所得税。

五、不具有主体生产经营职能，且在当地不缴纳增值税、营业税的产品售后服务、内部研发、仓储等汇总纳税企业内部辅助性的二级分支机构，不就地分摊缴纳企业所得税。

六、上年度认定为小型微利企业的，其二级分支机构不就地分摊缴纳企业所得税。该分支机构应按零申报处理，提供总机构主管税务机关确认其为小型微利企业的文书或相关证明资料，同时不能取消税种登记，等总机构不符合小型微利企业的第二年开始进行就地预缴。

七、新设立的二级分支机构，设立当年不就地分摊缴纳企业所得税。

各分支机构应分摊所得税款的比例是按照上一年度分支机构的经营收入、职工工资和资产总额三个因素计算的。因没有以前年度的有关信息，相应就无法计算新设立的分支机构应分摊所得税税款的比例，所以，新设立的分支机构在设立当年不就地预缴企业所得税，在次年方依法就地预缴企业所得税。但汇总纳税企业当年由于重组等原因从其他企业取得重组当年之前已存在的二级分支机构，并作为本企业二级分支机构管理的，该二级分支机构不视同当年新设立的二级分支机构，按规定计算分摊并就地缴纳企业所得税。汇总纳税企业内就地分摊缴纳企业所得税的总机构、二级分支机构之间，发生合并、分立、管理层级变更等形成的新设或存续的二级分支机构，不视同当年新设立的二级分支机构，按规定计算分摊并就地缴纳企业所得税。

八、当年撤销的二级分支机构，自办理注销税务登记之日所属企业所得税预缴期间起，不就地分摊缴纳企业所得税。也就是说，撤销的分支机构在撤销当年的剩余期限内未预缴的企业所得税，不再就地预缴企业所得税，总机构将分支机构的清算所得并入总机构应税所得，依法计算缴纳企业所得税，并且全部缴入中央国库。

九、汇总纳税企业在中国境外设立的不具有法人资格的二级分支机构，不就地分摊缴纳企业所得税。在中国境内设立的具有法人资格的居民企业，其在境外设立的非法人营业机构取得的所得，不预缴企业所得税。

十、同一省、自治区、直辖市和计划单列市税务机关可以自行确定分支机构是否就地预缴企业所得税。在同一省、自治区、直辖市和计划单列市内设立不具有法人资格的分支机构的，其企业所得税征收管理办法，由各省、自治区、直辖市和计划单列市国家税务局、地方税务局参照国家税务总局公告 2012 年第 57 号联合制定。如江苏省国家税务局、江苏省地方税务局转发《国家税务总局关于印发〈跨地区经营汇总纳税企业所得税征收管理暂行办法〉的通知》的通知（苏国税发〔2008〕42 号）规定，总机构及其分支机构均在江苏省的，分支机构暂不就地预缴企业所得税，由总机构统一计算，汇总缴纳。总机构在江苏省内省外均有分支机构的，由总机构按照经营收入、工资总额、资产总额计算各分支机构应分摊的比例，将本期应纳所得税额的 50% 在各分支机构之间进行分摊。省内分支机构分摊的所得税额由总机构统一向其所在地主管税务机关汇总缴纳，省外分支机构就其分摊的所得税额向其所在地主管税务机关申报预缴。

25.
企业所得税的亏损弥补

问：企业发生的亏损如何进行企业所得税税前弥补？

答：企业所得税以年度实现的应纳税所得额为计税依据，当期有所得就缴纳，没有所得相应就不用缴纳，但为支持企业的平稳发展，对企业以前年度发生的亏损，准予用以后年度的应纳税所得弥补，一年弥补不足的，可以逐年连续弥补，弥补期最长不得超过5年（自2018年1月1日起，高新技术企业和科技型中小企业亏损结转年限由5年延长至10年），但允许弥补的年限内不论是盈利或亏损，都作为计算亏损弥补年度。但企业所得税上允许弥补的亏损额并非是企业财务报表中所反映的亏损额。《企业所得税法》上所称亏损，是指企业每一纳税年度的收入总额减除不征税收入、免税收入和各项扣除后小于零的数额。亏损弥补应注意以下13项特殊规定。

一、应税项目与免税项目之间的亏损不可相互弥补。《国家税务总局关于做好2009年度企业所得税汇算清缴工作的通知》（国税函〔2010〕148号）明确规定，企业取得的免税收入、减计收入以及减征、免征所得额项目，不用弥补当期及以前年度应税项目亏损。从而保证了纳税人的“免税所得”真正免税。同时规定，对减征、免征所得税项目当期形成亏损的也不得用当期和以后纳税年度应税项目所得抵补。但《企业所得税法实施条例》第一百零二条规定：“企业同时从事适用不同企业所得税待遇的项目的，其优惠项目应当单独计算所得，并合理分摊企业的期间费用；没有单独计算的，不得享受企业所得税优惠。”税收优惠是纳税人的权利，从该规定来看，免税项目在亏损的情况下，企业可以选择放弃优惠，相应免税项目所形成的亏损可以名正言顺地从应税项目所得中抵补。再结合国税函〔2010〕148号文件的规定，笔者认为：企业明确放弃减征、免征项目所得的前提下，减征、免征所得税项目当期形成的亏损应当允许用应税项目所得弥补；否则不能从应税项目所得中弥补。

二、税务机关查增应纳税所得额可弥补亏损。《国家税务总局关于查增应纳税所得额弥补以前年度亏损处理问题的公告》（国家税务总局2010年第20号）规定，税务机关对企业以前年度纳税情况进行检查时调增的应纳税所得额，凡企业以前年度发生亏损且该亏损属于《企业所得税法》规定允许弥补的，应允许调增的应纳税所得额弥补亏损。弥补亏损后仍有余额的，按照《企业所得税法》规定计算缴纳企业所得税。检查调增的应纳税所得额应根据其情节，依照《中华人民共和国税收征收管理法》有关规定进行处理或处罚。查增所得弥补亏损后，在行为当年或相关年度未造成不缴或少缴应纳税款的，按规定处以 5 万元以下罚款。

三、筹办期间不计算亏损年度。根据《企业会计准则》的规定，企业筹办期间发生的筹办费用直接计入当期损益，相应在筹建期间发生亏损。但根据《国家税务总局关于贯彻落实企业所得税法若干税收问题的通知》（国税函〔2010〕79 号）的规定，企业自开始生产经营的年度，为开始计算企业损益的年度。企业从事生产经营之前进行筹办活动期间发生的筹办费用不得计算为当期的亏损，应按照《国家税务总局关于企业所得税若干税务事项衔接问题的通知》（国税函〔2009〕98 号）第九条规定执行。由于企业在筹办期没有开始生产经营，无从计算损益，因此筹办期不计算亏损，也无须进行汇算清缴，而筹办费的有效亏损弥补期限也得到了推迟。例如，某企业 2010 年为筹办期，发生筹办费 80 万元，2011 年开始生产经营，由于 2010 年不计算亏损，按规定筹办费在 2011 年一次性扣除或是作为长期待摊费用分期扣除，因此有效弥补期就推迟了 1 年甚至几年。

四、境外亏损不能用境内所得弥补。境外所得首先需区分为直接来源于境外的所得和间接来源于境外的所得两类，因为《企业所得税法》对这两类所得采取了不同的计税办法，即直接抵免所得税法与间接抵免所得税法。企业间接来源于境外的所得是指企业从其直接或者间接控制的外国企业分得的来源于中国境外的股息、红利等权益性投资收益。由于被投资企业发生的亏损，投资企业不能抵免，因此，间接来源于境外的所得不可能出现亏损。《企业所得税法》第十七条规定，企业在汇总计算缴纳企业所得税时，其境外营业机构的亏损不得抵减境内营业机构的盈利。《财政部、国家税务总局关于企业境外所得税收抵免有关问题的通知》（财税〔2009〕125 号）规定，在汇总计算境外应纳税所得额时，企业在境外同一国家（地区）设立不具有独立纳税地位的分支机构，按照《企业所得税法》及实施条例的有关规定计算的亏损，不得抵减境内或他国（地区）的应纳税所得额，但可以用同一国家（地区）其他项目或以后年度的所得按规定弥补。

境外营业机构的亏损不得抵减境内营业机构的盈利，这样规定的主要目的是为了更好地保证国内税基，维护国家的税收利益。如果允许境外亏损弥补境内盈利，由于对境外营业机构的税收管理难度相对较大，则很容易引发企业通过非正常手段虚增境外亏损的动机，从而对国内税基造成侵蚀。虽然企业境外营业机构的亏损不能抵减境内营业机构的盈利，但是企业发生在境外同一个国家内的盈亏还是允许相互弥补的。这也体现了我国在处理跨国所得税事务时所坚持的“来源地优先”的原则，即发生在一国的亏损，应该用发生在该国的盈利进行弥补。但境内亏损既可以用境外盈利弥补，也可以用以后年度的境内、境外盈利弥补。具体弥补方法依据《国家税务总局关于发布〈企业境外所得税收抵免操作指南〉的公告》（国家税务总局公告 2010 年第 1 号）的规定，即企业在同一纳税年度的境内外所得加总为正数的，其境外分支机构发生的亏损，由于上述结转弥补的限制而发生的未予弥补的部分（以下称为非实际亏损额），今后在该分支机构的结转弥补期限不受 5 年期限制，即：①如果企业当期境内外所得盈利额与亏损额加总后和为零或正数，则其当年度境外分支机构的非实际亏损额可无限期向后结转弥补；②如果企业当期境内外所得盈利额与亏损额加总后和为负数，则以境外分支机构的亏损额超过企业盈利额部分的实际亏损额，准予在以后 5 年内进行亏损弥补，未超过企业盈利额部分的非实际亏损额仍可无限期向后结转弥补。

五、被合并企业合并前的亏损的弥补。《财政部、国家税务总局关于企业重组业务企业所得税处理若干问题的通知》（财税〔2009〕59 号）规定，企业合并区分特殊性税务处理规定和一般性税务处理规定，对适用一般性税务处理规定或符合特殊性税务处理规定条件但选择适用一般性税务处理规定的，被合并企业的亏损不得在合并企业结转弥补。符合特殊性税务处理条件并且选择适用特殊性处理的，被合并企业未弥补的亏损允许在合并企业以后年度实现的应纳税所得额中弥补，但可由合并企业弥补的被合并企业亏损的限额 = 被合并企业净资产公允价值 × 截至合并业务发生当年年末国家发行的最长期限的国债利率。也就是说，在允许弥补的年度内，每年度允许扣除的被合并企业的亏损额不能超过上述规定的限额。

举例：A 公司于 2013 年以吸收合并方式购买一家有发展潜力的企业，合并基期日为 2013 年 6 月，合并前被合并企业亏损如下：2013 年 1 月—6 月亏损50万元，2012年亏损200万元，2011年亏损100万元，2010年亏损300万元，2009年亏损50万元，合计累计应弥补未弥补亏损额为700万元。被合并企业净资产公允价值为1 500万元。合并当年即2013年A公司实现应纳税所得额800万元，合并企业合并前A公司允许弥补的亏损为40万元。假定合并业务发生当年年末国家发行的最长期限的国债利率为6%，则A公司2013年允许弥补被合并企业合并前的亏损限额为1 500×6%=90（万元），因为被合并企业合并前可以弥补的亏损为700万元，但允许扣除的限额不能超过90万元，所以只能弥补90万元，另外A公司合并前的亏损40万元也允许弥补，由此计算A公司2013年度应纳税所得额=800−90−40=670（万元），应缴纳企业所得税670×25%=167.5（万元）。

六、企业兼并与分立前的亏损弥补。《财政部、国家税务总局关于企业重组业务企业所得税处理若干问题的通知》（财税〔2009〕59号）规定，企业分立区分一般税务处理和特殊性税务处理，适用一般性税务处理规定或符合特殊性税务处理规定条件但选择适用一般性税务处理规定的，被兼并企业尚未弥补的经营亏损，应区别不同情况处理：被兼并企业在被兼并后继续具有独立纳税人资格的，其兼并前尚未弥补的经营亏损，在税收法规规定的期限内，由其以后年度的所得逐年延续弥补，不得用兼并企业的所得弥补；被兼并企业在被兼并后不具有独立纳税人资格的，其兼并前尚未弥补的经营亏损，在税收法规规定的期限内，兼并企业可用以后年度的所得逐年延续弥补。如果企业分立符合特殊性税务处理条件并且选择适用特殊性税务处理的，则被分立企业未超过法定弥补期限的亏损额可按分立资产占全部资产的比例进行分配，由分立企业继续弥补。

七、核定征收前的亏损弥补。企业亏损可以由以后年度的所得弥补，弥补对象仅适用于查账征收的纳税人。《企业所得税法》第十八条规定，企业纳税年度发生的亏损，准予向以后年度结转，用以后年度的所得弥补，但结转年限最长不得超过5年。在核定期间，由于企业对收入、成本费用核算不准确，不能正确计算企业所得税的税基，企业的盈亏不能真实地反映，因而核定期间的亏损也就得不到税务机关的认可。这样，企业先由查账征收改为核定征收，以前年度未弥补的亏损在核定期限内不再允许弥补。再由核定征收改回查账征收，在税法规定的亏损弥补期限内，查账征收年度的亏损允许继续弥补，核定征收年度的亏损不得弥补。

八、企业清算所得的弥补亏损。《企业所得税法》第五十三条规定，企业依法清算时，应当以清算期间作为一个纳税年度。《财政部、国家税务总局关于企业清算业务企业所得税处理若干问题的通知》（财税〔2009〕60号）规定，企业清算中应依法弥补亏损，确定清算所得，企业应将整个清算期作为一个独立的纳税年度计算清算所得。企业在计算清算所得时弥补以前年度亏损，这个亏损包括清算当年正常生产经营期间发生的亏损额，并且弥补的年限应从当年算起，向前推算4年，共计允许弥补5年发生的亏损。例如，某企业由于生产经营不善，于2011年5月停止生产经营，要办理注销登记。在企业注销前办理了2011年的企业所得税汇算清缴，调整后应纳税所得额为-200万元，清算期弥补亏损前计算的清算所得为300万元，企业2006年的亏损结转至2011年还有100万元没有弥补（假设其他年度没有亏损）。如果清算期间的应纳税所得额计算为“300-200-100=0（万元）”就错了，因为清算期间是一个独立的纳税年度，2006年的100万元亏损只能结转到2011年的汇算清缴中弥补，而2011年度的汇算清缴结果为负数，相应已过了亏损弥补期，清算所得也只能弥补以前年度5年内的亏损，2006年度未弥补的亏损已超过了5年。因此，清算期间的应纳税所得额为300-200=100（万元）。

九、取消合并纳税后尚未弥补的亏损弥补。《国家税务总局关于取消合并纳税后以前年度尚未弥补亏损有关企业所得税问题的公告》（2010年第7号）规定，企业集团取消了合并申报缴纳企业所得税后，截至2008年年底，企业集团合并计算的累计亏损，属于符合《企业所得税法》第十八条规定五年结转期限内的，可分配给其合并成员企业（包括企业集团总部）在剩余结转期限内，结转弥补。具体计算时，凡单独计算是亏损的各成员企业参与分配可继续弥补的亏损，盈利企业不参与分配。例如，2008年年底，企业集团A累计亏损为-20万元，成员企业B盈利40万元，成员企业C亏损-30万元，成员企业D亏损-30万元，B不参与分配，C、D各应分配亏损10万元[20×30÷（30+30）]，允许C、D在以后5年内用各自应纳税所得额分别进行弥补。

十、房地产开发经营企业的预计毛利可以弥补亏损。《国家税务总局关于印发〈房地产开发经营业务企业所得税处理办法〉的通知》（国税发〔2009〕31号）第九条规定，企业销售未完工开发产品取得的收入，应先按预计计税毛利率分季（或月）计算出预计毛利额，计入当期应纳税所得额。开发产品完工后，企业应及时结算其计税成本并计算此前销售收入的实际毛利额，同时将其实际毛利额与其对应的预计毛利额之间的差额，计入当年度企业本项目与其他项目合并计算的应纳税所得额。另外，《国家税务总局关于发布〈中华人民共和国企业所得税月（季）度预缴纳税申报表(2015年版)等报表〉的公告》(国家税务总局公告2015年第31号）填报说明，第5行“特定业务计算的应纳税所得额”：从事房地产开发等特定业务的纳税人，填报按照税收规定计算的特定业务的应纳税所得额。房地产开发企业销售未完工开发产品取得的预售收入，按照税收规定的预计计税毛利率计算的预计毛利额填入此行。第8行“弥补以前年度亏损”：填报按照税收规定可在企业所得税前弥补的以前年度尚未弥补的亏损额。第9行“实际利润额”=4行+5行–6行–7行–8行。因此，按照税收规定的预计计税毛利率计算的预计毛利额可以弥补以前年度亏损。

十一、企业分回的投资利润不用弥补企业亏损。《企业所得税法》第六条规定，企业以货币形式和非货币形式从各种来源取得的收入，为收入总额，包括股息、红利等权益性投资收益。《企业所得税法实施条例》第十七条规定，《企业所得税法》第六条第（四）项所称股息、红利等权益性投资收益，是指企业因权益性投资从被投资方取得的收入。《企业所得税法》第五条规定，企业每一纳税年度的收入总额，减除不征税收入、免税收入、各项扣除以及允许弥补的以前年度亏损后的余额，为应纳税所得额。同时，《企业所得税法》第十八条规定，企业纳税年度发生的亏损，准予向以后年度结转，用以后年度的所得弥补，但结转年限最长不得超过五年。《企业所得税法实施条例》第十条规定，《企业所得税法》第五条所称亏损，是指企业依照企业所得税法和本条例的规定将每一纳税年度的收入总额减除不征税收入、免税收入和各项扣除后小于零的数额。《企业所得税法》第二十六条规定，企业符合条件的居民企业之间的股息、红利等权益性投资收益收入为免税收入。因此，符合条件的权益性投资收益不用弥补亏损。

十二、被投资企业的亏损不能在投资方扣除。《财政部、国家税务总局关于合伙企业合伙人所得税问题的通知》(财税〔2008〕159号）第五条规定，合伙企业亏损，合伙企业的合伙人是法人和其他组织的，合伙人在计算其缴纳的企业所得税时，不得用合伙企业的亏损抵减其盈利。《国家税务总局关于企业所得税若干问题的公告》(国家税务总局公告 2011 年第 34 号)第五条规定，被投资企业发生的经营亏损，由被投资企业按规定结转弥补，投资企业不得调整减低其投资成本，也不得将其确认为投资损失。但《财政部、国家税务总局关于企业资产损失税前扣除政策的通知》(财税〔2009〕57 号)第六条规定:“企业的股权投资符合下列条件之一的，减除可收回金额后确认的无法收回的股权投资，可以作为股权投资损失在计算应纳税所得额时扣除:(一)被投资方依法宣告破产、关闭、解散、被撤销，或者被依法注销、吊销营业执照的;(二)被投资方财务状况严重恶化，累计发生巨额亏损，已连续停止经营 3 年以上，且无重新恢复经营改组计划的;(三)对被投资方不具有控制权，投资期限届满或者投资期限已超过 10 年，且被投资单位因连续 3 年经营亏损导致资不抵债的;(四)被投资方财务状况严重恶化，累计发生巨额亏损，已完成清算或清算期超过 3 年以上的;(五)国务院财政、税务主管部门规定的其他条件。”因此，符合上述文件规定条件之一的股权投资持有损失，可以在企业所得税税前扣除。

十三、政策性搬迁无经营期间停止确认亏损弥补年度。《国家税务总局关于发布〈企业政策性搬迁所得税管理办法〉的公告》(国家税务总局公告 2012 年第 40 号)第二十一条规定：企业以前年度发生尚未弥补的亏损的，凡企业由于搬迁停止生产经营无所得的，从搬迁年度次年起，至搬迁完成年度前一年度止，可作为停止生产经营活动年度，从法定亏损结转弥补年限中减除；企业边搬迁、边生产的，其亏损结转年度应连续计算。

26.

总分支机构税率不同，如何确定总分支机构应预缴的企业所得税？

问：总公司适用税率与分公司适用税率不一致的情况下，如何确定总分支机构应预缴的企业所得税？

答:《国家税务总局关于印发〈跨地区经营汇总纳税企业所得税征收管理办法〉的公告》(国家税务总局公告 2012 年第 57 号)第十八条规定:“对于按照税收法律、法规和其他规定，总机构和分支机构处于不同税率地区的，先由总机构统一计算全部应纳税所得额，然后按本办法第六条规定的比例和按第十五条计算的分摊比例，计算划分不同税率地区机构的应纳税所得额，再分别按各自的适用税率计算应纳税额后加总计算出汇总纳税企业的应纳所得税总额，最后按本办法第六条规定的比例和按第十五条计算的分摊比例，向总机构和分支机构分摊就地缴纳的企业所得税款。”首先对全部应纳税所得额进行分配，以得出企业应纳税总额；然后对应纳税总额进行分配，以确定各分支机构就地预缴的企业所得税税额。

举例：甲公司设有 A、B、C 三个分支机构，其中 A 在西部地区从事国家鼓励产业享受 15% 的税率，甲公司和 B、C 都是 25% 的税率。2015 年第一季度，三个分支机构应纳税所得额分别为 500 万元、300 万元、200 万元。根据跨地区经营汇总纳税企业所得税管理规定：总机构统一计算的当期实际应纳所得税额，50% 由总机构预缴，50% 在各分支机构间分摊预缴，各分支机构再依据经营收入、职工工资和资产总额三个因素及相应权重，计算分摊比例。A、B、C 三个分支机构按规定计算出的分摊比例分别为 20%、30%、50%。总分支机构就地预缴所得税额计算方法如下：

1. 总机构统一计算全部应纳税所得额为 1 000 万元（500+300+200）。

2. 计算划分总分支机构应纳税所得额：

（1）总机构 500 万元（1 000 × 50%）；

（2）A 机构 100 万元（1 000 × 50% × 20%）；

（3）B 机构 150 万元（1 000 × 50% × 30%）；

（4）C 机构 250 万元（1 000 × 50% × 50%）。

3. 按总机构和各分支机构所在地适用税率计算应纳税额：

（1）总机构 125 万元（500 × 25%）；

（2）A 机构 15 万元（100 × 15%）；

（3）B 机构 37.5 万元（150 × 25%）；

（4）C 机构 62.5 万元（250 × 25%）。

4. 确定总分支机构就地预缴所得税税额。甲公司 2015 年一季度应预缴所得税总额为 240 万元，然后对应纳税总额进行分配，以确定甲公司 2015 年一季度总分支机构就地预缴所得税税额：

（1）总机构：240 × 50% ＝ 120（万元）；

（2）A 机构：240 × 50% × 20% ＝ 24（万元）；

（3）B 机构：240 × 50% × 30% ＝ 36（万元）；

（4）C 机构：240 × 50% × 50% ＝ 60（万元）。

这种分摊方法主要目的是防止企业将利润由高税率地区向低税率地区

转移，同时也有利于均衡各地税收利益。

27.

自产产品用于集体福利如何进行财税处理?

问：企业将自产产品用作职工集体福利。按照会计上收入确认的原则，收入金额能可靠计量、相关的经济利益很可能流入企业，所以，自产产品用于集体福利不确认销售收入。请问，增值税、企业所得税的相关规定是否视同销售?

答：增值税方面，《增值税暂行条例实施细则》第四条规定，单位或个体工商户视同销售货物的行为包括：①将自产或委托加工的货物用于集体福利或个人消费；②将自产、委托加工或购进的货物无偿赠送给其他单位或个人。根据以上规定，自产和委托加工的货物应当视同销售货物处理。在计税价格的确定上，《增值税暂行条例实施细则》第十六条规定，视同销售按下列顺序确定销售额：①按纳税人最近时期同类货物的平均销售价格确定；②按其他纳税人最近时期同类货物的平均销售价格确定；③按组成计税价格确定。组成计税价格的公式为：组成计税价格 = 成本 ×（1+ 成本利润率）。属于应征消费税的货物，其组成计税价格中应加计消费税税额。公式中的成本是指：销售自产货物的为实际生产成本，销售外购货物的为实际采购成本。公式中的成本利润率由国家税务总局确定。组成计税价格公式中的成本利润率一般确定为 10%。

企业所得税方面，关键要看产品的所有权是否转移。《国家税务总局关于企业处置资产所得税处理问题的通知》（国税函〔2008〕828 号）规定："企业发生下列情形的处置资产，除将资产转移至境外以外，由于资产所有权属在形式和实质上均不发生改变，可作为内部处置资产，不视同销售确认收入，相关资产的计税基础延续计算。（一）将资产用于生产、制造、加工另一产品；（二）改变资产形状、结构或性能；（三）改变资产用途（如，自建商品房转为自用或经营）；（四）将资产在总机构及其分支机构之间转移；（五）上述两种或两种以上情形的混合；（六）其他不改变资产所有权属的用途。"自产或委托加工产品用于职工集体福利，因货物的所有权发生了转移，因此，应视同销售，应当按照公允价值确认销售收入。

《企业会计准则——应用指南 2006》附录在对"应付职工薪酬"科目

核算的要求中已明确规定："企业以其自产产品发放给职工的，借记本科目，贷记'主营业务收入'科目；同时，还应结转产成品的成本。涉及增值税销项税额的，还应进行相应的处理。"另外，《企业会计准则讲解 2008》第十章"职工薪酬"中明确规定："企业以其生产的产品作为非货币性福利提供给职工的，应当按照该产品的公允价值和相关税费，计量应计入成本费用的职工薪酬金额，并确认为主营业务收入，其销售成本的结转和相关税费的处理，与正常商品销售相同。"因此，企业将自己生产的产品作为非货币性福利提供给职工的会计和税务处理实际上已不存在差异，即无须再专门进行增值税和企业所得税视同销售的处理。在此情形下企业应分三步做如下会计处理：决定发放福利时，借记"生产成本（管理费用、制造费用等）"，贷记"应付职工薪酬"；实际发放福利时，借记"应付职工薪酬"，贷记"主营业务收入"，贷记"应交税费——应交增值税（销项税额）"；结转销售成本时，借记"主营业务成本"，贷记"库存商品"。但必须注意的是，按照《企业会计准则》的规定，企业将自产产品用于集体福利则无须通过"主营业务收入"科目核算，直接按照产品账面价值，借记"应付职工薪酬"，贷记"库存商品""应交税费——应交增值税（销项税额）"。因此，企业将自产产品用于集体福利，则需考虑视同销售的问题，但必须注意增值税和企业所得税的区别。

28.

预付卡消费如何进行税前扣除？

问：预付卡消费如何进行税前扣除？

答： 预付卡又叫储值卡、消费卡、智能卡、积分卡等，顾名思义就是先付费再消费的卡片。《国家税务总局关于营改增试点若干征管问题的公告》（国家税务总局公告 2016 年第 53 号）第三条规定，购卡人与实际消费者在整个环节中只能取得一次增值税普通发票，即在购卡环节取得编码为"未发生销售行为的不征税项目"下设的 601"预付卡销售和充值"的增值税普通发票，而在消费环节不允许再次取得增值税发票。在实际消费环节不允许取得发票，主要是避免重复取得发票进行税前扣除的问题，但并非不允许税前扣除。取得开具的普通发票，品名为"预付卡销售和充值"，发票税率栏为"不征税"。购买购物卡环节取得的"不征税"发票，可以证实企业真实发生的购买行为，在实际处置购物卡的税前扣除要区分以下五种情形：

一、购物卡赠送给与生产经营无关的人员。企业购买购物卡赠送公职人员等涉嫌商业贿赂、行贿行为的，属于与生产经营无关的支出，不管是否开具发票，均不得予以税前扣除。

二、购物卡赠送给客户，维护客户关系。企业购买购物卡将其作为交际应酬费赠送给客户，此种性质属于企业所得税概念中的业务招待费范畴，应凭借购买购物卡时取得的发票以及相关的赠送明细，按照业务招待费进行税前扣除。

三、购物卡作为促销方式赠送给客户。企业购买购物卡，销售时将其以买赠的形式赠送给客户，例如达到一定的销售额即可赠送一定额度的购物卡，此时应凭借购买购物卡时取得的发票以及相关的赠送明细按照销售费用进行税前扣除。

四、购物卡作为福利发放给员工。企业购买购物卡将其作为节日福利等发放给员工，这属于集体福利的性质，应凭借购买购物卡时取得的发票以及相关的赠送明细，按照职工福利费进行税前扣除。

五、购物卡用来自己消费。有的企业购买购物卡自己使用，这应根据其实际用途按照管理费用、生产成本等进行税前扣除。但此种情况在购卡环节不能凭借发票进行税前扣除。企业应纳税所得额的计算，以权责发生制为原则，属于当期的收入和费用，不论款项是否收付，均作为当期的收入和费用；不属于当期的收入和费用，即使款项已经在当期收付，均不作为当期的收入和费用。因此，企业办理预付卡的实质是预付款，并没有实际发生相关的费用，虽然取得了发票，但不得在税前扣除，应当在实际消费的期间进行税前扣除。

29.

赔偿金无发票能否在税前列支？

问：我公司与经销商签订车辆购买合同，后因市场价格大幅下滑，我公司单方面违约，经过双方多次协商最后达成一致赔给对方 500 万元，经销商只给我们开了收据。请问，这笔赔偿金能否在税前列支？

答：《增值税暂行条例》第一条规定，在中华人民共和国境内销售货物或者加工、修理修配劳务，销售服务、无形资产、不动产以及进口货物的单位和个人，为增值税的纳税人，应当依照该条例缴纳增值税。你公司在并未发生应税行为的情况下收取的违约金，不属于增值税的征税范围，不征收增值税。《国家税务总局关于发布〈企业所得税税前扣除凭证管理方法〉的公告》(国家税务总局公告 2018 年第 28 号）第十条规定，企业在境内发生的支出项目不属于应税项目的，对方为单位的，以对方开具的发票以外的其他外部凭证作为税前扣除凭证；对方为个人的，以内部凭证作为税前扣除凭证。企业在境内发生的支出项目虽不属于应税项目，但按税务总局规定可以开具发票的，可以发票作为税前扣除凭证。因此，企业可依违约金收款收据、相关合同协议及银行的付款凭据作为合法凭据在税前列支。

30.

研发过程中形成的收益如何进行财税处理?

问：企业研发领用材料形成产品以及形成的下脚料等变价收入应当如何进行财税处理?

答:《国家税务总局关于研发费用税前加计扣除归集范围有关问题的公告》(国家税务总局公告 2017 年第 40 号，以下简称 40 号公告）规定，企业取得研发过程中形成的下脚料、残次品、中间试制品等特殊收入，在计算确认收入当年研发费用加计扣除时，应从研发费用中扣减该特殊收入，当年研发费用不足以扣减的，允许加计扣除研发费用按零计算。40 号公告同时废止了《国家税务总局关于企业研究开发费用税前加计扣除政策有关问题的公告》(国家税务总局公告 2015 年第 97 号）第二条第（四）项:“企业在计算加计扣除的研发费用时，应扣减已按《通知》规定归集计入研发费用，但在当期取得的研发过程中形成的下脚料、残次品、中间试制品等特殊收入不足扣减的，允许加计扣除的研发费用按零计算。企业研发活动直接形成产品或作为组成部分形成的产品对外销售的，研发费用中对应的材料费用不得加计扣除。”但 40 号公告中并未延续“企业研发活动直接形成产品或作为组成部分形成的产品对外销售的，研发费用中对应的材料费用不得加计扣除”规定，是否意味着企业研发活动直接形成产品或作为组成部分形成的产品对外销售的，研发费用中对应的材料费用允许加计扣除呢？其实未必。我们从 40 号公告出台之后修改的年度企业所得税申报表的填报中可以看出，研发活动直接形成产品或作为组成部分形成的产品对外销售的，研发费用中对应的材料费用仍然应当冲减研发费用加计扣除的基数。

研发过程中下脚料、残次品、中间试制品等特殊收入如何进行会计处理呢？根据《财政部关于企业加强研发费用财务管理的若干意见》(财企〔2007〕194号)的规定，企业研发费用(即原“技术开发费”)，指企业在产品、技术、材料、工艺、标准的研究、开发过程中发生的各项费用，包括：①研发活动直接消耗的材料、燃料和动力费用。②企业在职研发人员的工资、奖金、津贴、补贴、社会保险费、住房公积金等人工费用以及外聘研发人员的劳务费用。③用于研发活动的仪器、设备、房屋等固定资产的折旧费或租赁费以及相关固定资产的运行维护、维修等费用。④用于研发活动的软件、专利权、非专利技术等无形资产的摊销费用。⑤用于中间试验和产品试制的模具、工艺装备开发及制造费，设备调整及检验费，样品、样机及一般测试手段购置费，试制产品的检验费等。⑥研发成果的论证、评审、验收、评估以及知识产权的申请费、注册费、代理费等费用。⑦通过外包、合作研发等方式，委托其他单位、个人或者与之合作进行研发而支付的费用。⑧与研发活动直接相关的其他费用，包括技术图书资料费、资料翻译费、会议费、差旅费、办公费、外事费、研发人员培训费、培养费、专家咨询费、高新科技研发保险费用等。上述研发费用核算范围并未包含企业研发过程中下脚料、残次品以及销售研发样品形成的收入。但研发所耗用的材料成本等，属于上述规定范围的，可直接作为研发支出。“研发支出”科目反映企业在产品技术、材料、工艺、标准的研究、开发过程中发生的各项费用，研发支出是针对企业研究开发项目费用处理的过渡性科目。会计制度之所以要单列“研发支出”这一会计科目，其目的是反馈企业研发支出的信息。《企业会计准则第6号——无形资产》规定，企业的研发支出应区分为研究阶段支出与开发阶段支出。研究阶段支出直接计入当期损益；开发阶段支出满足条件的应进行资本化，否则进行费用化处理。下脚料、残次品变卖收入，销售样品的收入，属于销售商品取得的收入。账务处理如下：

(1)领用材料等

借：研发支出——费用化支出(或资本化支出)

　　贷：原材料等

（2）销售研发样品

借：银行存款 / 应收账款等

　　贷：其他业务收入

　　　　应交税费——应交增值税（销项税额）

需要注意的是，企业销售的样品无须结转成本。

（3）研发过程中的下脚料、残次品变卖收入

借：银行存款等

　　贷：其他业务收入

　　　　应交税费——应交增值税（销项税额）

（4）按具体情况，将研发支出进行资本化或费用化处理

借：管理费用（或无形资产）

　　贷：研发支出——费用化支出（或资本化支出）

研发活动直接形成产品或作为组成部分形成的产品对外销售如何进行会计处理呢？研发过程中形成的可对外销售的产品，与在建工程达到预定可使用状态前的试运行中产出可对外销售的试生产产品应采用同样的处理原则，即按预计对外销售的可变现净值确认为"其他流动资产"并相应冲减"管理费用——研发支出"（借：其他流动资产；贷：管理费用——研发支出）。《企业会计准则第 1 号——存货》对"存货"的定义和《企业会计准则第 14 号——收入》对"收入"的定义都强调存货和收入必须来源于"日常活动"，而《〈企业会计准则第 14 号——收入〉应用指南》第一条对"日常活动"的定义是："企业为完成其经营目标所从事的经常性活动以及与之相关的活动"，据此，研究开发活动和固定资产购建活动不属于此处所指的"日常活动"，在研发过程和在建工程试运行中得到可对外销售的产品不能列报为存货，而应作为一项"其他流动资产"，且对外出售时也不确认收入，而是直接冲销相关的"其他流动资产"。如果后续的实际变现净值与原先从研发支出转出时所依据的可变现净值估计额存在差异，则作为会计估计变更处理，将相关的差异影响数计入当期损益。

在确认是否符合高新技术企业条件时，研究开发过程中形成的收益是否以扣除研发支出后作为研究开发费用是否达标的依据？符合高新技术企业的条件之一是，企业近三个会计年度（实际经营期不满三年的按实际经营时间计算）的研究开发费用总额占同期销售收入总额的比例符合如下要

求：①最近一年销售收入少于 5 000 万元（含）的企业，比例不低于 5%；②最近一年销售收入在 5 000 万元至 2 亿元（含）的企业，比例不低于 4%；③最近一年销售收入在 2 亿元以上的企业，比例不低于 3%。在研究开发费用的范围上，根据《高新技术企业认定管理工作指引》的规定，研发费用的归集范围与研发费用加计扣除范围是完全一致的，但高新技术企业认定中并规定将企业取得研发过程中形成的下脚料、残次品、中间试制品等特殊收入冲减研发成本或企业研发活动直接形成产品或作为组成部分形成的产品对外销售的，研发费用中对应的材料费用冲减研发成本。只是在计算研发费用加计扣除时，研发过程中形成的收益不计入研发费用加计扣除的基数。也就是说，确认高新技术企业研发支出是否达到规定比例时，应当按照研究开发时实际发生的费用作为研发费用的基数，至于事后是否形成收益与当初已实际发生的研发支出无关。

31.

党组织工作经费是否允许税前扣除？

问：我公司按照年度职工工资总额 1% 的比例计提的党组织工作经费，是否允许在企业所得税前扣除？

答：《中共中央组织部、财政部、国家税务总局关于非公有制企业党组织工作经费问题的通知》（组通字〔2014〕42 号）、《中共中央组织部、财政部、国务院国资委党委、国家税务总局关于国有企业党组织工作经费问题的通知》（组通字〔2017〕38 号）规定，非公有制企业、国有企业（包括国有独资、全资和国有资本绝对控股、相对控股企业）纳入管理费用的党组织工作经费，实际支出不超过职工年度工资薪金总额 1% 的部分，可以据实在企业所得税前扣除。年末如有结余，结转下一年度使用。累计结转超过上一年度职工工资总额 2% 的，当年不再从管理费用中安排。纳入管理费用的党组织工作经费必须用于企业党的建设，使用范围主要包括：①开展党内学习教育，召开党内会议，开展“两学一做”学习教育、“三会一课”、主题党日，培训党员、入党积极分子和党务工作者，订阅或购买用于开展党员教育的报刊、资料、音像制品和设备，进行党内宣传，摄制党员电教片；②组织开展创先争优和党员先锋岗、党员责任区、党员突击队、党员志愿服务等主题实践活动；③表彰奖励先进基层党组织、优秀共产党员和优秀党务工作者；④党组织换届、流动党员管理、组织关系接转、党旗党徽配备、党建工作调查研究；⑤走访、慰问、补助生活困难党员和老党员；⑥租赁和修缮、维护党组织活动场所，新建、购买活动设施，研发和维护党建工作信息化平台；⑦其他与党的建设直接相关的工作。凡属党费使用范围的，先从留存党费中开支，不足部分从纳入管理费用列支的党组织工作经费中支出。集体所有制企业参照上述规定执行。

因此，非公有制企业、国有企业以及集体企业按照上年度职工工资总额 1% 的比例计提但未实际发生的党组织工作经费不允许税前扣除。实际发生的、属于党组织工作经费列支范围且不超过职工年度工资薪金总额 1% 的部分，允许据实进行税前扣除。

32.

企业补缴的社保费是否追索到所属年度进行税前扣除?

问：我公司因资金紧张，未缴纳计提的社会保险，于年度企业所得税申报时，对计提但未缴纳的社会保险进行了纳税调整。后期我公司缴纳了以前欠缴的社会保险。请问，我公司缴纳以前年度欠缴的保险，是否应当追索到所属年度进行税前扣除？

答：《国家税务总局关于企业所得税应纳税所得额若干税务处理问题的公告》（国家税务总局公告 2012 年第 15 号）规定，对企业发现以前年度实际发生的、按照税收规定应在企业所得税前扣除而未扣除或者少扣除的支出，企业做出专项申报及说明后，准予追补至该项目发生年度计算扣除，但追补确认期限不得超过 5 年。

企业应纳税所得额的计算以权责发生制为原则。属于当期的收入和费用，不论款项是否收付，均作为当期的收入和费用；不属于当期的收入和费用，即使款项已经在当期收付，均不作为当期的收入和费用。但《企业所得税法》另有规定的除外。在社会保险的税前扣除上，根据《企业所得税法实施条例》（国务院令第 512 号）第三十五条的规定，企业依照国务院有关主管部门或者省级人民政府规定的范围和标准为职工缴纳的基本养老保险费、基本医疗保险费、失业保险费、工伤保险费、生育保险费等基本社会保险费和住房公积金，准予扣除。也就是说，社保费应于“缴纳”的当期进行税前扣除，计提但未缴纳的社会保险，不允许税前扣除。所以，你公司后期缴纳的属于以前年度的社会保险，本来就应当在缴纳的当期进行税前扣除，不应当追索到所属年度进行税前扣除。

33.
社保滞纳金是否允许税前扣除？

问：我公司因未及时缴纳社保费，社保局扣缴了相应的滞纳金。请问，这部分滞纳金是否可以在企业所得税前列支？

答：《企业所得税法》第八条、第十条规定，企业实际发生的与取得收入有关的、合理的支出，包括成本、费用、税金、损失和其他支出，准予在计算应纳税所得额时扣除。在计算应纳税所得额时，下列支出不得扣除：①向投资者支付的股息、红利等权益性投资收益款项；②企业所得税税款；③税收滞纳金；④罚金、罚款和被没收财物的损失；⑤本法第九条规定以外的捐赠支出；⑥赞助支出；⑦未经核定的准备金支出；⑧与取得收入无关的其他支出。企业由于种种原因逾期缴交社保费而产生的滞纳金，不属于上述规定的税收滞纳金范畴，所以逾期缴纳社保费而产生的滞纳金可以进行企业所得税税前扣除。

34.
企业年金如何进行税前扣除？

问：我公司按照上年度职工工资总额的 8% 缴纳的企业年金是否允许全额税前扣除？

答：企业补充养老保险也叫企业年金，是指符合强制实施的国家养老金之外的，由企业在国家政策指导下，根据自身经济实力和经济状况建立的，为本企业职工提供一定程度退休收入保障的补充性养老保险制度。所以，企业年金是企业自愿行为而非强制义务。《企业所得税法实施条例》第三十五条第二款规定，企业为投资者或者职工支付的补充养老保险费、补充医疗保险费，在国务院财政、税务机关规定的范围和标准内，准予扣除。《财政部、国家税务总局关于补充养老保险费补充医疗保险费有关企业所得税政策问题的通知》（财税〔2009〕27 号）规定：“企业根据国家有关政策规定，为在本企业任职或者受雇的全体员工支付的补充养老保险费、补充医疗保险费，分别在不超过职工工资总额5%标准内的部分，在计算应纳税所得额时准予扣除；超过的部分，不予扣除。”

由此可见，企业年金的缴费对象是在本企业任职或者受雇的全体员工，为部分员工缴纳的不得进行税前扣除；企业年金以本企业上年度职工工资总额为计费基数，因此，企业所得税税前扣除也应当按照企业年金口径，即按照本企业上年度职工工资总额为基数，允许税前扣除的企业年金为本企业上年度职工工资总额的5%，超限额的部分不得进行税前扣除。“工资薪金总额”是指企业按照规定实际发放的工资薪金总和，不包括企业的职工福利费、职工教育经费、工会经费以及养老保险费、医疗保险费、失业保险费、工伤保险费、生育保险费等社会保险费和住房公积金。属于国有性质的企业，其工资薪金，不得超过政府有关部门给予的限定数额；超过部分，不得计入企业工资薪金总额，也不得在计算企业应纳税所得额时扣除。另外，计提但未缴纳的企业年金不得进行税前扣除，但企业在年度汇算清缴结束前已缴纳的，准予在汇缴年度按规定扣除。

35.

计提但未支付的租金是否允许税前扣除？

问：我公司租赁房屋，根据合同约定，应当在合同到期后一次性支付租金。请问，我公司计提但尚未支付，并且尚未取得发票的租金能否在所得税前扣除？

答：《企业所得税法》第八条规定：“企业实际发生的与取得收入有关的、合理的支出，包括成本、费用、税金、损失和其他支出，准予在计算应纳税所得额时扣除。”《企业所得税法实施条例》第九条规定：“企业应纳税所得额的计算，以权责发生制为原则，属于当期的收入和费用，不论款项是否收付，均作为当期的收入和费用；不属于当期的收入和费用，即使款项已经在当期收付，均不作为当期的收入和费用。本条例和国务院财政、税务主管部门另有规定的除外。”发生的房屋租赁费用是否进行税前扣除，财政、税务主管部门并没有另行规定，所以，在没有特别规定的情况下，应当遵循权责发生制原则。你公司计提的租赁费属于当期发生的费用，不论款项是否支付，均应当作为当期的费用予以税前扣除。至于没有取得发票的问题，应当判断是否属于应当取得而没有取得的发票。如果属于应当取得而未取得的发票,《国家税务总局关于企业所得税若干问题的公告》(国家税务总局公告 2011 年第 34 号)第六条规定，企业当年度实际发生的相关成本、费用，由于各种原因未能及时取得该成本、费用的有效凭证，企业在预缴季度所得税时，可暂按账面发生金额进行核算；但在汇算清缴时，应补充提供该成本、费用的有效凭证。《国家税务总局关于企业所得税应纳税所得额若干税务处理问题的公告》(国家税务总局公告 2012 年第 15 号)第六条规定，对企业发现以前年度实际发生的、按照税收规定应在企业所得税前扣除而未扣除或者少扣除的支出，企业做出专项申报及说明后，准予追补至该项目发生年度计算扣除，但追补确认期限不得超过 5 年。因此，如果企业在汇算清缴前取得有效凭证，则可以直接在税前扣除；如果汇算清缴结束后才取得有效凭证，则需要按照国家税务总局公告 2012 年第 15 号文件的要求，企业做出专项申报及说明后，准予追补至该项目发生年度计算扣除。

但你公司是否属于应当取得而未取得发票呢？你公司与对方签订的合同规定，合同到期后支付租金。《财政部、国家税务总局关于全面推开营业税改征增值税试点的通知》(财税〔2016〕36 号)附件 1《营业税改征增值税试点实施办法》第四十五条规定，纳税人发生应税行为并收讫销售款项或者取得索取销售款项凭据的当天。收讫销售款项是指纳税人销售服务、无形资产、不动产过程中或者完成后收到款项。取得索取销售款项凭据的当天是指书面合同确定的付款日期；未签订书面合同或者书面合同未确定付款日期的，为服务、无形资产转让完成的当天或者不动产权属变更的当天。按照增值税纳税义务发生时间，出租方在合同到期后方发生增值税纳税义务，也只有出租方发生增值税纳税义务后，承租方才有权索取发票。所以，你公司在合同未到期之前计提的租赁费用，应当根据合同作为税前扣除的合法凭据。但如果在合同到期之后未按规定取得发票的，相应原已税前扣除的租赁费应当追索到所属年度进行纳税调整。

36.

母公司代为子公司承担的费用是否允许税前扣除？

问：张三是母公司的员工，因工作开展需要，由母公司调往外地子公司工作，然而，张三的社保、住房公积金，一直还是由母公司承担。请问，

母公司代为子公司承担的社保、住房公积金，能否在企业所得税前扣除？

答：《企业所得税法实施条例》第三十五条规定，企业依照国务院有关主管部门或者省级人民政府规定的范围和标准为职工缴纳的基本养老保险费、基本医疗保险费、失业保险费、工伤保险费、生育保险费等基本社会保险费和住房公积金，准予扣除。根据上述规定，企业在规定的范围和标准内为职工缴纳“五险一金”的支出，可以在税前扣除。但这里的职工是指在本企业任职或受雇的员工，张三属于在子公司任职或受雇，为这些员工支付的不超过规定标准的“五险一金”应当由子公司支付并在税前扣除。母公司与子公司之间为关联方关系，母公司将其单位员工派遣子公司任职，属于劳务派遣性质，属于有偿提供服务范畴。《国家税务总局关于母子公司间提供服务支付费用有关企业所得税处理问题的通知》（国税发〔2008〕86号）规定，不同独立法人的母子公司之间提供服务而发生的费用，应按照独立企业之间公平交易原则确定服务的价格，作为企业正常的劳务费用进行税务处理。母子公司未按照独立企业之间的业务往来收取价款的，税务机关有权予以调整。母公司向其子公司提供各项服务，双方应签订服务合同或协议，明确规定提供服务的内容、收费标准及金额等，凡按上述合同或协议规定所发生的服务费，母公司应作为营业收入申报纳税；子公司作为成本费用在税前扣除。

因此，规范的操作方式应当是：母公司与子公司签订劳务派遣协议，并按照独立交易原则确定服务价格，母公司向子公司开具服务发票，包括工资薪金在内一并与子公司进行结算。母公司在计算劳务派遣收入增值税时，可以扣除支付给张三的工资、保险以及住房公积金，按差额缴纳增值税。也就是说，母公司提供服务后，理应取得收入，子公司支付母公司的劳务派遣费用作为成本费用在税前扣除。

37.

提前缴纳的企业年金是否允许税前扣除？

问：A 公司于年底在规定的标准内提前缴纳了下一年的企业年金。请问，提前缴纳的企业年金是否允许在缴纳的当年进行税前扣除？

答：《企业所得税法实施条例》第九条规定：“企业应纳税所得额的计算，以权责发生制为原则，属于当期的收入和费用，不论款项是否收付，均作为当期的收入和费用；不属于当期的收入和费用，即使款项已经在当期收付，均不作为当期的收入和费用。本条例和国务院财政、税务主管部门另有规定的除外。”《财政部、国家税务总局关于补充养老保险费补充医疗保险费有关企业所得税政策问题的通知》(财税〔2009〕27号)规定：“企业根据国家有关政策规定，为在本企业任职或者受雇的全体员工支付的补充养老保险费、补充医疗保险费，分别在不超过职工工资总额5%标准内的部分，在计算应纳税所得额时准予扣除；超过的部分，不予扣除。”虽然企业年金的税前扣除不遵循权责发生制原则，应当于“支付”时进行税前扣除，但允许税前扣除的企业年金不得超过当期工资总额的5%，所以，提前预缴的企业年金虽然已实际支付，但超过当期工资总额5%的部分应当结转到以后年度进行税前扣除。

38.

企业借款损失是否允许税前扣除？

问：2016年年初甲公司无法从银行贷到足够的款项，经营资金周转困难，经人介绍向乙公司拆借100万元，用于生产经营资金应急，借款期限为1年，约定于2016年12月31日前归还，年利率为12%。后甲公司因产品滞销，其所欠下的100万元借款逾期无力归还，通过法院执行，仍无法收回。乙公司这笔无法收回的100万元借款是否可以作为损失予以税前扣除？

答：首先，以下介绍关联企业借款损失税前扣除的规定。《国家税务总局关于发布〈企业资产损失所得税税前扣除管理办法〉的公告》(国家税务总局公告2011年第25号，以下简称2011年第25号公告)出台之前，关联企业之间的借款所形成的损失是不允许扣除的，即使符合条件允许税前扣除，也要经过税务机关的审核后才可以。相关政策规定包括以下三条：一是《国家税务总局关于关联企业间业务往来发生坏账损失税前扣除问题的通知》(国税函〔2000〕945号，现已废止)规定，为了防止关联企业间转移利润，逃避税收，根据国家税务总局《企业所得税税前扣除管理办法》第四十八条规定，关联企业之间的往来账款不得确认为坏账。考虑到实际经济活动中，关联企业之间存在大量的正常交易，为了实事求是地解决问题，国家税务总局出具的意见是：关联企业之间的应收账款，经法院判决负债方破产，破产企业的财产不足以清偿的负债部分，经税务机关审核后，应允许债权方企业作为坏账损失在税前扣除。二是《企业财产损失所得税前扣除管理办法》（国家税务总局令 2005 年第 13 号，现已废止）第二十二条第（七）项规定，企业应收、预付账款申请坏账损失税前扣除应提供“与关联方的往来账款必须有法院判决或所在地主管税务机关证明。”三是《国家税务总局关于印发 < 企业财产损失所得税税前扣除鉴证业务准则（试行）> 的通知》（国税发〔2007〕9 号）关于“货币资产损失的审核”第 (3) 项：“关联方之间的往来账款不得确认为坏账。但关联企业的应收账款，经法院判决债务方破产后，破产企业的财产不足清偿债务的部分，经税务机关审核后，债权方企业可以作为坏账损失在税前扣除。”现行政策即 2011 年第 25 号公告第四十五条明确规定，企业按独立交易原则向关联企业转让资产而发生的损失，或向关联企业提供借款、担保而形成的债权损失，准予扣除，但企业应做专项说明，同时出具中介机构出具的专项报告及其相关的证明材料。与之前的政策规定相比较，不难看出，针对关联企业之间的借款所形成的损失是否允许税前扣除这一问题，2011 年第 25 号公告的规定显然放宽了要求，更显人性化。即使是关联企业，只要符合独立交易原则，就可以作为损失在税前扣除。

其次，原《国家税务总局关于印发〈企业资产损失税前扣除管理办法〉的通知》（国税发〔2009〕88 号，国家税务总局公告 2011 年第 25 号生效后废止）第四十二条规定，乙公司的债权损失属于“国家规定可以从事贷款业务以外的企业因资金直接拆借而发生的损失”，是不能申报进行税前扣除的。现行政策 2011 年第 25 号公告第四十六条规定，下列股权和债权不得作为损失在税前扣除：①债务人或者担保人有经济偿还能力，未按期偿还的企业债权；②违反法律、法规的规定，以各种形式、借口逃废或悬空的企业债权；③行政干预逃废或悬空的企业债权；④企业未向债务人和担保人追偿的债权；⑤企业发生非经营性债权；⑥其他不应当核销的企业债权和股权。不得作为损失在税前扣除的股权和债权，保留了原国税发〔2009〕88 号文第四十二条第一第至五项及第七项，将其中的第六项“国家规定可以从事贷款业务以外的企业因资金直接拆借而发生的损失”从“不得作为损失在税前扣除”项目的规定中删除。“国家规定可以从事贷款业务以外的企业因资金直接拆借而发生的损失不得作为损失在税前扣除”，其主要原因是按照央行 1996 年颁布的《贷款通则》和最高人民法院相关司法解释的规定，企业与企业之间的借贷一般以违反国家金融监管而被认定为无效。但随着社会的发展，非金融企业之间的融资行为有所放宽。根据《最高人民法院关于审理民间借贷案件适用法律若干问题的规定》（法释〔2015〕18 号）的规定，企业之间为了生产、经营的需要签订的民间借贷合同，应当认定民间借贷合同的效力。企业借贷合同违反有关金融法规，属无效合同，针对的是企业之间经常性的资金融通行为可能扰乱金融秩序的情形。不具备金融融资性质的企业为生产经营的需要所进行的临时资金拆借行为，如果提供资金的一方并不是以资金融通为主要业务的话，那么，就是有效的借贷合同。总而言之，法人之间、其他经济组织之间，以及它们相互之间为了生产、经营的需要所订立的民间借贷合同，如果不违反合同法规定，当事人主张有效的法院应当认定有效。因此，乙企业拆借资金行为不属于“违反法律、法规的规定，以各种形式、借口逃废或悬空的企业债权”。

企业将资金借与他人使用是否属于“企业发生非经营性债权”？非经营性债权相对于经营性债权而言，经营性债权是指在经营活动中不可避免会产生一些应收、其他应收账款等。乙企业将资金拆借给甲公司使用，并按照市场独立交易原则收取利息收入，则属于企业的经营性行为。在增值税方面，《财政部、国家税务总局关于全面推开营业税改征增值税试点的通知》（财税〔2016〕36 号）规定，不论金融企业还是非金融企业，将资金贷与他人使用而取得利息收入的业务活动均应当按照贷款服务缴纳增值税。在企业所得税方面，企业所得税收入总额中包括“利息收入”，所称利息收入，是指企业将资金提供他人使用但不构成权益性投资，或者因他人占用本企业资金取得的收入，包括存款利息、贷款利息、债券利息、欠款利息等收入。企业所得税方面关于利息费用的税前扣除的规定是：非金融企业向非金融企业借款的利息支出，不超过按照金融企业同期同类贷款利率计算的数额的部分，准予税前扣除。由此可见，在税收上也变相承认了企业间借贷合同的效力。既然拆借利息收入应当征收增值税，利息收入组成企业所得税的收入总额，也就意味着企业将资金提供给他人使用属于经营行为，所以，乙公司这笔无法收回的 100 万元借款可以作为经营性债权损失在税前扣除。

以前年度应扣未扣成本费用如何进行企业所得税处理？

问：我公司 2015 年发生一笔费用，因当期未取得发票，于年度企业所得税申报时调增了应纳税所得额。2016 年 12 月底发票到位。请问，以前年度未扣除的费用应当如何进行企业所得税处理？

答：《国家税务总局关于企业所得税应纳税所得额若干税务处理问题的公告》（国家税务总局公告 2012 年第 15 号）第六条规定，对企业发现以前年度实际发生的、按照税收规定应在企业所得税前扣除而未扣除或者少扣除的支出，企业做出专项申报及说明后，准予追补至该项目发生年度计算扣除，但追补确认期限不得超过 5 年。企业由于上述原因多缴的企业所得税税款，可以在追补确认年度企业所得税应纳税款中抵扣，不足抵扣的，可以向以后年度递延抵扣或申请退税。因此，你公司以前年度应扣未扣的成本费用，不是在 2016 年度企业所得税应税所得额进行调减，而是做出专项申报及说明后，准予追补至 2015 年度计算扣除。

40.

企业注销清算如何计算企业所得税？

问：企业在注销时有资产、有负债。请问，企业注销时如何计算企业所得税？

答：根据《企业所得税法》的规定，企业在一个纳税年度中间开业，或者终止经营活动，使该纳税年度的实际经营期不足 12 个月的，应当以其实际经营期为一个纳税年度。企业依法清算时，应当以清算期间作为一个纳税年度。《财政部、国家税务总局关于企业清算业务企业所得税处理若干问题的通知》（财税〔2009〕60 号）对此进一步规定，企业应将整个清算期作为一个独立的纳税年度计算清算所得。也就是说，无论清算期间实际是长于 12 个月还是短于 12 个月，都要视为一个纳税年度，以该期间为基准计算确定清算所得企业所得税。所以，企业如果在年度中间终止经营，首先，应当就该年度终止经营前的正常经营期为一个纳税年度进行企业所得税汇算清缴；其次，终止经营后则属于清算年度，按照清算所得计算缴纳企业所得税。

从企业清算所得税申报表的设计来看，清算所得到的应纳税所得额中间存在四个减项，包括免税收入、不征税收入、其他免税所得和弥补以前年度亏损。除不征税收入和弥补亏损并不属于税收优惠范畴外，免税收入和其他免税所得均属于企业所得税税收优惠范畴。企业清算期间，正常的产业和项目运营一般都已停止，企业取得的所得已是非正常的生产经营所得，企业所得税优惠政策中规定的优惠基础已经不存在了，企业清算所得应按照税法规定的25%税率缴纳企业所得税。因此，清算所得不适用企业所得税规定的税收优惠政策，包括小型微利企业、高新技术企业、重点软件企业、技术先进型服务企业的优惠税率，过渡期优惠税率以及在清算过程中涉及技术转让转让业务是不能享受优惠政策的。

作为一个正常生产经营的企业，资产未销售或未处置时相应地不确认企业所得税应税收入，但企业注销清算时则不同。企业清算期间的资产无论是否实际处置，一律视同变现，确认所得或者损失。清算环节企业资产应按其可变现价值或者公允价值进行计算。也就是说，清算期间，企业已处置的资产按照正常交易价格确认收入；清算企业没有实际处置的资产，应按照其可变现价值来确认隐性的资产变现损益。纳税人清算财产时变现价值明显偏低又无正当理由的，主管税务机关可以要求其限期提供中介机构的资产评估报告，并按经主管税务机关确认的评估价值作为清算财产的价值。因财产已经处置等原因纳税人确实无法提供资产评估报告的，主管税务机关可以按一定原则确定财产变现价值。

根据财税〔2009〕60号文件的规定，企业的全部资产可变现价值或交易价格，减除资产的计税基础、清算费用、相关税费，加上债务清偿损益等后的余额，为清算所得。在清算所得的扣除项目上应注意以下问题：资产是按照全部资产的计税基础进行扣除的，而不是企业账载金额；清算费用是指清算过程中所发生的各项费用支出，包括清算组人员工资、办公费、公告费、差旅费、诉讼费、审计费、公证费、财产估价费和变卖费等；相关税费是指企业在清算过程中发生的相关税费，不包含企业以前年度欠税；债务清偿损益是指税法上所说的确实无法偿还的债务，债务清偿损益 = 债务的计税基础 - 债务的实际偿还金额；弥补以前年度亏损是指对注销前依法应弥补而未弥补的亏损。其他允许扣除的项目，比如商誉的扣除和商誉的初始确认，在会计上，商誉 = 合并成本 - 被购买方可辨认净资产公允价值，而在税法上，外购商誉的计税基础为0。但根据《企业所得税法实施条例》第六十七条的规定，外购商誉的支出，在企业整体转让或者清算时，准予扣除。

举例：某企业停止生产经营之日的资产负债表上记载的资产的账面价值为3 360万元、资产的计税基础为3 890万元、资产的可变现净值为4 230万元，负债的账面价值为3 750万元、负债的计税基础为3 700万元、最终清偿额为3 590万元，企业清算期内支付清算费用70万元，清算过程中发生的相关税费为20万元，以前年度可以弥补的亏损100万元。清算所得 = 4 230 － 3 890 － 70 － 20 +（3 700 － 3 590）－ 100 = 260（万元），清算所得税 = 60 × 25% = 15（万元）。

计算清算所得企业所得税也是为了在被清算的企业有清偿能力的情况下作为缴纳的依据，但并不一定要缴纳清算所得企业所得税。比如企业在资不抵债走破产清算程序的情况下，企业清算所得企业所得税的清偿应当遵循破产法的有关规定。根据《中华人民共和国民事诉讼法》第二百零四条的规定，破产财产须优先拨付破产费用。破产财产在优先拨付破产费用后，按下列顺序清偿：①破产企业所欠职工工资和劳动保险费用；②破产企业所欠税款；③破产债权。破产财产不足以清偿同一顺序的清偿要求的，按照比例进行分配。根据财税〔2009〕60号文件的规定，企业全部资产的可变现价值或交易价格在支付清算费用，职工的工资、社会保险费用和法定补偿金，结清清算所得税、以前年度欠税等税款，清偿企业债务完毕之后，才能将剩余的资产按股东各自出资进行分配。由此可见，财税〔2009〕60号文件的规定与破产法的规定是完全一致的。清算所得企业所得税是第二清偿顺序，当支付清算费用，职工的工资、社会保险费用和法定补偿金后没有所得时，终止企业所得税的纳税义务。

41.

技术转让所得如何纳税？

问：技术转让是技术贸易的一种主要类型，技术市场上的技术转让是指技术成果由一方转让给另一方的经营方式。企业或个人提供技术转让、技术开发以及与之相关的技术咨询、技术服务收入应当如何纳税？有哪些税收优惠政策？

答：

一、增值税。《财政部、国家税务总局关于全面推开营业税改征增值税试点的通知》（财税〔2016〕36号）附《销售服务、无形资产、不动产注释》规定，销售无形资产是指转让无形资产所有权或者使用权的业务活动。无形资产是指不具实物形态，但能带来经济利益的资产，包括技术、商标、著作权、商誉、自然资源使用权和其他权益性无形资产。因此，企业技术转让（包括转让使用权和所有权）收入属于"销售无形资产"征税范围，税率为6%。提供技术开发和提供技术转让、技术开发相关的技术咨询、技术服务属于"现代服务业"征税范围，税率同样为6%。

增值税优惠政策：财税〔2016〕36号文件附件3《营业税改征增值税试点过渡政策的规定》第一条第（二十六）项规定，纳税人提供技术转让、技术开发和与之相关的技术咨询、技术服务免征增值税，个人转让著作权免征增值税。技术转让、技术开发，是指《销售服务、无形资产、不动产注释》中"转让技术""研发服务"范围内的业务活动。技术咨询是指就特定技术项目提供可行性论证、技术预测、专题技术调查、分析评价报告等业务活动。与技术转让、技术开发相关的技术咨询、技术服务，是指转让方（或者受托方）根据技术转让或者开发合同的规定，为帮助受让方（或者委托方）掌握所转让（或者委托开发）的技术，而提供的技术咨询、技术服务业务，且这部分技术咨询、技术服务的价款与技术转让或者技术开发的价款应当在同一张发票上开具。试点纳税人申请免征增值税时，须持技术转让、开发的书面合同，到纳税人所在地省级科技主管部门进行认定，并持有关的书面合同和科技主管部门审核意见证明文件报主管税务机关备查。

二、企业所得税。技术转让所得组成企业所得税收入的总额。《企业所得税法》第二十七条和《企业所得税法实施条例》第九十条规定，一个纳税年度内，居民企业技术转让所得不超过500万元的部分，免征企业所得税；超过500万元的部分，减半征收企业所得税。另外，享受技术转让所得减免企业所得税优惠必须还要符合有关税收政策。《财政部、国家税务总局关于居民企业技术转让有关企业所得税政策问题的通知》（财税〔2010〕111号）、《国家税务总局关于技术转让所得减免企业所得税有关问题的通知》（国税函〔2009〕212号）、《国家税务总局关于技术转让所得减免企业所得税有关问题的公告》（国家税务总局公告2013年第62号）、《财政部、国家税务总局关于将国家自主创新示范区有关税收试点政策推广到全国范围实施的通知》（财税〔2015〕116号）以及《国家税务总局关于许可使用权技术转让所得企业所得税有关问题的公告》（国家税务总局公告2015年第82号）等规定，享受企业所得税技术转让优惠的范围包括专利（含国防专利）、计算机软件著作权、集成电路布图设计专有权、植物新品种权、生物医药新品种，以及财政部和国家税务总局确定的其他技术。其中，专利是指法律授予独占权的发明、实用新型以及非简单改变产品图案和形状的外观设计。技术转让是指居民企业转让其拥有符合上述规定技术的所有权或转让5年以上非独占许可使用权取得的技术转让所得的行为。企业转让符合条件的5年以上非独占许可使用权的技术，限于其拥有所有权的技术。技术所有权的权属由国务院行政主管部门确定。其中，专利由国家知识产权局确定权属；国防专利由总装备部确定权属；计算机软件著作权由国家版权局确定权属；集成电路布图设计专有权由国家知识产权局确定权属；植物新品种权由农业部确定权属；生物医药新品种由国家食品药品监督管理总局确定权属。

技术转让所得应按以下方法计算：技术转让所得＝技术转让收入－无形资产摊销费用－相关税费－应分摊期间费用。技术转让收入是指转让方履行技术转让合同后获得的价款，不包括销售或转让设备、仪器、零部件、原材料等非技术性收入。技术许可使用权转让收入，应按转让协议约定的许可使用权人应付许可使用权使用费的日期确认收入的实现。无形资产摊销费用是指该无形资产按税法规定当年计算摊销的费用。涉及自用和对外许可使用的，应按照受益原则合理划分。相关税费是指技术转让过程中实际发生的有关税费，包括除企业所得税和允许抵扣的增值税以外的各项税金及其附加、合同签订费用、律师费等相关费用。应分摊期间费用（不含无形资产摊销费用和相关税费）是指技术转让按照当年销售收入占比分摊的期间费用。

不属于与技术转让项目密不可分的技术咨询、服务、培训等收入，不得计入技术转让收入。转让方为使受让方掌握所转让的技术投入使用、实现产业化而提供的必要的技术咨询、技术服务、技术培训所产生的收入可以计入技术转让收入，但必须同时符合以下两个条件：①在技术转让合同中约定的与该技术转让相关的技术咨询、技术服务、技术培训；②技术咨询、技术服务、技术培训收入与该技术转让项目收入一并收取价款。

企业技术转让享受企业所得税优惠项目的，应在纳税年度终了后至报送年度纳税申报表以前，向主管税务机关办理减免税备案手续。如果技术转让发生在我国境内，应向主管税务机关备案时报送以下资料：①技术转让合同（副本）；②省级以上科技部门出具的技术合同登记证明；③技术转让所得归集、分摊、计算的相关资料；④实际缴纳相关税费的证明资料；⑤主管税务机关要求提供的其他资料。如果技术转让发生在境外，应向主管税务机关备案时应报送以下资料：①技术出口合同（副本）；②省级以上商务部门出具的技术出口合同登记证书或技术出口许可证；③技术出口合同数据表；④技术转让所得归集、分摊、计算的相关资料；⑤实际缴纳相关税费的证明资料；⑥主管税务机关要求提供的其他资料。

享受技术转让所得企业所得税优惠的企业还应该注意以下几点：一是应该单独计算技术转让所得，并合理分摊企业的期间费用；没有单独计算的，不得享受技术转让所得企业所得税优惠。二是居民企业技术出口，应由有关部门按照商务部、科技部规定进行审查。居民企业取得禁止出口和限制出口技术转让所得，不享受技术转让减免企业所得税优惠政策。三是居民企业从直接或间接持有股权之和达到100%的关联方取得的技术转让所得，不享受技术转让减免企业所得税优惠政策。

三、个人所得税。个人技术转让区分转让使用权和转让所有权。个人所得税包括个人取得的特许权使用费所得。特许权使用费所得是指个人提供专利权、商标权、著作权、非专利技术以及其他特许权的使用权取得的所得（不包括稿酬所得）。所以，个人转让著作权的使用权，应当按照“特许权使用费所得”缴纳个人所得税。其计税方法是：纳税人每次收入不超过4 000元的，减除费用800元；4 000元以上的，减除20%的费用，其余额为应纳税所得额。适用税率为20%。

举例：叶某发明一项自动化专利技术，2016年8月转让给A公司，转让价为1.5万元，A公司8月支付使用费6 000元，9月支付使用费9 000元；9月，叶某将该项使用权转让给D公司，获得转让费收入8 000元。叶某此项专利技术转让了两次，应分两次所得计算个人所得税。转让给A公司应缴个人所得税税额 =（6 000 + 9 000）×（1 − 20%）×20% = 2 400（元）；转让给D公司应缴个人所得税税额 = 8 000 ×（1 − 20%）× 20% = 1 280（元）；叶某转让此项专利技术共需缴纳个人所得税 = 2 400 + 1 280=3 680（元）。

《个人所得税法》规定，个人财产转让所得税应当按照“财产转让所得”税目缴纳个人所得税。所谓财产转让所得，是指个人转让有价证券、股权、建筑物、土地使用权、机器设备、车船以及其他财产取得的所得。所以，个人转让著作权的所有权行为属于财产转让行为，由此取得的所得应当按照“财产转让所得”缴纳个人所得税。财产转让所得，以转让财产的收入额减除财产原值和合理费用后的余额，为应纳税所得额，适用税率为20%。纳税义务人未提供完整、准确的财产原值凭证的，不能正确计算财产原值的，由主管税务机关核定其财产原值。合理费用是指卖出财产时按照有关规定支付的有关费用。

四、印花税。《国家税务局关于对技术合同征收印花税问题的通知》（国税地字〔1989〕第34号）规定，技术转让包括：专利权转让、专利申请权转让、专利实施许可和非专利技术转让。为这些不同类型技术转让所书立的凭证，按照印花税税目税率表的规定，分别适用不同的税目、税率。其中，专利申请权转让，非专利技术转让所书立的合同，适用“技术合同”税目，税率为3‱；专利权转让、专利实施许可所书立的合同、书据，适用“产权转移书据”税目，税率为5‱。各类技术合同应当按合同所载价款、报酬、使用费的金额依率计税。为鼓励技术研究开发，技术开发合同只就合同所载的报酬金额计税，研究开发经费不作为计税依据。但合同约定按研究开发经费一定比例作为报酬的，应按一定比例的报酬金额计税贴花。

技术咨询合同是指当事人就有关项目的分析、论证、评价、预测和调查订立的技术合同。它应适用“技术合同”税目，税率为3‱。至于一般的法律、法规、会计、审计等方面的咨询不属于技术咨询，其所立合同不贴印花。技术服务合同的征税范围包括技术服务合同、技术培训合同和技术中介合同，应适用“技术合同”税目，税率为3‱。技术服务合同是当事人一方委托另一方就解决有关特定技术问题所订立的技术合同。以常规手段或者为生产经营目的进行一般加工、修理、修缮、广告、印刷、测绘、标准化测试以及勘察、设计等所书立的合同，不属于技术服务合同，应适用加工承揽合同税目、建设工程勘察设计合同税目，税率为5‱。技术培训合同是当事人一方委托另一方对指定的专业技术人员进行特定项目的技术指导和专业训练所订立的技术合同。各种职业培训、文化学习、职工业余教育等订立的合同不属于技术培训合同。

42.

企业以技术成果投资入股如何进行企业所得税处理?

问:《中华人民共和国公司法》规定,企业注册时,除了法律、行政法规规定不得作为出资的财产外,可以以实物、知识产权和土地使用权出资,并且专利、专有技术、商标、软件著作权等知识产权可以100%作为注册资本注资。随着政策的放开,以技术成果投资入股必将成为投资领域的新常态。企业以技术成果投资入股如何进行企业所得税处理?

答: 企业以拥有的专利技术或非专利技术投资入股主要涉及增值税、企业所得税以及印花税等。本文结合现行税收政策分析如下。

一、增值税。《财政部、国家税务总局关于全面推开营业税改征增值税试点的通知》(财税〔2016〕36号)规定,销售无形资产,是指转让无形资产所有权或者使用权的业务活动。无形资产是指不具实物形态,但能带来经济利益的资产,包括技术、商标、著作权、商誉、自然资源使用权和其他权益性无形资产。技术,包括专利技术和非专利技术。因此,个人以技术成果对外投资视同销售,应按销售无形资产缴纳增值税,但可申请免征增值税的除外。根据财税〔2016〕36号文件附件3《营业税改征增值税试点过渡政策的规定》的规定,纳税人提供技术转让、技术开发和与之相关的技术咨询、技术服务免征增值税。试点纳税人申请免征增值税时,须持技术转让、开发的书面合同,到纳税人所在地省级科技主管部门进行认定,并持有关的书面合同和科技主管部门审核意见证明文件报主管税务机关备查。

二、印花税。以技术成果投资入股,属于转让技术成果和投资入股同时发生,首先需根据技术成果转让合同缴纳印花税,根据《中华人民共和国印花税暂行条例》(以下简称《印花税暂行条例》)以及《国家税务总局关于对技术合同征收印花税问题的通知》(国税地〔1989〕34号)的规定,技术转让包括:专利权转让、专利申请权转让、专利实施许可和非专利技术转让。这些不同类型技术转让所书立的凭证,按照印花税税目税率表的规定,分别适用不同的税目、税率。其中,专利申请权转让、非专利技术转让所书立的合同,适用"技术合同"税目;专利权转让、专利实施许可所书立的合同、书据,适用"产权转移书据"税目。其次,对于投资入股,根据《印花税暂行条例》以及《国家税务总局关于资金账簿印花税问题的通知》(国税发

〔1994〕25号）的规定，应根据“记载资金的账簿”按实收资本和资本公积的合计金额计算并缴纳印花税。

三、以技术成果投资入股的企业所得税处理。企业以技术成果投资入股，因为发生产权转移，在企业所得税上应视同转让无形资产和投资两笔业务处理，在投资环节确认转让无形资产收入的实现。但为鼓励企业科技创新，并且考虑到技术投资入股并没有取得资金流，国家出台了三项企业所得税税收优惠政策：

（1）技术转让所得减免应纳税所得额。企业以技术成果投资，属于企业转让技术成果和投资同时发生。企业转让技术成果属于技术转让所得，组成企业所得税应税所得的一部分。《企业所得税法》第二十七条规定，符合条件的技术转让所得可以免征、减征企业所得税。《企业所得税法实施条例》第九十条规定，所称符合条件的技术转让所得免征、减征企业所得税，是指一个纳税年度内，居民企业技术转让所得不超过500万元的部分，免征企业所得税；超过500万元的部分，减半征收企业所得税。《国家税务总局关于技术转让所得减免企业所得税有关问题的通知》（国税函〔2009〕212号）规定，享受减免企业所得税优惠的技术转让应符合以下条件：①享受优惠的技术转让主体是企业所得税法规定的居民企业；②技术转让属于财政部、国家税务总局规定的范围；③境内技术转让经省级以上科技部门认定；④向境外转让技术经省级以上商务部门认定；⑤国务院税务主管部门规定的其他条件。享受技术转让所得优惠的前提条件之一是“技术转让属于财政部、国家税务总局规定的范围”。《财政部、国家税务总局关于居民企业技术转让有关企业所得税政策问题的通知》（财税〔2010〕111号）规定，技术转让的范围包括居民企业转让专利技术、计算机软件著作权、集成电路布图设计权、植物新品种、生物医药新品种，以及财政部和国家税务总局确定的其他技术。其中专利技术是指法律授予独占权的发明、实用新型和非简单改变产品图案的外观设计。所称技术转让，是指居民企业转让其拥有符合本通知第一条规定技术的所有权或5年以上（含5年）全球独占许可使用权的行为。为进一步推动技术转化为生产力，经国务院同意，财政部、国家税务总局在制定中关村国家自主创新示范区内居民企业技术转让所得享受企业所得税试点优惠政策时，放宽了限制条件，将原“5年以上（含5年）全球独占许可使用权”修改为“5年以上非独占许可使用权”。

该项优惠政策原于 2013 年 1 月 1 日起在中关村国家自主创新示范区施行，自 2015 年 1 月 1 日起推广至所有国家自主创新示范区、合芜蚌自主创新综合试验区和绵阳科技城，从 2015 年 10 月 1 日起在全国范围适用。也就是自 2015 年 10 月 1 日起，全国范围内的居民企业转让 5 年以上非独占许可使用权取得的技术转让所得，纳入享受企业所得税优惠的技术转让所得范围。所称技术，包括专利（含国防专利）、计算机软件著作权、集成电路布图设计专有权、植物新品种权、生物医药新品种，以及财政部和国家税务总局确定的其他技术。其中，专利是指法律授予独占权的发明、实用新型以及非简单改变产品图案和形状的外观设计。企业转让符合条件的 5 年以上非独占许可使用权的技术，限于其拥有所有权的技术。技术所有权的权属由国务院行政主管部门确定。其中，专利由国家知识产权局确定权属；国防专利由总装备部确定权属；计算机软件著作权由国家版权局确定权属；集成电路布图设计专有权由国家知识产权局确定权属；植物新品种权由农业部确定权属；生物医药新品种由国家食品药品监督管理总局确定权属。技术转让应签订技术转让合同。其中，境内的技术转让须经省级以上（含省级）科技部门认定登记，跨境的技术转让须经省级以上（含省级）商务部门认定登记，涉及财政经费支持产生技术的转让，需省级以上（含省级）科技部门审批。但是居民企业从直接或间接持有股权之和达到 100% 的关联方取得的技术转让所得，不享受技术转让减免企业所得税优惠政策。

技术转让所得的计算公式：技术转让所得 = 技术转让收入 – 技术转让成本 – 相关税费。技术转让收入是指当事人履行技术转让合同后获得的价款，不包括销售或转让设备、仪器、零部件、原材料等非技术性收入。不属于与技术转让项目密不可分的技术咨询、技术服务、技术培训等收入，不得计入技术转让收入；技术转让成本是指转让的无形资产的净值，即该项无形资产的计税基础减除在资产使用期间按照规定计算的摊销扣除额后的余额；相关税费是指技术转让过程中实际发生的有关税费，包括除企业所得税和允许抵扣的增值税以外的各项税金及其附加、合同签订费用、律师费等相关费用及其他支出。在计算享受税收优惠政策的技术转让所得时，技术转让收入应包括与技术转让项目密不可分的技术咨询、技术服务、技术培训等收入。另外，企业还要注意享受税收优惠的具体方式：一个纳税年度内技术转让所得 500 万元以内的部分，免缴企业所得税；超过 500 万元的部分，减半缴纳企业所得税。这里强调的是居民企业一个纳税年度内技术转让所得的总和，而不管享受减免税优惠的转让所得是通过几次技术转让行为所获取的。只要居民企业技术转让所得总和在一个纳税年度内不到500万元的，这部分所得全部免税；超过500万元的部分，减半缴纳企业所得税。

（2）以技术投资入股实现的所得可以选择在5个纳税年度的期间内，分期均匀计入相应年度的应纳税所得额。以非货币性资产投资时并未取得评估增值部分的现金流，因此其缺乏纳税的必要资金，企业在交易中由于没有现金流产生，需要额外的筹措资金来缴纳税款，且应该一次性缴纳，这会给企业带来额外的税收负担。所以，企业以非货币性资产投资入股，关于资产评估增值部分是否并入当期应纳税所得额的问题先后下发了很多文件，税收政策几经轮回：

2007年，在新企业所得税法实施以前，以非货币性投资入股的，根据《财政部、国家税务总局关于企业资产评估增值有关所得税处理问题的通知》（财税字〔1997〕77号）的规定，纳税人以非现金的实物资产和无形资产对外投资，发生的资产评估净增值，不计入应纳税所得额，但在中途或到期转让、收回该项资产时，应将转让或收回该项投资所取得的收入与该实物资产和无形资产投出时原账面价值的差额计入应纳税所得额，依法缴纳企业所得税。

2000年，国家税务总局改变了对非货币性资产投资入股不征税的态度，出台了《关国家税务总局于企业股权投资业务若干所得税问题的通知》（国税发〔2000〕118号），该文件规定：企业以非货币性资产对外投资，应在投资交易发生时，将其分解为按公允价值销售有关非货币性资产和投资两项业务进行所得税处理，并按规定计算资产转让所得或损失；上述资产转让所得如果数额较大，在一个纳税年度确认所得实现确有困难的，报经税务机关批准，可作为递延所得，在不超过5个纳税年度内平均摊转到各年度应纳税所得中。国税发〔2000〕118号文件一直执行至新企业所得税法出台之后，根据国家税务总局公告2011年第2号的规定，目前该文件已被全文废止。

2010年，在新企业所得税法实施后一年，针对企业以非货币性资产投资入股，国家税务总局出台了《关于企业取得财产转让等所得企业所得税处理问题的公告》(国家税务总局公告 2010 年第 19 号)，该文件明确规定，企业取得财产 (包括各类资产、股权、债权等) 转让收入、债务重组收入、接受捐赠收入、无法偿付的应付款收入等，不论是以货币形式还是非货币形式体现，除另有规定外，均应一次性计入确认收入的年度计算缴纳企业所得税。该文件还规定，2008 年 1 月 1 日至该公告施行前，各地就上述收入计算的所得，已分 5 年平均计入各年度应纳税所得额计算纳税的，在该公告发布后，对尚未计算纳税的应纳税所得额，应一次性作为本年度应纳税所得额计算纳税。

2013 年，财政部、国家税务总局专门针对中国 (上海) 自由贸易试验区内企业出台了《关于中国 (上海) 自由贸易试验区内企业以非货币性资产对外投资等资产重组行为有关企业所得税政策问题的通知》(财税〔2013〕91 号)，该文件规定，注册在中国 (上海) 自由贸易试验区内的企业，因非货币性资产对外投资等资产重组行为产生资产评估增值，据此确认的非货币性资产转让所得，可在不超过 5 年期限内，分期均匀计入相应年度的应纳税所得额，按规定计算缴纳企业所得税。因此，上海自贸区内的企业非货币性资产对外投资产生的所得，可在 5 年内分期均匀计入应纳税所得额。

2014 年，财政部、国家税务总局将自由贸易试验区优惠政策又扩大到所有实行查账征收的居民企业。《财政部、国家税务总局关于非货币性资产投资企业所得税政策问题的通知》(财税〔2014〕116 号) 以及《国家税务总局关于非货币性资产投资企业所得税有关征管问题的公告》(国家税务总局公告 2015 年第 33 号) 规定，实行查账征收的居民企业以非货币性资产对外投资确认的非货币性资产转让所得，可自确认非货币性资产转让收入年度起不超过连续 5 个纳税年度的期间内，分期均匀计入相应年度的应纳税所得额，按规定计算缴纳企业所得税。企业以非货币性资产对外投资，应对非货币性资产进行评估并按评估后的公允价值扣除计税基础后的余额，计算确认非货币性资产转让所得。企业以非货币性资产对外投资，应于投资协议生效并办理股权登记手续时，确认非货币性资产转让收入的实现。企业以非货币性资产对外投资而取得被投资企业的股权，应以非货币性资产的原计税成本为计税基础，加上每年确认的非货币性资产转让所得，逐年进行调整。被投资企业取得非货币性资产的计税基础，应按非货币性资产的公允价值确定。企业在对外投资 5 年内转让上述股权或投资收回的，应停止执行递延纳税政策，并就递延期内尚未确认的非货币性资产转让所得，在转让股权或投资收回当年的企业所得税年度汇算清缴时，一次性计算缴纳企业所得税；企业在计算股权转让所得时，可按规定将股权的计税基础一次调整到位。企业在对外投资5年内注销的，应停止执行递延纳税政策，并就递延期内尚未确认的非货币性资产转让所得，在注销当年的企业所得税年度汇算清缴时，一次性计算缴纳企业所得税。

（3）企业以技术成果投资入股实现的所得可以选择递延至股权转让时缴纳企业所得税。企业以技术成果投资入股，企业确认的技术转让所得，当然也可自确认非货币性资产转让收入年度起不超过连续5个纳税年度的期间内，分期均匀计入相应年度的应纳税所得额，按规定计算缴纳企业所得税，但国家对以科技成果投资入股出台了更加优惠的政策。根据《财政部、国家税务总局关于完善股权激励和技术入股有关所得税政策的通知》（财税〔2016〕101号）的规定，技术成果投资入股实施选择性税收优惠政策。企业以技术成果投资入股到境内居民企业，被投资企业支付的对价全部为股票（权）的，企业可选择继续按现行有关税收政策执行（即自确认非货币性资产转让收入年度起不超过连续5个纳税年度的期间内，分期均匀计入相应年度的应纳税所得额），也可选择适用递延纳税优惠政策。选择技术成果投资入股递延纳税政策的，经向主管税务机关备案，投资入股当期可暂不纳税，允许递延至转让股权时，按股权转让收入减去技术成果原值和合理税费后的差额计算缴纳所得税。

可见，选择适用递延纳税优惠的明显优势在于：技术成果转让所得部分的企业所得税缴纳不受5年的时间限制，直至股权转让时才依法计算缴纳企业所得税。技术成果是指专利技术（含国防专利）、计算机软件著作权、集成电路布图设计专有权、植物新品种权、生物医药新品种，以及科技部、财政部、国家税务总局确定的其他技术成果。技术成果投资入股，是指纳税人将技术成果所有权让渡给被投资企业、取得该企业股票（权）的行为。

举例：A公司2016年以技术成果投资入股，当年技术成果投资转让所得为1 000万元，则A公司可以选择不超过连续5个纳税年度的期间内，分期均匀计入相应年度的应纳税所得额，每年应确认应纳税所得额200万元（1 000÷5），每年应扣除的免税所得额为100万元（500÷5），超过100万元的部分即100万元应当减半征收企业所得税。这是A公司的一个选择。当然，

A 公司也可以选择递延到股权转让时，按股权转让收入减去技术成果原值和合理税费后的差额计算缴纳所得税。股权转让收入减去技术成果原值和合理税费后所形成的利得由两部分组成：一是技术成果转让所得的部分；二是股权转让所得的部分。A 公司技术成果转让所得的部分在股权转让时应缴纳企业所得税 =（1 000 － 500）×25%÷2 ＝ 62.5（万元）。

43.

企业所得税减计收入包括哪些情形？

问：企业所得税减计收入优惠政策具体包括哪些？

答：企业所得税的优惠方式，包括直接减免税、降低税率、所得减免、免税收入、减计收入、加计扣除、加速折旧、抵扣应纳税所得额、抵免企业所得税等多种方式。而减计收入，则是指按照税法规定准予对企业某些经营活动取得的应税收入，按一定比例减少计入收入总额，进而减少应纳税所得额的一种税收优惠措施。减计收入属于间接优惠形式。其收入可按一定比例计入收入总额，而其相应的成本费用可以进行税前扣除。现行企业所得税对以下四种情形适用减计收入优惠：

（1）综合利用资源生产符合规定产品取得的收入，减按 90% 计入收入总额。《企业所得税法》第三十三条规定，企业综合利用资源，生产符合国家产业政策规定的产品所取得的收入，可以在计算应纳税所得额时减计收入。《企业所得税法实施条例》第九十九条规定，《企业所得税法》第三十三条所称减计收入，是指企业以《资源综合利用企业所得税优惠目录》（以下简称《目录》）规定的资源作为主要原材料，生产国家非限制和禁止并符合国家和行业相关标准的产品取得的收入，减按 90% 计入收入总额。原材料占生产产品材料的比例不得低于《目录》规定的标准。《财政部、国家税务总局关于执行资源综合利用企业所得税优惠目录有关问题的通知》（财税〔2008〕47 号）规定，企业自 2008 年 1 月 1 日起以《目录》中所列资源为主要原材料，生产《目录》内符合国家或行业相关标准的产品取得的收入，在计算应纳税所得额时，减按 90% 计入当年收入总额。享受上述税收优惠时，《目录》内所列资源占产品原料的比例应符合《目录》规定的技术标准。

（2）小额贷款公司取得农户小额贷款利息收入，减按 90% 计入收入总额。《财政部、国家税务总局关于小额贷款公司有关税收政策的通知》（财税〔2017〕48号）第二条规定，自2017年1月1日至2019年12月31日，对经省级金融管理部门（金融办、局等）批准成立的小额贷款公司取得的农户小额贷款利息收入，在计算应纳税所得额时，按90%计入收入总额。农户是指长期（一年以上）居住在乡镇（不包括城关镇）行政管理区域内的住户，还包括长期居住在城关镇所辖行政村范围内的住户和户口不在本地而在本地居住一年以上的住户，国有农场的职工和农村个体工商户。小额贷款是指单笔且该农户贷款余额总额在10万元（含本数）以下的贷款。

（3）金融机构农户小额贷款利息收入，按90%计入收入总额。《财政部、国家税务总局关于延续支持农村金融发展有关税收政策的通知》（财税〔2017〕44号）第二条规定，自2017年1月1日至2019年12月31日，金融机构农户小额贷款的利息收入，在计算应纳税所得额时，按90%计入收入总额。农户是指长期(一年以上)居住在乡镇(不包括城关镇)行政管理区域内的住户，还包括长期居住在城关镇所辖行政村范围内的住户和户口不在本地而在本地居住一年以上的住户，国有农场的职工和农村个体工商户。小额贷款是指单笔且该农户贷款余额总额在10万元(含本数)以下的贷款。金融机构应对符合条件的农户小额贷款利息收入进行单独核算，不能单独核算的不得适用规定的优惠政策。

（4）保险公司取得的种植业、养殖业保费收入，按90%计入收入总额。《财政部、国家税务总局关于延续支持农村金融发展有关税收政策的通知》（财税〔2017〕44号）第三条规定，自2017年1月1日至2019年12月31日，保险公司为种植业、养殖业提供保险业务取得的保费收入，在计算应纳税所得额时，按90%计入收入总额。保费收入是指原保险保费收入加上分保费收入减去分出保费后的余额。

44.

委托境内与委托境外研发的加计扣除有什么区别?

问：委托境内研发和委托境外研发在享受研发费用加计扣除时有什么区别?

答：企业开展研发活动中实际发生的研发费用，未形成无形资产计入当期损益的，在按规定据实扣除的基础上，在2018年1月1日至2020年

12 月 31 日期间，再按照实际发生额的 75% 在税前加计扣除；形成无形资产的，在上述期间按照无形资产成本的 175% 在税前摊销。《财政部、国家税务总局科技部关于完善研究开发费用税前加计扣除政策的通知》（财税〔2015〕119 号）第二条规定，“企业委托境外机构或个人进行研发活动所发生的费用，不得加计扣除”。但随着《财政部、国家税务总局关于企业委托境外研究开发费用税前加计扣除有关政策问题的通知》（财税〔2018〕64 号）的出台，“企业委托境外机构或个人进行研发活动所发生的费用，不得加计扣除”的规定予以废止。但委托境外研发与委托境内研发，在研发费用的加计扣除上有以下四点区别。

一、委托境外研发费用加计扣除的基数受限。虽然委托研发活动所发生的费用，按照费用实际发生额的 80% 计入委托方研发费用予以加计扣除，但委托境外研发费用超过境内符合条件的研发费用 2/3 的部分，不能在企业所得税前加计扣除。设置 2/3 的比例主要出于以下两点考虑：一是与高新技术企业认定管理办法的规定趋同。高新技术企业认定管理办法规定企业在中国境内发生的研发费用总额占全部研发费用总额的比例不低于 60%，换算成境外与境内研发费用之比就是 2∶3，实际与委托境外研发费用加计扣除政策规定的比例是一致的。二是引导企业以境内研发为主。一国创新能力的提升主要依赖于自主研发，委托境外研发仅是有益补充，不应占据主导地位。出于上述考虑，在高新技术企业认定管理办法表述的基础上，明确委托境外研发费用适用加计扣除政策时，以境内研发费用作为计算比例的基数，即境内发生符合条件的研发费用是委托境外研发费用适用加计扣除政策的前提。在计算境外符合条件的研发费用时，采用费用实际发生额的 80% 以及境内符合条件的研发费用 2/3 的孰低原则。

举例：某企业 2018 年发生委托境外研发费用 100 万元，当年境内符合条件的研发费用为 110 万元。按照政策规定，委托境外发生研发费用 100 万元的 80% 计入委托境外研发费用，即为 80 万元。当年境内符合条件的研发费用 110 万元的 2/3 的部分为 73.33 万元。委托境外研发费用不超过境内符合条件的研发费用 2/3 的部分即为 73.33 万元，因此最终委托境外研发费用 73.33 万元可以按规定适用加计扣除政策。

二、委托境外个人发生的研发费用不能适用加计扣除政策。委托境内单位研发也好，委托境内个人研发也罢，研发所发生的研发费用允许享受研发费用加计扣除。委托境外研发允许加计扣除，受托研发的境外机构是指依照外国和我国港、澳、台地区法律法规成立的企业和其他取得收入的组织，但不包括委托境外个人进行的研发活动。受托研发的境外个人是指外籍和我国港、澳、台地区个人。

三、委托境外研发由委托方登记。按照委托境内研发费用加计扣除政策的管理要求，委托合同需经科技行政主管部门登记。由于受托方是享受增值税等其他税种税收优惠政策的主体，科技部门为便于管理、统计，避免双重登记，因此明确发生委托境内研发活动的，受托方到科技部门进行登记。而委托境外进行研发活动的受托方在国外，继续要求受托方登记不合理并且不具有操作性，因此将登记方由受托方调整至委托方，以保证委托方能顺利享受政策。

四、委托境外研发备案资料。按照国务院“放管服”的要求，企业享受税收优惠时，采取“自行判别、申报享受、相关资料留存备查”的办理方式，在年度纳税申报及享受优惠事项前无须再履行备案手续，也无须再报送备案资料，原备案资料全部作为留存备查资料保留在企业。委托境外研发费用加计扣除政策留存在备查资料上，除企业委托研发项目计划书和企业有权部门立项的决议文件、委托研究开发专门机构或项目组的编制情况和研发人员名单、经科技行政主管部门登记的委托研发合同、“研发支出”辅助账及汇总表之外，考虑到委托境外研发活动的特殊性，另外增加委托境外研发银行支付凭证和受托方开具的收款凭据、当年委托研发项目的进展情况等两项资料作为留存备查，为后续管理提供有力抓手。

45.

技术先进型服务企业有哪些企业所得税优惠？

问：技术先进型服务企业在企业所得税方面有什么优惠政策？

答：《财政部、国家税务总局、商务部、科技部、国家发展改革委关于完善技术先进型服务企业有关企业所得税政策问题的通知》（财税〔2014〕59号）规定，自2014年1月1日起至2018年12月31日止，对经认定的技术先进型服务企业，减按15%的税率征收企业所得税。经认定的技术先进型服务企业发生的职工教育经费支出，不超过工资薪金总额8%的部分，准予在计算应纳税所得额时扣除；超过的部分，准予在以后纳税年度结转扣除。享受该通知第一条规定的企业所得税优惠政策的技术先进型服务企业必须同时符合以下条件：①从事《技术先进型服务业务认定范围（试行）》中的一种或多种技术先进型服务业务，采用先进技术或具备较强的研发能力；②企业的注册地及生产经营地在示范城市（含所辖区、县、县级市等全部行政区划）内；③企业具有法人资格；④具有大专以上学历的员工占企业职工总数的50%以上；⑤从事《技术先进型服务业务认定范围（试行）》中的技术先进型服务业务取得的收入占企业当年总收入的50%以上。⑥从事离岸服务外包业务取得的收入不低于企业当年总收入的35%。从事离岸服务外包业务取得的收入是指企业根据境外单位与其签订的委托合同，由本企业或其直接转包的企业为境外单位提供《技术先进型服务业务认定范围（试行）》中所规定的信息技术外包服务（ITO）、技术性业务流程外包服务（BPO）和技术性知识流程外包服务（KPO），而从上述境外单位取得的收入。

因此，若你公司属于经认定的技术先进型服务企业，可持相关认定文件向当地主管税务机关办理享受上述规定的企业所得税优惠政策。

46.

研发过程中形成的收益是否影响高新技术企业研发费用基数？

问：根据《国家税务总局关于研发费用税前加计扣除归集范围有关问题的公告》（国家税务总局公告2017年第40号）的规定，企业取得研发过程中形成的下脚料、残次品、中间试制品等特殊收入，在计算确认收入当年的加计扣除研发费用时，应从已归集研发费用中扣减该特殊收入。请问，在确定高新技术企业条件时，是否按照扣除特殊收入后作为研发费用的基数？

答：申办高新技术企业的条件之一是，企业近三个会计年度（实际经营期不满三年的按实际经营时间计算）的研究开发费用总额占同期销售收入总额的比例符合如下要求：①最近一年销售收入小于5 000万元（含）的企业，比例不低于5%；②最近一年销售收入在5 000万元至2亿元（含）的企业，比例不低于4%；③最近一年销售收入在2亿元以上的企业，比例不低于3%。在研究开发费用的范围上，根据《高新技术企业认定管理工作指引》的规定，研发费用的归集范围与研发费用加计扣除范围是完全一致的，但高新技术企业认定中规定企业将在研发过程中形成的下脚料、残次品、中间试制品等特殊收入冲减研发成本或企业研发活动直接形成产品或作为组成部分形成的产品对外销售的，研发费用中对应的材料费用冲减研发成本。只是在计算研发费用加计扣除时，研发过程中形成的收益不计入研发费用加计扣除的基数。也就是说，确认高新技术企业研发支出是否达到规定比例时，应当按照研究开发时实际发生的费用作为研发费用的基数，至于事后是否形成收益与当初已实际发生的研发支出无关。

47. 安置特殊人员就业的税收优惠政策

目前，国家对企业安置残疾人、建档立卡贫困人口、持有“就业创业证”人员以及退役士兵出台了相应的税收鼓励政策，具体税收优惠政策如下。

一、安置残疾人的优惠政策。对企业安置残疾人优惠政策主要体现在增值税、企业所得税以及房产税等。

其一，增值税。《财政部、国家税务总局关于促进残疾人就业增值税优惠政策的通知》(财税〔2016〕52号)、《国家税务总局关于发布〈促进残疾人就业增值税优惠政策管理办法〉的公告》(国家税务总局公告2016年第33号)等规定，对安置残疾人的单位和个体工商户(以下称纳税人)，实行由税务机关按纳税人安置残疾人的人数即征即退增值税的办法。安置的每位残疾人每月可退还的增值税具体限额，由县级以上税务机关根据纳税人所在区县(含县级市、旗)适用的经省(含自治区、直辖市、计划单列市)人民政府批准的月最低工资标准的4倍确定。原规定为“实际安置的每位残疾人每年可退还的增值税或减征的营业税的具体限额，由县级以上税务机关根据单位所在区县(含县级市、旗)适用的经省(含自治区、直辖市、计划单列市)级人民政府批准的最低工资标准的6倍确定，但最高不得超过每人每年3.5万元”。虽然原规定的倍数高于现行政策，但现行政策不受上限限制，相对于原规定，现行增值税优惠力度更大。以湖北省为例，2016年湖北省人民政府批准的最低工资标准为1 225元，按照现行政策计算每年可抵扣增值税：1 225×12×4= 58 800(元)。按照原政策，则只能享受35 000元。

应当注意：①残疾人是指法定劳动年龄内，持有“中华人民共和国残疾人证”或者“中华人民共和国残疾军人证(1至8级)”的自然人，包括具有劳动条件和劳动意愿的精神残疾人。②根据《国家税务总局关于促进残疾人就业增值税优惠政策有关问题的公告》(国家税务总局公告2013年第73号)的规定，安置残疾人单位聘用非全日制用工的残疾人，与其签订符合法律法规规定的劳动合同或服务协议，并且安置该残疾人在单位实际上岗工作的，可按照规定享受增值税优惠政策。③《国家税务总局关于促进残疾人就业税收优惠政策相关问题的公告》规定，以劳务派遣形式就业的残疾人，属于劳务派遣单位的职工，应当由劳务派遣单位享受增值税收优惠。

安置了残疾人享受增值税即征即退优惠必须具备以下八个条件：①安置残疾人(包括聘用非全日制用工的残疾人)必须达到规定的比例及人数：纳税人(除盲人按摩机构外)月安置的残疾人占在职职工人数的比例不低于25%(含25%)，并且安置的残疾人人数不少于10人(含10人)；盲人按摩机构月安置的残疾人占在职职工人数的比例不低于25%(含25%)，并且安置的残疾人人数不少于5人(含5人)。在职职工人数是指与纳税人建立劳动关系并依法签订劳动合同或者服务协议的雇员人数。纳税人新安置的残疾人从签订劳动合同并缴纳社会保险的次月起计算，其他职工从录用的次月起计算；安置的残疾人和其他职工减少的，从减少当月计算。②必须依法与安置的每位残疾人签订了一年以上(含一年)的劳动合同或服务协议。③必须缴纳“五险”。即为安置的每位残疾人按月足额缴纳了基本养老保险、基本医疗保险、失业保险、工伤保险和生育保险等社会保险。需要注意的两点是：第一，根据《国家税务总局关于促进残疾人就业税收优惠政策有关问题的公告》(国家税务总局公告2013年第78号)的规定，“基本养老保险”和“基本医疗保险”仅指“职工基本养老保险”和“职工基本医疗保险”，不含“城镇居民社会养老保险”“新型农村社会养老保险”“城镇居民基本医疗保险”“新型农村合作医疗”。也就是说，用人单位为残疾人职工缴纳新型农村社会养老保险或城镇居民社会养老保险、新型农村合作医疗或城镇居民基本医疗保险，而未缴纳基本养老保险、基本医疗保险，不得享受增值税优惠。第二，根据国家税务总局公告2013年第78号的规定，安置残疾人的机关事业单位以及机关事业单位改制后的企业，为残疾人缴纳的机关事业单位养老保险，属于“基本养老保险”范畴。④通过银行等金融机构向安置的每位残疾人，按月支付了不低于纳税人所在区县适用的经省人民政府批准的月最低工资标准的工资。之所以要求必须通过金融机构支付，目的是为了避免出现作假带来的税收漏洞。⑤纳税人纳税信用等级必须为A级或B级。纳税人中纳税信用等级为税务机关评定的C级或D级的，不得享受增值税优惠政策。⑥增值税优惠政策仅适用于生产销售货物，提供加工、修理修配劳务，以及提供营改增现代服务和生活服务税目（不含文化体育服务和娱乐服务）范围的服务取得的收入之和，占其增值税收入的比例达到50%的纳税人，但不适用于上述纳税人直接销售外购货物（包括商品批发和零售）以及销售委托加工的货物取得的收入。⑦在纳税人多业经营的情况下，应当分别核算享受税收优惠政策和不得享受税收优惠政策业务的销售额，不能分别核算的，不得享受规定的优惠政策。⑧未按规定留存备查相关资料不得享受增值税优惠。享受促进残疾人就业增值税优惠政策的纳税人，对能证明或印证符合政策规定条件的相关材料负有留存备查义务。纳税人在税务机关后续管理中不能提供相关材料的，不得继续享受优惠政策。税务机关应追缴其相应纳税期内已享受的增值税退税，并依照税收征管法及其实施细则的有关规定处理。

特殊教育学校举办的企业，符合上述①~⑤项中的两个条件即可享受增值税优惠政策：一是月安置的残疾人达到规定的比例和人数；二是纳税信用等级为A级或B级。这类企业在计算残疾人人数时可将在企业上岗工作的特殊教育学校的全日制在校学生计算在内，在计算企业在职职工人数时也要将上述学生计算在内。特殊教育学校举办的企业是指特殊教育学校主要为在校学生提供实习场所并由学校出资自办，由学校负责经营管理，经营收入全部归学校所有的企业。

其二，企业所得税。《企业所得税法》第三十条、《企业所得税法实施条例》第九十六条及《财政部、国家税务总局关于安置残疾人员就业有关企业所得税优惠政策问题的通知》（财税〔2009〕70号）规定，企业安置残疾人员的，在按照支付给残疾职工工资据实扣除的基础上，按照支付给残疾职工工资的100%加计扣除。企业就支付给残疾职工的工资，在进行企业所得税预缴申报时，允许据实计算扣除；在年度终了进行企业所得税年度申报和汇算清缴时，再依照税法规定计算加计扣除。残疾人员的范围适用《中华人民共和国残疾人保障法》的有关规定。企业享受安置残疾职工工资100%加计扣除应同时具备如下条件：①依法与安置的每位残疾人签订了1

年以上（含 1 年）的劳动合同或服务协议，并且安置的每位残疾人在企业实际上岗工作。②为安置的每位残疾人按月足额缴纳了企业所在区县人民政府根据国家政策规定的基本养老保险、基本医疗保险、失业保险和工伤保险等社会保险。③定期通过银行等金融机构向安置的每位残疾人实际支付了不低于企业所在区县适用的经省级人民政府批准的最低工资标准的工资。④具备安置残疾人上岗工作的基本设施。

其三，城镇土地使用税。《财政部、国家税务总局关于安置残疾人就业单位城镇土地使用税等政策的通知》（财税〔2010〕121 号）规定，对在一个纳税年度内月平均实际安置残疾人就业人数占单位在职职工总数的比例高于 25%（含 25%）且实际安置残疾人人数高于 10 人（含 10 人）的单位，可减征或免征该年度城镇土地使用税。具体减免税比例及管理办法由省、自治区、直辖市财税主管部门确定。

二、安置建档立卡贫困人口、持有“就业创业证”人员的优惠政策。《财政部、国家税务总局、人力资源社会保障部、国务院扶贫办关于进一步支持和促进重点群体创业就业有关税收政策的通知》（财税〔2019〕22 号）规定，自 2019 年 1 月 1 日至 2021 年 12 月 31 日，增值税纳税人或企业所得税纳税人的企业等单位招用建档立卡贫困人口，以及在人力资源社会保障部门公共就业服务机构登记失业半年以上且持“就业创业证”或“就业失业登记证”（注明“企业吸纳税收政策”）的人员，与其签订 1 年以上期限劳动合同并依法缴纳社会保险费的，自签订劳动合同并缴纳社会保险费当月起，在 3 年内按实际招用人数予以定额依次扣减增值税、城市维护建设税、教育费附加、地方教育附加和企业所得税优惠。定额标准为每人每年 6 000 元，最高可上浮 30%，各省、自治区、直辖市人民政府可根据本地区实际情况在此幅度内确定具体定额标准。城市维护建设税、教育费附加、地方教育附加的计税依据是享受本项税收优惠政策前的增值税应纳税额。按上述标准计算的税收扣减额应在企业当年实际应缴纳的增值税、城市维护建设税、教育费附加、地方教育附加和企业所得税税额中扣减，当年扣减不完的，不得结转下年使用。

三、安置退役士兵的政策。《财政部、国家税务总局、退役军人部关于进一步扶持自主就业退役士兵创业就业有关税收政策的通知》（财税〔2019〕21 号）规定，自 2019 年 1 月 1 日至 2021 年 12 月 31 日，增值税纳税人或企业所得税纳税人的企业等单位，招用自主就业退役士兵，与其签订1年以上期限劳动合同并依法缴纳社会保险费的，自签订劳动合同并缴纳社会保险当月起，在3年内按实际招用人数予以定额依次扣减增值税、城市维护建设税、教育费附加、地方教育附加和企业所得税优惠。定额标准为每人每年6 000元，最高可上浮50%，各省、自治区、直辖市人民政府可根据本地区实际情况在此幅度内确定具体定额标准。企业按招用人数和签订的劳动合同时间核算企业减免税总额，在核算减免税总额内每月依次扣减增值税、城市维护建设税、教育费附加和地方教育附加。企业实际应缴纳的增值税、城市维护建设税、教育费附加和地方教育附加小于核算减免税总额的，以实际应缴纳的增值税、城市维护建设税、教育费附加和地方教育附加为限；实际应缴纳的增值税、城市维护建设税、教育费附加和地方教育附加大于核算减免税总额的，以核算减免税总额为限。纳税年度终了，如果企业实际减免的增值税、城市维护建设税、教育费附加和地方教育附加小于核算减免税总额，企业在企业所得税汇算清缴时以差额部分扣减企业所得税。当年扣减不完的，不再结转以后年度扣减。自主就业退役士兵在企业工作不满1年的，应当按月换算减免税限额。计算公式为：企业核算减免税总额=Σ 每名自主就业退役士兵本年度在本单位工作月份 ÷ 12× 具体定额标准。城市维护建设税、教育费附加、地方教育附加的计税依据是享受本项税收优惠政策前的增值税应纳税额。

48.

债券利息收入是否免征企业所得税？

问：债券利息收入是指基金资产因投资于不同种类的债券（国债、地方政府债券、企业债、金融债等）而定期取得的利息收入。请问，企业取得的债券利息收入是否缴纳企业所得税？

答： 企业所得税的征税对象是纳税人取得的所得，包括销售货物所得、提供劳务所得、转让财产所得、股息红利所得、利息所得、租金所得、特许权使用费所得、接受捐赠所得和其他所得。因此，按照《企业所得税法》的规定，企业债券利息收入应计入利润总额并缴纳企业所得税。债券利息收入是指基金资产因投资于不同种类的债券（国债、地方政府债券、企业债、金融债等）而定期取得的利息收入。但对企业取得的以下四种情形的债券利息收入免征企业所得税。

一、企业持有国债利息收入。《企业所得税法》第二十六条及《企业所得税法实施条例》第八十二条规定，国债利息收入为免税收入，国债利息收入是指企业持有国务院财政部门发行的国债取得的利息收入。《国家税务总局关于企业国债投资业务企业所得税处理问题的公告》（国家税务总局公告2011年第36号）规定，企业取得的国债利息收入，免征企业所得税，具体按以下规定执行：企业从发行者直接投资购买的国债持有至到期，其从发行者取得的国债利息收入，全额免征企业所得税；企业到期前转让国债或者从非发行者投资购买的国债，其持有期间尚未兑付的国债利息收入免征企业所得税，国债利息收入＝国债金额 ×（适用年利率 ÷365）× 持有天数。上述公式中的“国债金额”，按国债发行面值或发行价格确定；“适用年利率”按国债票面年利率或折合年收益率确定；如企业不同时间多次购买同一品种国债的，“持有天数”可按平均持有天数计算确定。也就是说，企业投资者国债持有期间应计利息收入享受免税待遇，消除了企业投资者国债持有期间转让国债而取得的收入中，未到期兑付应计利息收入是否可视为免税收入的争议。

二、企业持有铁路建设债券利息收入。《财政部、国家税务总局关于铁路建设债券利息收入企业所得税政策的通知》（财税〔2011〕99号）规定，对企业持有2011—2013年发行的中国铁路建设债券取得的利息收入，减半征收企业所得税。中国铁路建设债券是指经国家发展改革委核准，以铁道部为发行和偿还主体的债券。《财政部、国家税务总局关于2014、2015年铁路建设债券利息收入企业所得税政策的通知》（财税〔2014〕2号）规定，对企业持有2014年和2015年发行的中国铁路建设债券取得的利息收入，减半征收企业所得税。中国铁路建设债券是指经国家发展改革委核准，以中国铁路总公司为发行和偿还主体的债券。《财政部、国家税务总局关于铁路债券利息收入所得税政策问题的通知》（财税〔2016〕30号）规定，对企业投资者持有2016—2018年发行的铁路债券取得的利息收入，减半征收企业所得税。铁路债券是指以中国铁路总公司为发行和偿还主体的债券，包括中国铁路建设债券、中期票据、短期融资券等债务融资工具。

三、地方政府债券利息收入。《财政部、国家税务总局关于地方政府债券利息所得免征所得税问题的通知》（财税〔2011〕76号）、《财政部、国家税务总局关于地方政府债券利息免征所得税问题的通知》(财税〔2013〕5号)规定，对企业取得的2009年、2010年、2011年和2012年及以后年度发行的地方政府债券利息收入，免征企业所得税。地方政府债券是指经国务院批准同意，以省、自治区、直辖市和计划单列市政府为发行和偿还主体的债券。

四、企业投资证券投资基金取得的债券的利息收入。证券投资基金是指通过发售基金份额募集资金，由基金托管人托管，由基金管理人管理和运作资金，为基金份额持有人的利益，以资产组合方式进行证券投资的一种利益共享、风险共担的集合投资方式。证券投资基金是一种证券投资工具，它发行的凭证即基金券(或受益凭证、基金单位、基金股份)与股票、债券一起构成有价证券的三大品种。投资者通过购买基金券完成投资行为，并凭之分享证券投资基金的投资收益，承担证券投资基金的投资风险。《财政部、国家税务总局关于企业所得税若干优惠政策的通知》(财税〔2008〕1号)规定，证券投资基金从证券市场中取得的收入，包括买卖股票、债券的差价收入，股权的股息、红利收入，债券的利息收入及其他收入，暂不征收企业所得税；投资者从证券投资基金分配中取得的收入，暂不征收企业所得税；证券投资基金管理人运用基金买卖股票、债券的差价收入，暂不征收企业所得税。

49.

三项专用设备抵免企业所得税应注意哪些问题?

问：购置环境保护、节能节水和安全生产专用设备，可以按专用设备投资额的10%抵免当年企业所得税应纳税额。请问，抵减企业所得税应当注意哪些问题?

答：为了鼓励购置和实际使用环境保护、节能节水、安全生产等专用设备,《企业所得税法》规定，企业自2008年1月1日起购置并实际使用的环境保护、节能节水和安全生产专用设备，可以按专用设备投资额的10%抵免当年企业所得税应纳税额。“三项”专用设备抵免企业所得税应当注意以下“六点”:

(1)抵免时限。企业当年应纳税额不足抵免的，可以向以后年度结转，但结转期不得超过5个纳税年度。在5个年度内不论是否有应纳税额，均计算抵免年度。当年应纳税额是指企业当年的应纳税所得额乘以适用税率，扣除依照《企业所得税法》和国务院有关税收优惠规定以及税收过渡优惠规定减征、免征税额后的余额。即企业享受企业所得税优惠的应纳税额不挤占设备抵免企业所得税的指标。

（2）专用设备抵免基数的确定。专用设备投资额的10%抵免当年企业所得税应纳税额。专用设备投资额是指为购买专用设备所支付的价款，但对专用设备价款所含增值税应当区分情况：如增值税进项税额允许抵扣，其专用设备投资额不再包括增值税进项税额；如增值税进项税额不允许抵扣，其专用设备投资额应为增值税专用发票上注明的价税合计金额。企业购买专用设备取得普通发票的，其专用设备投资额为普通发票上注明的金额。专用设备投资额不包括按有关规定退还的增值税税款以及设备运输、安装和调试等费用，也不包括主体设备正常运行所必备的专属附件价款。

（3）财政资金购置专用设备的抵免。专用设备投资额抵免优惠仅限于企业利用自筹资金和银行贷款购置专用设备的投资额，可以按规定抵免企业应纳所得税税额；企业利用财政拨款购置专用设备的投资额，不得抵免企业应纳所得税税额。财政资金不足部分可以享受10%抵免当年企业所得税应纳税额。

（4）停止使用专用设备应补缴企业所得税。按照《企业所得税法》的立法本意，企业享受税额抵免优惠的目的是为了鼓励购置和实际使用环境保护、节能节水、安全生产等专用设备。所以要享受企业所得税抵免，企业必须实际购置并自身实际投入使用专用设备。企业购置专用设备后又在5年内转让、出租或没有使用的，不能达到促进环境保护、节能节水、安全生产的目的，不应享受企业所得税抵免优惠，应在该专用设备停止使用当月停止享受企业所得税优惠，并补缴已经抵免的企业所得税税款。当然，在专用设备使用5年后转让、出租专用设备的，不用补缴企业所得税。比如，企业购置专用设备实际已抵减企业所得税10万元，在使用3年后转让，则应当补缴企业所得税 $10 \times 2/5=4$（万元）。

另外，对所转让的专用设备，受让方可以按照该专用设备投资额的10%抵免当年企业所得税应纳税额；当年应纳税额不足抵免的，可以在以后5个纳税年度结转抵免。即受让方可以延续税收优惠政策，并且受让方重新计算企业所得税抵免年度。但承租的专用设备所支付的租金价款不能享受企业所得税抵免优惠政策。

（5）专用设备的范围。节能节水专用设备按照《节能节水专用设备企业所得税优惠目录（2017年版）》执行、环境保护专用设备按照《环境保护专用设备企业所得税优惠目录（2017年版）》执行、安全生产专用设备按照《安全生产专用设备企业所得税优惠目录（2018年版）》执行。税务部门在执行税收优惠政策过程中，不能准确判定企业购置的专用设备是否符合相关技术指标等税收优惠政策规定条件的，可提请地市级（含）以上发展改革、工业和信息化、环境保护等部门，其委托专业机构出具技术鉴定意见，相关部门应积极配合。

（6）企业申请抵免。按照国务院关于简化行政审批的要求，进一步优化优惠管理机制，实行企业自行申报并直接享受优惠、税务部门强化后续管理的机制。企业购置节能节水、环境保护、安全生产专用设备，应自行判断是否符合税收优惠政策规定条件，按规定向税务部门履行企业所得税优惠备案手续后直接享受税收优惠，税务部门采取税收风险管理、稽查、纳税评估等方式强化后续管理。

50.

集成电路生产企业有哪些企业所得税优惠？

问：集成电路生产企业有哪些企业所得税优惠政策？

答：《财政部、国家税务总局、国家发展改革委、工业和信息化部关于集成电路生产企业有关企业所得税政策问题的通知》（财税〔2018〕27号）规定，符合条件的集成电路生产企业主要有以下企业所得税优惠。

一、2018年1月1日后投资新设的集成电路线宽小于130纳米，且经营期在10年以上的集成电路生产企业或项目，第一年至第二年免征企业所得税，第三年至第五年按照25%的法定税率减半征收企业所得税，并享受至期满为止。2018年1月1日后投资新设的集成电路线宽小于65纳米或投资额超过150亿元，且经营期在15年以上的集成电路生产企业或项目，第一年至第五年免征企业所得税，第六年至第十年按照25%的法定税率减半征收企业所得税，并享受至期满为止。集成电路生产企业优惠期自企业获利年度起计算，集成电路生产项目自项目取得第一笔生产经营收入所属纳税年度起计算。

二、2017 年 12 月 31 日前设立但未获利的集成电路线宽小于 0.25 微米或投资额超过 80 亿元，且经营期在 15 年以上的集成电路生产企业，自获利年度起第一年至第五年免征企业所得税，第六年至第十年按照 25% 的法定税率减半征收企业所得税，并享受至期满为止。2017 年 12 月 31 日前设立但未获利的集成电路线宽小于 0.8 微米（含）的集成电路生产企业，自获利年度起第一年至第二年免征企业所得税，第三年至第五年按照 25% 的法定税率减半征收企业所得税，并享受至期满为止。

三、集成电路生产企业的生产设备，其折旧年限可以适当缩短，最短可为 3 年（含）。

四、企业外购的软件，凡符合固定资产或无形资产确认条件的，可以按照固定资产或无形资产进行核算，其折旧或摊销年限可以适当缩短，最短可为 2 年（含）。

所称集成电路生产企业，是指以单片集成电路、多芯片集成电路、混合集成电路制造为主营业务并同时符合下列条件的企业：①在中国境内（不包括港、澳、台地区）依法注册并在发展改革、工业和信息化部门备案的居民企业。②汇算清缴年度具有劳动合同关系或劳务派遣、聘用关系且具有大学专科以上学历职工人数占企业月平均职工总人数的比例不低于 40%，其中研究开发人员占企业月平均职工总数的比例不低于 20%。③拥有核心关键技术，并以此为基础开展经营活动，且汇算清缴年度研究开发费用总额占企业销售（营业）收入（主营业务收入与其他业务收入之和，下同）总额的比例不低于 2%；其中，企业在中国境内发生的研究开发费用金额占研究开发费用总额的比例不低于 60%。④汇算清缴年度集成电路制造销售（营业）收入占企业收入总额的比例不低于 60%。⑤具有保证产品生产的手段和能力，并获得有关资质认证（包括 ISO 质量体系认证）。⑥汇算清缴年度未发生重大安全、重大质量事故或严重环境违法行为。

51.

集成电路设计企业有哪些企业所得税优惠？

问：集成电路设计企业有哪些企业所得税优惠政策？

答：《财政部、国家税务总局关于进一步鼓励软件产业和集成电路产业发展企业所得税政策的通知》（财税〔2012〕27 号）规定，集成电路设计企业有以下企业所得税优惠。

一、我国境内新办的集成电路设计企业和符合条件的软件企业，经认定后，在 2017 年 12 月 31 日前自获利年度起计算优惠期，第一年至第二年免征企业所得税，第三年至第五年按照 25% 的法定税率减半征收企业所得税，并享受至期满为止。

二、国家规划布局内的集成电路设计企业，如当年未享受免税优惠的，可减按 10% 的税率征收企业所得税。

三、集成电路设计企业的职工培训费用，应单独进行核算并按实际发生额在计算应纳税所得额时扣除。

四、企业外购的软件，凡符合固定资产或无形资产确认条件的，可以按照固定资产或无形资产进行核算，其折旧或摊销年限可以适当缩短，最短可为 2 年（含）。

根据《财政部、国家税务总局、发展改革委、工业和信息化部关于软件和集成电路产业企业所得税优惠政策有关问题的通知》（财税〔2016〕49 号）的规定，所称集成电路设计企业，是指以集成电路设计为主营业务并同时符合下列条件的企业：①在中国境内（不包括港、澳、台地区）依法注册的居民企业。②汇算清缴年度具有劳动合同关系且具有大学专科以上学历的职工人数占企业月平均职工总人数的比例不低 40%，其中研究开发人员占企业月平均职工总数的比例不低于 20%。③拥有核心关键技术，并以此为基础开展经营活动，且汇算清缴年度研究开发费用总额占企业销售（营业）收入总额的比例不低于 6%；其中，企业在中国境内发生的研究开发费用金额占研究开发费用总额的比例不低于 60%。④汇算清缴年度集成电路设计销售（营业）收入占企业收入总额的比例不低于 60%；其中集成电路自主设计销售（营业）收入占企业收入总额的比例不低于 50%。⑤主营业务拥有自主知识产权。⑥具有与集成电路设计相适应的软硬件设施等开发环境（如 EDA 工具、服务器或工作站等）。⑦汇算清缴年度未发生重大安全、重大质量事故或严重环境违法行为。

所称国家规划布局内重点集成电路设计企业除符合上述规定，还应至少符合下列条件中的一项：①汇算清缴年度集成电路设计销售（营业）收入不低于 2 亿元，年应纳税所得额不低于 1 000 万元，研究开发人员占月平均职工总数的比例不低于 25%；②在国家规定的重点集成电路设计领域内，汇算清缴年度集成电路设计销售（营业）收入不低于 2 000 万元，应纳税所得额不低于 250 万元，研究开发人员占月平均职工总数的比例不低于 35%，企业在中国境内发生的研发开发费用金额占研究开发费用总额的比例不低于 70%。

52.

软件企业有哪些所得税税收优惠？

问：软件企业有哪些企业所得税优惠政策？

答：根据《财政部、国家税务总局关于进一步鼓励软件产业和集成电路产业发展企业所得税政策的通知》（财税〔2012〕27 号）的规定，符合条件的软件企业，其企业所得税优惠主要体现在以下几个方面。

一、我国境内新办的符合条件的软件企业，经认定后，在 2017 年 12 月 31 日前自获利年度起计算优惠期，第一年至第二年免征企业所得税，第三年至第五年按照 25% 的法定税率减半征收企业所得税，并享受至期满为止。

二、国家规划布局内的重点软件企业，如当年未享受免税优惠的，可减按 10% 的税率征收企业所得税。

三、符合条件的软件企业按照《财政部、国家税务总局关于软件产品增值税政策的通知》（财税〔2011〕100 号）规定取得的即征即退增值税款，由企业专项用于软件产品研发和扩大再生产并单独进行核算，可以作为不征税收入，在计算应纳税所得额时从收入总额中减除。

四、符合条件软件企业的职工培训费用，应单独进行核算并按实际发生额在计算应纳税所得额时扣除。

五、企业外购的软件，凡符合固定资产或无形资产确认条件的，可以按照固定资产或无形资产进行核算，其折旧或摊销年限可以适当缩短，最短可为 2 年（含）。

除企业外购的软件享受的企业所得税优惠不需要附带条件外，其他优惠必须符合一定条件才能享受。根据《财政部、国家税务总局、发展改革委、工业和信息化部关于软件和集成电路产业企业所得税优惠政策有关问题的通知》（财税〔2016〕49 号）的规定，所称符合软件企业，是指以软件产品开发销售（营业）为主营业务并同时符合下列条件的企业：①在中国境内（不包括港、澳、台地区）依法注册的居民企业。②汇算清缴年度具有劳动合同关系且具有大学专科以上学历的职工人数占企业月平均职工总人数的比例不低于40%，其中研究开发人员占企业月平均职工总数的比例不低于20%。③拥有核心关键技术，并以此为基础开展经营活动，且汇算清缴年度研究开发费用总额占企业销售（营业）收入总额的比例不低于6%；其中，企业在中国境内发生的研究开发费用金额占研究开发费用总额的比例不低于60%。④汇算清缴年度软件产品开发销售（营业）收入占企业收入总额的比例不低于50%（嵌入式软件产品和信息系统集成产品开发销售（营业）收入占企业收入总额的比例不低于40%），其中：软件产品自主开发销售（营业）收入占企业收入总额的比例不低于40%（嵌入式软件产品和信息系统集成产品开发销售（营业）收入占企业收入总额的比例不低于30%）。⑤主营业务拥有自主知识产权。⑥具有与软件开发相适应软硬件设施等开发环境（如合法的开发工具等）。⑦汇算清缴年度未发生重大安全、重大质量事故或严重环境违法行为。

所称国家规划布局内重点软件企业是除符合上述规定，还应至少符合下列条件中的一项：①汇算清缴年度软件产品开发销售（营业）收入不低于2亿元，应纳税所得额不低于1 000万元，研究开发人员占企业月平均职工总数的比例不低于25%。②在国家规定的重点软件领域内，汇算清缴年度软件产品开发销售（营业）收入不低于5 000万元，应纳税所得额不低于250万元，研究开发人员占企业月平均职工总数的比例不低于25%，企业在中国境内发生的研究开发费用金额占研究开发费用总额的比例不低于70%。③汇算清缴年度软件出口收入总额不低于800万美元，软件出口收入总额占本企业年度收入总额比例不低于50%，研究开发人员占企业月平均职工总数的比例不低于25%。

53.

享受企业所得税优惠是否应当向税务机关报备?

问：我公司对外投资分回的利润，属于企业所得税免税收入。请问，享受企业所得税优惠政策是否应于年度企业所得税汇算清缴时向税务机关报备资料?

答：为了进一步优化税收环境，有效落实企业所得税各项优惠政策，根据国家“放管服”改革精神的要求，国家税务总局出台了《关于发布修订后的〈企业所得税优惠政策事项办理办法〉的公告》(国家税务总局公告2018年第23号)，根据该文件规定，自2017年起，企业享受免税收入、减计收入、加计扣除、加速折旧、所得减免、抵扣应纳税所得额、减低税率、税额抵免等企业所得税优惠一律采取"自行判别、申报享受、相关资料留存备查"的办理方式。企业应当根据经营情况以及相关税收规定自行判断是否符合优惠事项规定的条件，符合条件的可以按照规定的时间自行计算减免税额，并通过填报企业所得税纳税申报表享受税收优惠。企业应当在完成年度汇算清缴后，将留存备查资料归集齐全并整理完成，以备税务机关核查。因此，你公司2017年度企业所得税汇算清缴时，对享受企业所得税优惠不需要向税务机关报备资料，只需要将与企业享受优惠事项有关的合同、协议、凭证、证书、文件、账册、说明等资料自行留存备查。在税务机关后续管理过程中，你公司应当根据税务机关管理服务的需要，按照规定的期限和方式提供留存备查资料，以证实享受优惠事项符合条件。

第四章

车辆购置税问答

1.

车辆购置税的纳税人包括哪些?

答：在中华人民共和国境内购置应税车辆的单位和个人，为车辆购置税的纳税人。所称单位，包括国有企业、集体企业、私营企业、股份制企业、外商投资企业、外国企业以及其他企业和事业单位、社会团体、国家机关、部队以及其他单位；所称个人，包括个体工商户以及其他个人。所称购置，包括购买、进口、自产、受赠、获奖或者以其他方式取得并自用应税车辆的行为。

2.

车辆购置税的征税范围包括哪些?

答：车辆购置税的征收范围包括汽车、摩托车、电车、挂车、农用运输车。具体征收范围依照“车辆购置税征收范围表”执行。车辆购置税征收范围如表 4-1 所示：

表 4-1　车辆购置税征收范围表

应税车辆	具体范围	注释
汽车	各类汽车	
摩托车	轻便摩托车	最高设计时速不大于 50km/h，发动机汽缸总排量不大于 50cm³ 的两个或者三个车轮的机动车
	二轮摩托车	最高设计车速大于 50km/h，或者发动机汽缸总排量大于 50cm³ 的两个车轮的机动车
	三轮摩托车	最高设计车速大于 50km/h，或者发动机汽缸总排量大于 50cm³，空车重量不大于 400kg 的三个车轮的机动车
电车	无轨电车	以电能为动力，由专用输电电缆线供电的轮式公共车辆
	有轨电车	以电能为动力，在轨道上行驶的公共车辆
挂车	全挂车	无动力设备，独立承载，由牵引车辆牵引行驶的车辆
	半挂车	无动力设备，与牵引车辆共同承载，由牵引车辆牵引行驶的车辆
农用运输车	三轮农用运输车（2004 年 10 月 1 日起免征）	柴油发动机，功率不大于 7.4kW，载重量不大于 500kg，最高车速不大于 40km/h 的三个车轮的机动车
	四轮农用运输车	柴油发动机，功率不大于 28kW，载重量不大于运输车 1 500kg，最高车速不大于 50km/h 的四个车轮的机动车

（注：表中 50cm³ = 50 立方厘米）

3.

车辆购置税的税率是多少？

答： 车辆购置税的税率为 10%。车辆购置税税率的调整，由国务院决定并公布。

4.

车辆购置税的计税依据如何确定？

答： 车辆购置税的计税价格根据不同情况，按照下列规定确定：①纳税人购买自用的应税车辆的计税价格，为纳税人购买应税车辆而支付给销售者的全部价款和价外费用，不包括增值税税款。②纳税人进口自用的应税车辆的计税价格的计算公式为：计税价格＝关税完税价格＋关税＋消费税。③纳税人自产、受赠、获奖或者以其他方式取得并自用的应税车辆的计税价格，由主管税务机关核定最低计税价格。

5.

哪些价外费用计入应税车辆的计税价格？

答： 销售应税车辆价外向购买方收取的基金、集资费、违约金（延期付款利息）和手续费、包装费、储存费、优质费、运输装卸费、保管费以及其他各种性质的价外收费应当并入车辆购置税的计税价格，但不包括销售方代办保险等而向购买方收取的保险费，以及向购买方收取的代购买方缴纳的车辆购置税、车辆牌照费。

6.

受赠车辆如何确定应税车辆的计税价格？

答： 纳税人自产、受赠、获奖或者以其他方式取得并自用的应税车辆的计税价格，由主管税务机关参照国家税务总局规定的不同类型应税车辆的最低计税价格核定。

7.

购买进口自用车辆如何确定应税车辆的计税价格？

答： 纳税人进口自用的应税车辆的计税价格的计算公式为：计税价格 = 关税完税价格 + 关税 + 消费税。

8.

购买自用应税车辆价格明显偏低，如何确定应税车辆计税价格？

答： 纳税人购买自用或者进口自用应税车辆，申报的计税价格低于同类型应税车辆的最低计税价格，又无正当理由的，计税价格为国家税务总局核定的最低计税价格征收车辆购置税。

9.

免税条件消失的车辆如何确定计税价格？

答： 免税条件消失的车辆，自初次办理纳税申报之日起，使用年限未满 10 年的，计税价格以免税车辆初次办理纳税申报时确定的计税价格为基准，每满 1 年扣减 10%；未满 1 年的，计税价格为免税车辆的原计税价格；使用年限 10 年（含）以上的，计税价格为 0。

10.

在什么情形下价格偏低属于有正当理由？

答： 纳税人购买自用或者进口自用的应税车辆，申报的计税价格低于同类型应税车辆的最低计税价格，有下列情形的，属于有正当理由：进口旧车、因不可抗力因素导致受损的车辆、库存超过 3 年的车辆、行驶 8 万千米以上的试验车辆、国家税务总局规定的其他车辆。除此外，为无正当理由。

11.

车辆购置税纳税地点如何确定？

答： 纳税人应到下列地点办理车辆购置税纳税申报：①需要办理车辆

登记注册手续的纳税人，向车辆登记注册地的主管税务机关办理纳税申报；②不需要办理车辆登记注册手续的纳税人，向纳税人所在地的主管税务机关办理纳税申报。

12.

车辆购置税的纳税期限如何确定？

答： 纳税人购买自用应税车辆的，应自购买之日起 60 日内申报纳税；进口自用应税车辆的，应自进口之日起 60 日内申报纳税；自产、受赠、获奖或者以其他方式取得并自用应税车辆的，应自取得之日起 60 日内申报纳税。车辆购置税税款应当一次缴清。

13.

纳税人办理车辆购置税应当提供哪些资料？

答： 纳税人办理纳税申报时应如实填写“车辆购置税纳税申报表”，同时提供以下资料：①纳税人身份证明；②车辆价格证明；③车辆合格证明；④税务机关要求提供的其他资料。

14.

购买 1.6 升及以下排量的乘用车有什么优惠政策？

答： 自 2017 年 1 月 1 日起至 12 月 31 日止，对购置 1.6 升及以下排量的乘用车减按 7.5% 的税率征收车辆购置税。自 2018 年 1 月 1 日起，恢复按 10% 的法定税率征收车辆购置税。所称乘用车，是指在设计和技术特性上主要用于载运乘客及其随身行李和（或）临时物品、含驾驶员座位在内最多不超过 9 个座位的汽车。具体包括：①国产轿车：“中华人民共和国机动车整车出厂合格证”（以下简称合格证）中“车辆型号”项的车辆类型代号（车辆型号的第一位数字，下同）为“7”，“排量和功率（mL/kW）”项中排量不超过 1 600mL，“额定载客（人）”项不超过 9 人。②国产专用乘用车：合格证中“车辆型号”项的车辆类型代号为“5”，“排量和功率（mL/kW）”项中排量不超过 1 600mL，“额定载客（人）”项不超过 9 人，“额定载质量（kg）”项小于额定载客人数和 65kg 的乘积。③其他国产乘用车：

合格证中“车辆型号”项的车辆类型代号为“6”，“排量和功率（mL/kW）”项中排量不超过 1 600mL，“额定载客（人）”项不超过 9 人。④进口乘用车。参照国产同类车型技术参数认定。

15.

购买设有固定装置的非运输车辆是否缴纳车辆购置税？

答：设有固定装置的非运输车辆，免税。设有固定装置的非运输车辆是指用于特种用途的专用作业车辆，须设有为实现该用途并采用焊接、铆接或者螺栓连接等方式固定安装在车体上的专用设备或装置，不包括载运人员和物品的专用运输车辆。设有固定装置的非运输车辆列入国家税务总局下发的《设有固定装置非运输车辆免税图册》。纳税人办理设有固定装置非运输车辆免税申报时，主管税务机关依据免税图册和有关规定，对纳税人提供的车辆照片及有关资料核实无误后办理免税手续。

16.

车辆退回是否全额退还车辆购置税？

答：车辆退回生产企业或者经销商的，纳税人申请退税时，主管税务机关自纳税人办理纳税申报之日起，按已缴纳税款每满 1 年扣减 10% 计算退税额；未满 1 年的，按已缴纳税款全额退税。其他退税情形，纳税人申请退税时，主管税务机关依据有关规定计算退税额。

17.

什么车辆可以免征车辆购置税？

答：免征车辆购置税的车辆包括：①外国驻华使馆、领事馆和国际组织驻华机构及其外交人员自用的车辆。②回国服务的在外留学人员购买的 1 辆国产小汽车；长期来华定居专家购买的进口的 1 辆自用小汽车。③防汛专用车和森林消防专用车；解放军和武警部队列入军队武器装备订货计划的车辆。④设有固定装置的非运输车辆，如洒水车、油罐车、垃圾车、吸粪车、吸污车、叉车、铲车、压缩垃圾车、吊车、环卫车、垃圾运输车、密封垃圾车、挂桶垃圾车、自卸垃圾车、摆臂垃圾车、高空作业车等工程机械；农用三轮车。此外，有国务院规定予以免税或者减税的其他情形的，也可以按规定免税、减税。上述免税车辆因转让后改变用户或改制后车型、用途发生变化，不再属于免税范围的，应按规定补缴车辆购置税。

18.

自产自用小汽车如何确认车辆购置税的计税依据？

答：纳税人自产、受赠、获奖和以其他方式取得并自用的应税车辆的计税价格，按购置该型号车辆的价格确认，不能取得购置价格的，则由主管税务机关参照国家税务总局规定相同类型应税车辆的最低计税价格核定。

第五章

车船税问答

1.

什么是车船税？

答： 车船税是依照法律规定，对在我国境内的车辆、船舶，按照规定的税目、计税单位和年税额标准计算征收的一种税。

2.

车船税征税范围包括哪些？

答： 车船税法规定的征税范围是税法所附“车船税税目税额表”所列的车辆、船舶，包括依法应当在车船登记管理部门登记的机动车辆和船舶，也包括依法不需要在车船登记管理部门登记的在单位内部场所行驶或者作业的机动车辆和船舶。机动车辆，指依靠燃油、电力等能源作为动力运行的车辆，如汽车、拖拉机、无轨电车等。机动船舶，指依靠燃料等能源作为动力运行的船舶，如客轮、货船、气垫船等。

3.

哪些人要缴纳车船税？

答： 车船的所有人或者管理人是车船税的纳税义务人，其中，所有人是指在我国境内拥有车船的单位和个人；管理人是指对车船具有管理权或者使用权，不具有所有权的单位，包括在中国境内成立的行政机关、企业、事业单位、社会团体以及其他组织。上述个人包括个体商户以及其他个人。

4.

车船税有哪些税收优惠政策？

答： 车船税法规定的法定免税车船如下：①捕捞、养殖渔船。捕捞、养殖渔船是指在渔业船舶登记管理部门登记为捕捞船或者养殖船的船舶。②军队、武装警察部队专用的车船。军队、武装警察部队专用的车船是指按照规定在军队、武装警察部队车船登记管理部门登记并领取军队、武警牌照的车船。③警用车船。警用车船是指公安机关、国家安全机关、监狱、劳动教养管理机关和人民法院、人民检察院领取警用牌照的车辆和执行警务的专用船舶。④依照法律规定应当予以免税的外国驻华使领馆、国际组织驻华代表机构及其有关人员的车船。

国务院规定的减免税项目如下：①节约能源、使用新能源的车船可以免征或减半征收车船税，具体范围由国务院有关部门制定。②按照规定缴纳船舶吨税的机动船舶，自车船税法实施之日起 5 年内免征车船税。③依法不需要在车船登记管理部门登记的机场、港口、铁路站场内部行驶或者作业的车船，自车船税法实施之日起 5 年内免征车船税。

授权省、自治区、直辖市人民政府规定的减免税项目如下：①省、自治区、直辖市人民政府根据当地实际情况，可以对公共交通车船、农村居民拥有并主要在农村地区使用的摩托车、三轮汽车和低速载货汽车定期减征或者免征车船税。②对受地震、洪涝等严重自然灾害影响纳税困难以及其他特殊原因确需减免税的，可以在一定期限内减征或者免征车船税，具体减免期限和数额由省、自治区、直辖市人民政府确定，报国务院备案。

5.

纳税人如何缴纳车船税？

答：纳税人可以自行向主管税务机关申报缴纳车船税，也可以在办理机动车交通事故责任强制保险时由保险机构代收代缴车船税。保险机构已代收代缴车船税的，纳税人不再向车船登记地的主管税务机关申报缴纳车船税。

6.

车船税可以在哪些地方缴纳？

答：纳税人自行申报缴纳车船税的，纳税地点为车船登记地；由保险机构代收代缴车船税的，纳税地点为保险机构所在地。将保险机构所在地也作为车船税的纳税地点是为方便车主在购买机动车交通事故责任强制保险时一并缴纳车船税，减少完税所需时间和成本。依法不需要办理登记的车船，纳税地点为车船的所有人或者管理人所在地。车辆车船税的纳税人按照纳税地点所在的省、自治区、直辖市人民政府确定的具体适用税额缴纳车船税。

7.

车船税的纳税义务发生时间如何确定?

答: 车船税纳税义务发生时间为取得车船所有权或者管理权的当月。所称取得车船所有权或者管理权的当月，应当以购买车船的发票或者其他证明文件所载日期的当月为准。车船税按年申报，分月计算，一次缴纳，具体申报纳税期限由 各省、自治区和直辖市人民政府规定。纳税年度为公历 1 月 1 日至 12 月 31 日车船使用税的纳税义务发生时间，分为三种情况：①纳税人使用应税车船，从使用之日起，发生车船使用税的纳税义务；②纳税人新购置车船使用的，从购置使用的当月起，发生车船使用税的纳税义务；③已向交通航运管理机关上报全年停运或者报废的车船，当年不发生车船使用的纳税义务。停运后又重新使用的，从重新使用的当月起，发生车船使用税的纳税义务。

8.

个人购买的二手车，原车主已缴纳当年车船税，新车主还用缴纳车船税吗?

答:《中华人民共和国车船税法实施条例》(以下简称《车船税法实施条例》)第二十条规定，已缴纳车船税的车船在同一纳税年度内办理转让过户的，不另纳税，也不退税。

9.

车辆报废后已交车船税是否可以退?

答:《车船税法实施条例》第十九条第二款规定:“在一个纳税年度内，已完税的车船被盗抢、报废、灭失的，纳税人可以凭有关管理机关出具的证明和完税凭证，向纳税所在地的主管税务机关申请退还自被盗抢、报废、灭失月份起至该纳税年度终了期间的税款。”

10.

车辆停用期间是否减免车船税？

答：《中华人民共和国车船税法》规定，在我国境内车辆、船舶的所有人或者管理人为车船税的纳税义务人。车船税作为财产税，无论车辆是否上路行驶，纳税人均负有缴纳车船税的义务。所以在车辆停驶期间不能免缴车船税。

11.

外国车辆临时入境是否缴纳车船税？

答：《车船税法实施条例》第二十四条第二款规定，临时入境的外国车船和香港特别行政区、澳门特别行政区、台湾地区的车船，不征收车船税。

12.

新能源车有何车船税优惠政策？

答： 为了促进节能和新能源汽车推广，推动汽车节能和减少污染排放，根据《财政部、国家税务总局、工业和信息化部关于节约能源使用新能源车船车船税优惠政策的通知》（财税〔2015〕51 号）的相关规定，纯电动乘用车和燃料电池乘用车不属于车船税征税范围，对其不征车船税；节约能源车船减半征收车船税，使用新能源车船免征车船税，具体车型以由财政部、国家税务总局、工业和信息化部不定期联合发布的《享受车船税减免优惠的节约能源使用新能源汽车车型目录》公告为准。

13.

企业缴纳车船税可以在网上申报吗？

答： 车船税按年申报，分月计算，一次性缴纳。申报纳税期限为每年度 1 月 1 日至 12 月 31 日。单位纳税人可在办理交强险的同时由保险机构代收代缴车船税，或到主管税务机关申报缴纳车船税，无法在网上自行申报。

14.

保险公司代收的车船税以什么凭据入账？

答：《国家税务总局关于保险机构代收车船税开具增值税发票问题的公告》（国家税务总局公告 2016 年第 51 号）规定：“保险机构作为车船税扣缴义务人，在代收车船税并开具增值税发票时，应在增值税发票备注栏中注明代收车船税税款信息。具体包括：保险单号、税款所属期（详细至月）、代收车船税金额、滞纳金金额、金额合计等。该增值税发票可作为纳税人缴纳车船税及滞纳金的会计核算原始凭证。本公告自 2016 年 5 月 1 日起施行。”

15.

车辆质量问题被退回是否应当退还车船税？

答：《国家税务总局关于发布 < 车船税管理规程（试行）> 的公告》（国家税务总局公告 2015 年第 83 号）第十九条第一款规定：“已经缴纳车船税的车船，因质量原因，车船被退回生产企业或者经销商的，纳税人可以向纳税所在地的主管税务机关申请退还自退货月份起至该纳税年度终了期间的税款，退货月份以退货发票所载日期的当月为准。”

16.

保险公司代收代缴税款时可以代收车船税滞纳金吗？

答：《车船税法实施条例》第十四条规定：“纳税人没有按照规定期限缴纳车船税的，扣缴义务人在代收代缴税款时，可以一并代收代缴欠缴税款的滞纳金。”

17.

购买新车应从何时开始计算缴纳车船税？

答：《车船税法实施条例》第十九条规定，购置的新车船，购置当年的应纳税额自纳税义务发生的当月起按月计算。应纳税额为年应纳税额除以 12 再乘以应纳税月份数。